俞国海 ——— 编著

细说苏东坡

一个志愿者眼中的『老市长』

北京·旅游教育出版社

序　言

　　杭州是座风景秀丽的城市，杭州的美丽离不开西湖，"欲把西湖比西子，淡妆浓抹总相宜"，这千古绝唱的诗句把西湖的美比喻得淋漓尽致。西湖的美是大自然的恩赐，更是几千年来千千万万人精心保护的结果，尤其是北宋大文豪苏东坡。他两度出任杭州"市长"，前后大约四年又八个月。四年又八个月的时间不算很长，然而他在任期间，体察民生疾苦，赈济灾民，建医院；带领百姓疏浚西湖，修筑苏堤；清淤治河，防治水患；挖井引水，为民解决饮用咸水之苦；兴建三潭印月的三个石塔，使之成为西湖美景之一。他把杭州当作自己的第二故乡，写的杭州诗词就有三百多首，还不包括离杭后怀念之作。他走遍了杭州的山山水水，直到现在杭州城还处处留有他的足迹：苏堤、三潭印月、葛岭、众安桥、钱塘江、虎跑、柳浪闻莺、灵隐寺、孤山六一泉、径山等。杭州人感念苏东坡，濒临西湖边两条最繁华的街道，一条叫"东坡路"，另一条叫"学士路"。还有"东坡大剧院""东坡肉""东坡洗砚池"等。后人还摘取他诗中的词语建造了"声在""爱此""留照""独喜"等亭榭。灵隐寺的"春淙亭""壑雷亭"便是取自他的诗："灵隐寺前天竺后，两涧春淙一灵鹫。不知水从何处来，跳波赴壑如奔雷"。在烟霞洞、孤山三贤堂等地都刻凿有他的石像。龙井八景之一的"过溪亭"又名"二老"，它的来历，有个脍炙人口的故事，就是后人为纪念高僧辩才送别苏东坡处而建的,苏东坡也有诗记其事。再譬如灵隐寺大雄宝殿上的一副对联:"古迹重湖山,历数名贤,最难忘白傅留诗,苏公判案;胜缘结香火,来游初地,莫虚负三秋桂子,十里荷花。"也诉说着杭州人对苏东坡的爱戴。

杭州人民为传承东坡文化、弘扬东坡精神、延续东坡文脉,在苏堤的南端建起了一座苏东坡纪念馆。游客朋友参观纪念馆时,不仅能读到苏东坡的经典诗词,还能了解他在杭州任知州时制定的各种计划,并为实现这些计划而作出的各种努力。作为杭州苏东坡纪念馆的一名志愿者讲解员、他的一个忠实粉丝,假如时间允许我穿越到九百多年前,想必我和苏东坡会成为无话不谈的好友。"老市长"苏东坡在我眼里,不仅有"大江东去"的豪情,也有"十年生死两茫茫"的悱恻;有"荔枝东坡肉"的人情味,又有"竹杖芒鞋轻胜马"的豁达。他儒、道、佛集于一身,多才多艺又有天真烂漫的赤子之心,是罕见的天才和"全人"。

五年多的苏东坡纪念馆服务讲解中,面对十三块展板、四十五块碑帖和众多名人有关缅怀苏东坡的作品,以及层出不穷的网络花絮,让我熟记于心的不仅仅是他的诗词故事、美食故事和他与妻子的动人爱情故事,更有他终其一生,不论遇到多么大的挫折与困难,不论遭到多少艰难曲折,都不曾放弃对国家和百姓的责任感,都始终坚持匡时济世的报国之志。他的亲身实践为我们树立了一种理想人格的标准,用古圣先贤的两句话来表达:一是《大学》中的"诚意、正心、修身、齐家、治国、平天下";二是《孟子》中的"富贵不能淫、贫贱不能移、威武不能屈,此之谓大丈夫"。

五年多的时间里，接待了几万名听众，又到学校、社区去讲解，面对不同文化背景的游客和听众，力图把苏东坡复杂的人生仕途、深奥的诗词文赋，用听众能理解的故事传播。每次游客、听众的互动提问，尤其是青少年、儿童听众的提问，都会给我一些启示和想法。苏东坡富有创造力，守正不阿，桀骜不羁，是位有自己独立思想的文学家，同时又是一位有行政工作能力的思想家，更是近代大师们推崇的"独立之精神，自由之思想"最早的践行者。杭州拥有过东坡，是杭州之幸；我们能了解东坡，是我们之幸。这样令人万分倾倒而又望尘莫及的高士，我作为一名"苏粉"有义务将自己的所知所识贡献出来，为杭州苏东坡纪念馆的其他志愿者提供一些讲解资料，同时也把纪念馆里浓缩精华版的苏东坡文化加以传播。于是就有了把五年多的讲解稿，整理汇编成《细说苏东坡》一书，给喜爱东坡的游客，提供一本通俗易懂的苏东坡读物的冲动。

本书分六个章节，分别是东坡生平、社会关系和至交、苏东坡在杭州、诗词人生、人文雅事、趣闻逸事。全书力图全方位地为大家呈现一个智慧、率性、乐观、豁达、可爱的我眼中的真性情东坡。编写基本立意符合历史原型，但有些传说难以查证。有些传说和趣事是口耳相传记载而来的，难免有演义和牵强附会之嫌，但增加了热闹、传奇的色彩，且丝毫不影响我们对苏东坡的认识和热爱。

本书的文字资料来自杭州苏东坡纪念馆、相关图书等，插图自画和朋友友情提供。在此，感谢所有资料的提供者对本书的贡献。

目 录

东坡生平

治学之道·················5
　从小立志················5
　谦虚好学················7
　活学活用················8
　天道酬勤···············11
　八面受敌···············12

宦海沉浮················13
　东坡从政：二三三一八·······13
　人生的三起三落···········21

为官之道················22
　一方砚铭显东坡的为官之道···23
　"不合时宜，唯有朝云能识我"·24
　不义之财不可取···········26
　自题钟山画像············29

游历足迹················30
　出生眉山···············31
　入仕凤翔···············33
　问月密州···············36

显红徐州……38
被贬黄州……40
五日登州……42
六如惠州……45
办学儋州……49
终老常州……52
葬于郏县……53

社会关系和至交

一位伟大的母亲……59
两位姐弟……62
    姐苏八娘……62
    弟苏辙……64
三任相濡以沫的妻子……69
    第一任妻子王弗……69
    第二任妻子王闰之……70
    第三任妻子（妾）王朝云……73
四个儿子……77
    长子苏迈……77
    次子苏迨……80
    三子苏过……82
    四子苏遁……86
五位恩威并施的皇帝……87
    仁宗……87
    英宗……87

神宗 …………………………………………… 87
　　哲宗 …………………………………………… 88
　　徽宗 …………………………………………… 89
苏门六学士 ………………………………………… 90
　　黄庭坚 ………………………………………… 90
　　秦观 …………………………………………… 91
　　陈师道 ………………………………………… 93
　　李廌 …………………………………………… 93
　　张耒 …………………………………………… 94
　　晁补之 ………………………………………… 97
七位红颜 …………………………………………… 98
　　琴操 …………………………………………… 99
　　马盼盼 ………………………………………… 100
　　温超超 ………………………………………… 101
　　李琪 …………………………………………… 103
　　郑容、高莹 …………………………………… 103
　　九尾野狐 ……………………………………… 104
八位得道高僧 ……………………………………… 106
　　宝月大师惟简 ………………………………… 106
　　佛印大师 ……………………………………… 107
　　辩才法师 ……………………………………… 110
　　继莲大师 ……………………………………… 111
　　道潜诗僧 ……………………………………… 111
　　明老和尚 ……………………………………… 113
　　常悟大师 ……………………………………… 114
　　维琳大师 ……………………………………… 114

九位肝胆相照的知己……………………………………115
　　前辈恩师欧阳修……………………………………115
　　政治上的对手、文学上的挚友：王安石…………116
　　隐士加资助者陈季常………………………………118
　　手足之情的黄州知州徐君猷………………………118
　　雪中送炭的君子巢谷………………………………120
　　相知相契的文友文同………………………………121
　　莫逆之交章惇………………………………………124
　　终生密友王巩………………………………………126
　　民间友人吴复古……………………………………128
威望素著的高太后……………………………………129

苏东坡在杭州

东坡与西湖……………………………………………136
东坡与杭州雨…………………………………………144
　　有关杭州雨的几首诗………………………………145
　　对雨的钟爱…………………………………………150
东坡与钱江潮…………………………………………152
东坡与安乐坊…………………………………………161
东坡与龙井茶…………………………………………163
杭州的逸事……………………………………………167
　　东坡路的由来………………………………………167
　　东坡躲婆弄…………………………………………169
　　落帆亭………………………………………………171
　　悟前世佛缘…………………………………………172

诗词人生

四首让人膜拜的里程碑式的诗词 …………… 178
六首生活自然常态化的诗词 ………………… 189
八首忧伤悲愤悟道的诗词 …………………… 202

人文雅事

东坡书画 ……………………………………… 219
东坡饮食 ……………………………………… 225
  东坡肉 …………………………………… 227
  东坡鱼 …………………………………… 228
  东坡肘子 ………………………………… 229
  面炕鸡 …………………………………… 230
  东坡豆腐 ………………………………… 231
  东坡饼 …………………………………… 231
  东坡羹 …………………………………… 232
  烤羊蝎子 ………………………………… 233
  生蚝 ……………………………………… 234
  烤芋头 …………………………………… 235
东坡与茶 ……………………………………… 237
东坡与酒 ……………………………………… 243

趣闻逸事

发明"东坡笠""子瞻帽" ……………………… 251

"秦始皇并六国"……………………………………252
对联退敌……………………………………………253
坦然面对……………………………………………253
两首"绝命诗"……………………………………254
天真的东坡…………………………………………255
云梦悟学……………………………………………256
苏东坡还屋…………………………………………258
东坡茶趣……………………………………………259
拼死吃河豚…………………………………………261
《观音菩萨颂》碑文毁存传奇……………………262
石压蛤蟆……………………………………………265
发明"自来水"……………………………………265
绝妙好骂……………………………………………266
"应试"……………………………………………267
坡仙奎宿……………………………………………268

主要参考文献………………………………………270

东坡生平

苏轼（1037—1101），北宋著名文学家、书画家、美食家。字子瞻，又字和仲，号东坡居士，世人一般称其为苏东坡、苏仙。汉族，北宋眉州眉山（今属四川省眉山市）人。嘉祐二年（1057年），苏东坡进士及第，之后，分别在凤翔、杭州、密州、徐州、湖州等地任职。元丰二年（1079年）八月，因"乌台诗案"受诬陷被贬黄州任团练副使。宋哲宗即位后，曾任翰林学士、侍读学士、礼部尚书等职，并出登州、杭州、颍州、扬州、定州等地任知州，晚年被贬惠州、儋州。宋徽宗时获大赦北还，途中于常州病逝。宋高宗时追赠太师，谥号"文忠"。有《东坡七集》《东坡词》《东坡易传》《东坡乐府》等传世。

苏东坡的一生可分为两个阶段：出生到二十岁为学生直至考进士；二十一岁到逝世为做官。学生时代的苏东坡，聪慧勤勉、出类拔萃，从一个眉山白衣一举成为天下闻名的榜眼（主考官欧阳修为避嫌把苏东坡状元的成绩定为第二名）；二十一岁后的为官时代，则可说跌宕起伏，屡任要职又屡次被贬，颠沛流离，辗转三十余州县，其中实职任期较长的有陕西凤翔、浙江杭州、湖北黄冈（黄州）、广东惠州等十八座城市，留下了五百多个纪念性景点。这十八座城市，北抵河北定州、栾城，南及海南儋州，足以证明苏东坡的足迹遍布祖国大江南北。他豁达洒脱的秉性和豪放恣肆的文风，深受各地文化的浸润，与此同时，他也给这些城市留下了数不尽的文化遗产。下面就让笔者细细介绍苏东坡的学习、为官和游历的故事。

东坡画像　俞国海/书画

治学之道

苏东坡从小爱读书、会读书,最主要的是会用书。读书是苏东坡的终身习惯,也是他对抗挫折的终极武器。苏东坡学有所成的原因在于:一有天赋,二又勤奋。他每日读书、每日必课,持之以恒。为官时即使是酩酊大醉,也不给自己找偷懒的理由,必然是"披展至倦而寝"。他为我们留下著名的"八面受敌"读书法,每一个字每一个句子都会反复吟诵玩味。正是如此,才成就了他有如满天星辰的天才作品。

从小立志

苏东坡八岁入城西寿昌学院就读。当时寿昌学院有学童一百多人,只有一个老师张易简。苏东坡那副绝顶聪明的幼小头脑很快显露出来,在那么多的学童中,苏东坡和另一个学生(陈太初,学道之人)最受张老师夸奖。庆历三年(1043年),宋仁宗锐意改革弊政,撤换吕夷简、夏竦等保守大臣,起用范仲淹、韩琦、欧阳修等革新人物,并采纳范仲淹的《条陈十事》,世称"庆历新政",政局一时因此而焕然一新。国子监直讲石介写了《庆历圣德颂》一诗加以颂扬,天下齐颂。一日老师在看《庆历圣德颂》,年幼的苏东坡忍不住好奇心,也踮起脚尖在一旁张望,而且还脱口吟诵全诗,朗朗上口,但是对于诗中所歌颂的十一个人却没有丝毫的了解,因此急不可待地向老师请教。老师说:你一个小毛孩儿不需要知道这些。苏东坡一听不服气,便说:这些人难道是天上的神仙?如果是,那我就不敢打听他们的情况;如果他们也是跟我一样的人,为什么我就不能知道他们呢?老师一听苏东坡出语不凡,满心欢喜,便耐心地将十一个人的人品、功业逐一地向苏东坡解说了一遍,还特别加了一句:这些人是我们这个时代的人杰。从此,范仲淹、韩琦、欧阳修的名字就牢牢地记在了苏东坡的心中,以后每当读到这些人的文章诗篇,总要特别细细地加以揣摩、摹仿。

母亲是孩子的第一任老师,也是最好的老师。俗话说得好:孩子离不开娘。苏东坡童年时代,父亲苏洵常常游学在外,苏东坡和弟弟苏辙的教育重任就由母亲程氏负责。程氏出身官宦之家,豪门望族。她仁慈、果决、有文化。程氏非常重视对孩子的人格培养。有一天,程氏教儿读《汉书·范滂传》,小小年纪的苏东坡就表示要做一个像范滂这样的人。程氏说:"你如果能做范滂,我怎么不能做范滂的母亲呢?"在母亲的言传身教之下,年少的苏东坡就立下远大志向,要做一个为理想奋斗的有志之士。

苏东坡十岁,便写出"人能碎千金之璧,不能无失声于破

浴鹄湾雪色　　胡伟民／摄

釜；能搏猛虎，不能无变色于蜂虿"的警句，让世人惊叹。寿昌书院刘微之写了一首题名《鹭鸶》的诗，末两句是："渔人忽惊起，雪片逐风斜。"苏东坡读后，建议改为"雪片落蒹葭"，刘微之欣然采纳，从此深深敬佩这位学生的才学。

苏东坡儿时读诸子百家，也读史传，"初好贾谊陆贽书……既而读《庄子》"（苏辙《东坡先生墓志铭》），而且年纪很小就能写出出奇的诗句和文章。苏东坡十岁时便写了《黠鼠赋》。这篇短文描写的是一只狡猾的老鼠：它掉入了一个袋子里，假装已死，等人把袋子打开，它便急速逃去。此赋文字简短，仅有二百八十余字。却洋溢着浓厚的情趣，又渗透着深永的哲理。读之若身临其境，看到了老鼠的一次精彩表演，又好像上了一堂生动有趣的哲学课，真可谓"趣幽旨深"、耐人寻味。

谦虚好学

苏东坡年纪轻轻就显示出他的才华。他的知识非常渊博，人见人夸，是一个青年才俊。日子一久，苏东坡开始骄傲自满了，觉得自己了不起。有一年过年的时候，苏家要贴对联、放鞭炮、吃年糕，苏东坡胸有成竹地对父亲说："今年的对联我包了，行吗？"苏洵问："你能行吗？""能！"苏东坡一甩手回书房去了。苏洵心里想："这小子不知又想玩出什么花样来。"其实，苏东坡一贯勤学苦读，他早就想好了对联"识遍天下字，读尽人间书"，横批"立志发奋"。除夕这天一大早，苏东坡就洋洋洒洒挥笔写下了这副对联，让书童工工整整地贴在大门上。

可是没几天，一位穿着朴素、操着闽南口音的老者来敲苏东坡家的门，拿着一本书让苏东坡看，并指着一字说："苏大公子啊,'冇'是什么字啊?"苏东坡一看自己不仅没见过这个字,连这本书也没见过(其实是本闽南当地的地方志)。老者诡秘地一笑,拂袖而去。苏东坡十分惭愧,回头盯着对联静静地想了一会儿,提笔将横批四字"立志发奋"拆开加在了对联前,对联成了"立志识遍天下字,发奋读尽人间书"。重新写了个横批"上下求索"四个字。从此以后他发奋读书,终于成为一代著名的文学家。那老者是一位从儋州而来、进京考试的乡士,他让苏东坡小小年纪就记住了闽南这个地方和'冇'这个闽南客家方言字,冥冥中暗示着苏东坡与闽南的缘分。

活学活用

嘉祐元年(1056年),壮志满怀、初出茅庐的苏氏兄弟和父亲苏洵一起进京参加进士考试,考试的考官、礼部侍郎、翰林学士欧阳修,考题是《刑赏忠厚之至论》。苏东坡用六百八十三个字阐明了他一生所遵循的以仁治国的佛家思想。文章指出:为政者应"以君子长者之道待天下",并用皋陶曰"杀之三",尧曰"宥之三",典说赏罚必须分明。"有一善,从而赏之,又从而咏歌嗟叹之,所以乐其始而勉其终。有一不善,从而罚之,又从而哀矜惩创之,所以弃其旧而开其新。"另一方面,又须做到立法严而责人宽:"可以赏,可以无赏,赏之过乎仁;可以罚,可以无罚,罚之过乎义。过乎仁,不失为君子;过乎义,则流而入于忍人。"大意是:可以赏也可以不赏时,赏就过于仁慈了;可以罚也可以不罚时,罚就超出义法了。过于仁慈,还不失为一个君子;超出义法,就流为残忍了。总之,无论赏罚,都应本着"爱民之深,忧民之切"的忠厚仁爱之心,这样便可以达到"使天下相率而归于君子长者之道"的吏治昌明的理想世界。

嘉祐二年（1057年），苏东坡考中进士。在参加考试的三百八十多人里名列前茅，很多人穷尽一生，也未必能进士及第，那年苏东坡才只有二十岁。按宋代的考试规则，为了防止徇私舞弊，试卷收交之后，先由办事人员登记在册并重抄一遍，再呈交考试官评阅。本次考试详定官梅尧臣（国子监直讲，北宋诗人），阅此文后以为有"孟轲之风"，并荐给主考官欧阳修。欧阳修一气读完，又惊又喜，深觉文章引古喻今，说理透辟，既阐发了传统儒家仁爱思想，又富有个人独到的见解，笔力稳健，质朴自然，颇有古文大家风采。本想评为第一，名列榜首，但转念一想，这样出色的好文章，除了自己门下弟子曾巩之外，天下恐怕不会有第二人能写得出来，如果把曾巩取为第一，岂不是有徇私舞弊之嫌吗？于是忍痛割爱，使该文屈居第二。

尽管阴差阳错，苏东坡没能成为这次科举的状元，但他卓越的才华引起了欧阳修高度的重视和热情的奖掖。金榜题名后，主考官与新中进士之间有了师生的名分和情谊。当欧阳修问及那篇《刑赏忠厚之至论》中"皋陶曰'杀之三'，尧曰'宥之三'"的典故出自哪本书时，苏东坡回答道"在《三国志·孔融》注中"。当苏走后，欧阳修立即将《孔融传》细细地重读一遍，却没这个典故，十分纳闷。再一次见面又问苏东坡。苏东坡说："曹操灭袁绍，将袁熙（袁绍子）美貌的妻子赏赐给自己的儿子曹丕，孔融对此不满。说：当年武王伐纣，将商纣王的宠妃妲己赏赐给了周公。曹操忙问此事见于哪本书上。孔融说：并无所据，只不过以今天的事情来推测古代的情况，想当然罢了。所以，学生也是以尧帝为人的仁厚和皋陶执法的严格来推测，想当然耳。"欧阳修一听击节称叹，事后多次和人谈起，说"此人（苏东坡）可谓善读书，善用书。他的文章必独步天下"。苏东坡每每有文章出世，欧阳修读后总是赞不绝口。欧阳修在《与梅圣俞书》中写道："读轼书，不觉汗出，快哉快哉！老夫当避路，放他出一头地也。"

宋代的科举考试分为常科和制科，打个不恰当的比方，常科相当于本科，制科相当于研究生。苏东坡要先去礼部考省试，然后由皇帝出题，考殿试。在嘉祐二年的省试中，主考官是欧阳修，结果考试成绩揭晓，东坡得了第二名。在其后的殿试中，又得了第六名，第一名是张衡，这个成绩也算不错。嘉祐二年考完之后，他的母亲去世，他回去守丧。到了嘉祐六年（1061年），苏东坡又参加制科考试。制科考试相当于殿试。由皇帝亲自出题，考生当场对答。题目并非虚头巴脑的学问知识，而是具体政务。譬如，皇帝问：肃清吏治杜绝贪腐，你有什么好办法啊？考生就这个问题谈自己的想法和措施。皇帝听了觉得你答得不错，点了你为状元，捎带着可能再嫁给你一个公主。而参加制考必须获得进士及第身份，还要当朝大臣投你票，得票最高的两三个人才能参加。一场殿试下来，皇帝对苏东坡欣赏得不得了，直接将苏东坡定为殿试第三等。不得了了！大宋制考成绩分五等，第一等到第五等，外加中间第三次等和第四次等。第一、二等形同虚设，是摆设。大宋三百多年江山，共产生四万多进士，只有四十多人参加殿试，而只有早苏东坡三十年前的一个叫吴育之的进士获第三次等成绩。而苏东坡一试就是第三等，前无古人后无来者。所以说，这个成绩也是宋三百多年江山里唯一的，空前绝后。

天道酬勤

黄州时期，苏东坡虽远离朝堂的官场生涯，也不可能去施展他的政治抱负，但是他始终没有放弃经世济时的儒家思想（立言、立功、立德），苏东坡在著书立说的同时，还是拿出相当多的时间读书。最初专读佛经，后来又读史书和前人的古集等。每晚必定读到三更时分，即使与朋友游玩，深夜归来也仍旧取书读上一阵，才肯就寝。苏东坡的高才博学闻名于世，超凡的禀赋固然重要，但更重要的还是在于他勤奋好学。

黄州有一教授朱载上长于写诗，苏东坡对他诗中"官居无一事，蝴蝶飞上阶"一句十分欣赏，两人结为诗友，常相往来。一天，朱载上到苏家拜访，仆从通报之后却迟迟不见主人出来，朱载上等得很不耐烦，几乎想要走了，才见苏东坡匆匆忙忙从书房出来，一边连声道歉："刚才忙于完成些日课，让您久等了。"两人坐定，寒暄一番，朱便忍不住好奇地问："先生所谓日课是什么？"苏回答道："抄《汉书》。"朱载上吃了一惊，说："以先生天才，开卷一览可终身不忘，何用手抄呢？"苏东坡说："不然，我读《汉书》至今已经抄过三遍，最初是每段事抄三字为题，第二遍则每段事抄两字为题，现在则是用一字。"朱载上闻言肃然离席，请求道："不知先生所抄之书，能否让我见识见识？"苏东坡便命人到书架上取来一册，朱载上前后翻看，茫然不解其意。苏东坡说："足下试举题中一字。"朱载上如言挑出一字，苏东坡应声背诵数百字，无一字差缺。几次改挑，都如此。朱载上惊叹不已，说："先生真谪仙也。"后来朱载上常用这个例子教育儿子朱仲新："东坡尚且如此，你不过中等智力，岂可不勤读书耶。"

苏东坡读史书、记典故、懂世道，在他人生经历中处处体现出他的才华。当翰林学士的两年零六个月里，他写了八百多道诏书，而每道诏书都是引经据典，一气呵成。难怪苏的接任者洪迈在自夸写得多写得好时，院仆却对洪说："苏学士速度也不过如此，但他从来不用查书。"让洪无地自容，恨不得找个地缝钻进去。

八面受敌

苏东坡晚年，侄婿王庠向他请教读书之法。苏在回信中说：

> 但卑意，欲少年为学者每一书皆作数过尽之。书富如入海，百货皆有，人之精力，不能兼收尽取；但得其所欲求者尔，故愿学者每次作一意求之，故欲求古今兴亡治乱，圣贤作用，但作此意求之，忽生余念。又别作一次，求事迹故实，典章文物之类，亦如之。他皆仿此。此虽愚钝，而他日学成，八面受敌，与涉猎者，不可同日而语也。

正所谓"旧书不厌百回读，熟读深思子自知"（《送安惇秀才失解西归》）。这是苏一贯的主张。一本好书必须精读数遍，首先确定一个主题研读，然后换成另一个专题，再研读，如是再三。这样读书便可做到既精博又明理，将来对各方面的问题和需要都能应付自如。而这种"八面受敌"读书法受到后人的赞誉。

清末学者李慈铭就赞道："诚读书之良法也。"毛泽东在《关于农村调查》一文中也说："苏东坡用'八面受敌法'研究历史，用'八面受敌法'研究宋朝，也是对的。今天我们研究中国社会，也要用'八面受敌法'，把它分为政治的、经济的、文化的、军事的四个部分来研究，得出中国革命的结论。""八面受敌法"受到后人推崇不是没有道理的，因为它是一种高明的读书和研究问题的好方法，将研究对象分若干个方面，然后各个击破，根据各个方面的研究成果进行加工整理，然后得出结论，岂有不深刻不全面之理。

苏东坡在谈到读《汉书》的经验时说："吾尝读《汉书》矣，盖数过而始尽之，如治道、人物、地理、官制、兵法、财贸之类，每一过专求一事，不待数过，而事事精辟矣。"这是苏东坡运用"八面受敌"法读书的一个具体范例。

宦海沉浮

为使读者对苏东坡跌宕起伏的仕途有个初步的了解，笔者用简单的数字来归纳一下。

东坡从政：二三三一八

两任通判。苏东坡的仕途从任凤翔通判和杭州通判起步。两任通判都满三年。苏东坡在凤翔任通判，他不是地方最高长官，不具有决策权，但是他也积极发现问题，为人民解决实际困难。当时凤翔的百姓需要去终南山和秦岭伐木，然后抛进黄河里，让木材随河水漂到汴京，相当于徭役的一种。但是因为黄河的地势和洪水等原因，很多木材都会沿路损坏或者丢失，民众很多时候还得贴钱甚至被判刑。苏东坡便上书建议由地方官员选择合适时间伐木，以此避开洪水期，减少木材的损耗。任职期间，几度遇到旱情为民求雨，撰写《祈雨文》祈求降雨。

嘉祐七年（1062年）一场及时雨后，苏东坡写成了著名的《喜雨亭记》。在杭州任通判时，他致力于西湖水利和杭州城市发展的调查研究，对杭州的六井进行大规模的疏通修复，让百姓饮用上干净清洁的水；他任职时正厉行盐法，一时百姓入狱不计其数，有"朝推囚，暮决狱"现象。苏东坡尽其所能为许多百姓开脱，让其重获自由，一时州府的狱中减少了"犯人"。两任通判都干得有声有色、业绩斐然！

三部尚书。苏东坡先后担任吏部、兵部、礼部尚书，任期都不长：吏部七个月，兵部一个月，礼部九个月。三个尚书任职期间都在宋哲宗高太后摄政时。苏东坡是大材有大能量，但他以事实来说话，实事求是办事"不合时宜"的做法，让朝廷很为难，只好走马灯式地让苏东坡任各种官职来试试。苏东坡在此期间无具体业绩。

三次贬谪。苏东坡先后被贬到黄州五年、惠州三年、儋州四年，共计十二年。在此期间，苏东坡是被贬的小吏，不得签发公文。但被贬黄州，是苏东坡命运的转折点。年过不惑遭遇此变，可以让人变得颓废，也可以让人变得旷达。很幸运，他成为后者。几乎所有研究并理解苏东坡的人都能得出这个结论：黄州之贬，使一个天真的苏东坡，变成了老练的东坡，即"破茧化蝶"。在黄州，苏东坡积极组织救婴活动，办育婴院，有百余名被弃女婴获救；他的"赤壁三绝"（《念奴娇·赤壁怀古》《前赤壁赋》《后赤壁赋》）让默默无闻的黄州天下闻名，成为"东坡赤壁"；他的《黄州寒食帖》千百年来被尊为"行书第三神品"。在惠州时，苏东坡见当地水稻种植方式落后，于是在百姓中推行新式农具"秧马"，不但解决了农人劳苦问题，而且提高了水稻种植效率。不仅如此，苏东坡不顾自己贬

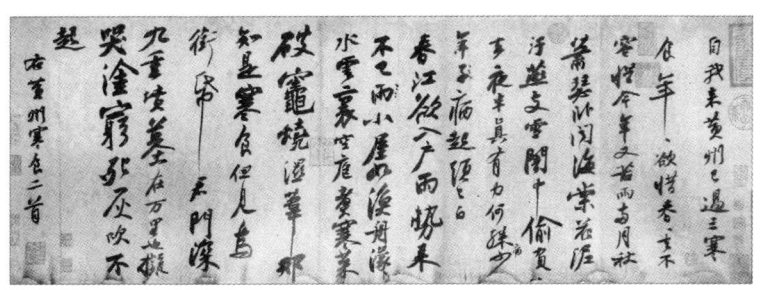

《黄州寒食帖》　　胡伟民/摄

谪之身，多方谋请，朝廷最终同意了他改革当地赋税制度的建议，"纳役奏改钱米各半""民受赐多矣"。另外，他发挥聪明才智，疏浚惠州西湖。惠州西湖的"曲"，是苏东坡奠定的雏形。在儋州时，苏东坡教当地老百姓栽种、酿酒、作墨，过着自种自食的田园生活；与兄弟民族互敬互爱，多次化解民族之间矛盾。他传教授业，海南人士多从之学，学生姜唐佐"白袍瑞合破天荒"成为海南第一位考中举人者。苏东坡推动海南文明进程，是泽被海南的一代宗师，论其政绩，其一破除当地迷信，其二开了海南教育之风。三处被贬之地的所作所为，如日东升，功德无量，让他自豪地说"问汝平生功业，黄州惠州儋州"。

一任皇帝秘书。正式职务为"翰林学士知制诰"。这一职务通常由当时最有名望的学者担任，正三品。苏东坡在这一职位上干了两年零六个月，起草了八百多道诏书，帝喜民乐，干得非常出色。

八任知州。苏东坡先后任过密州、徐州、湖州、登州、杭州、颍州、扬州、定州八个州的知州（市长）。所知八州最长密州、徐州、杭州均为两年多三年不到时间，最短为登州任期五天,其他地方都是几个月。每个州都留下了乐善不倦、至善至美的身影,百姓都建有祠庙或纪念馆。

苏东坡在密州之初,即遭逢了莫大的困境。当地蝗灾、旱灾交相为虐,"岁比不登,盗贼满野,狱讼充斥""公私匮乏,民不堪命"。百姓"剥啮草木啖泥土""饥馑疾疫靡有遗""流莩之余,其命如发",逃亡、弃婴者随处可见。"岁凶民贫"的严重景况,使苏东坡感到"力所无如之何者多矣"!尽管压力极大,但他并不因自己的艰难处境而畏缩不前,反而迎头而上,"勤于吏职""视官事如家事"。他说:"以济物为心,应不计劳逸。"他为"抚绥疲瘵之民",亲躬救灾,"欲把疮痍手摩抚";他"凡百劳心"而"朝衙达午,夕坐过酉",不知疲倦地积极工作。他甚至说:"今虽在外,事有关于安危而非职之所忧者,犹当尽力争之,而况其事关本职而忧及生民者乎?"即分内之事他要管,分外之事他也要管,只要对黎民百姓有利,他就积极行动并身体力行。

苏东坡知徐州这年八月,黄河在澶州(河南濮阳)曹村决口,洪水向东南灌流,泛滥于梁山泊,又溢涨于南泗水。浑浊的黄河水很快淹没了四十五个县。苏东坡在城上见洪水滔滔,四周山上灾民衣食无着,忧心如焚。他立即从城内紧张的人力中派出救急人员,让习水性的人驾舟船散发干粮,得救者无数。洪水围城,随时有灌城的危险,富民争相出城避水,苏东坡当即劝阻富民出城。他说:"富户出城避难,全城人心动摇,谁与我一同守城呢?有我在,决不让洪水淹城!"在苏知州大义凛然的训导下,富民不再出城。安定人心后,他采纳僧人的建议,征集五千民工,开通清冷口,疏浚下游河道,日夜加固外城以备不测。为了增加抗洪力量,苏东坡穿草鞋拄木杖,亲自到武卫营动员禁军参加抗洪。按照宋代制度,禁军归朝廷直接掌管,知州不得轻易调动。禁军长官深为苏知州的精神所感动,调动禁军与民工一起抢筑外城大堤,在短时间内筑起"首起戏马台,尾属于城"的护城大堤。在抗洪捍城的日夜奋战中,苏东坡亲荷畚锸、布衣草屦、结庐城上、过家不入,甚至抱定以身填堤的精神坐镇指挥。十月初五,黄河归入旧河道,被大水包围四十五天的徐州城复苏了,百姓欢声雷动,全城庆贺,朝廷颁赐重奖。苏东坡首次成功开发徐州煤炭,在徐州西南五十里的白土镇发现了品质优良、储量丰富的煤田。为此,他写下了徐州人民开采煤矿的壮丽诗篇《石炭并引》:"彭城旧无石炭。元丰元年十二月,始遣人访获于州之西南,白土镇之北。以冶铁作兵,犀利胜常云。"煤炭的发现,进一步促进了当时已是全国著名冶铁基地利国监冶铁业的发展。

苏东坡到湖州之时,恰逢湖州久旱不雨,后来又久雨不晴,他两度率领僚属、百姓,到弁山脚下的黄龙洞祀求黄龙显灵,保佑百姓风调雨顺。在湖州,苏东坡的处境已很危险了,只是他自己还没有意识到,时不时地赏景作诗。新党人以"作为诗文仙谤朝政及中外臣僚,无所畏惮"不断在朝中弹劾他。当年八月,苏东坡因《湖州谢上表》:"知其愚不适时,难以追陪新进;察其老不生事,或能牧养小民。"冒犯新党,在湖州任上被捕(在湖州只待了三个多月),直接押至开封御史台(又称乌台),投入大狱,险些丧命。这就是历史上著名的"乌台诗案"。

元丰八年(1085年)十月,苏东坡到登州任知州。苏东坡跋山涉水抵达登州治所蓬莱。通过一路调研,到任五天当即向朝廷上了《乞罢登莱榷盐状》《登州召还议水军状》两本奏书。前状经诏准后,朝廷废除了过去的当地食盐专营专卖制度,改为由沿海盐民即灶户直接卖与地方百姓，官府只收盐税。这样既保护了盐民的生产积极性，又方便了百姓生活，而且交易价格下降，减轻了百姓负担，老百姓欢呼雀跃。朝廷还同意了他第二本奏书，从此登州海防、边防得以进一步巩固。苏东坡还做了许多好事，登州百姓自然对这位关心民生疾苦的知州大人感激不尽，立祠"五日登州府，千年苏公祠"。

苏东坡去颍州之前，由于连年遭遇水灾，颍州周边的几个地方也闹水患。为了疏导积水，消灭水患，当地准备开挖长达三百多里的八丈沟（部分地段已开工），使其压颍入淮，以泄陈州之水。这个工程太大！苏东坡是一个讲求科学的人，一到任就开始了细致入微的实地调查和测量。他派教练使史昱等人组成勘探小组，从蔡口到淮上，组织沿途的本州各县官吏，仔细测量地形。通过科学的测量，苏东坡弄清楚了所涉及的地面高低、各沟的深浅、淮河涨水的高低，以及八丈沟等沟口有无壅塞。结论显示：八丈沟入淮口的水位，在淮河泛涨时高于八丈沟上游蔡口水位八尺五寸，淮水势必倒灌。事实证明：开挖八丈沟，既解除不了陈州水患，又使颍州河水泛滥。于是苏东坡坚决反对开挖八丈沟。苏东坡立即向皇帝报告，连写三道奏折。他得出的结论是：开挖八丈沟，工程巨大，耗资巨大，解决不了根本问题。苏东坡阻止八丈沟开挖是一个很有风险的举动，既得罪周边知府，更有冒犯朝廷之罪。如果要当太平官，他不必过问。因为这个大工程是朝廷同意的，苏东坡到任之前，有的地段已开始施工。他完全可以不去过问。但苏东坡就是苏东坡，他认为这个工程浩大，攸关颍州老百姓的生存问题。为此，他实地勘察，据理力争，最终取得朝廷的同意，也因此而避免了一场费时、费工、费财而又无甚益处的浩大工程。力阻开挖八丈沟的事情刚刚平息，一心为民的苏东坡又给自己揽了一身活儿。他向朝廷请求，奏请留下开挖黄河的民夫万余人，用来开挖颍州的沟渠，疏浚治理颍州西湖。说干就干，苏东坡为民办实事从来毫不含糊。他组织民工对颍州西湖进行了全面浚理，造了三座水闸，沟通了焦陂、清河、西湖与泉河、淮河的航道，更重要的是调节了颍州城西南的地表水，使之大了可以排泄，小了可以积蓄，保障了沿河两岸六十余里农田的用水。苏东坡在颍州任知州不过八个月，夏天的水患成灾，秋季干旱绝收，冬季的大雪又至，百姓没有吃的，吃草根嚼树皮。他为此夜不能眠，连夜召集属下商议解决的办法，并决定以义仓之谷数千石，作院之炭数千秤，酒务之柴数十万秤，依原价卖给饥寒中人，解决他们"食与火"的问题。

还没有等到来年春夏之秋，苏东坡就调离颍州，奔赴扬州，因为当时扬州也出现了与颍州相似的灾情。灾情就是命令，百姓就是动力，他立马赶往扬州去救民于水火之中。苏东坡在扬州看到民众因官吏的盘剥，生活十分困难，甚至许多百姓认为灾年要比丰年更好过。因为灾年的话，赋税什么的都会减轻，生活压力便没有那么大，留下的粮食还能勉强糊口。而倘若是丰年，地方上的官吏层层剥削，赋税很重，留下的粮食甚至还不如灾年多。苏东坡听到这种荒唐的话语，十分感慨，立马上书皇帝，请求缓解对扬州地区的赋税征收，给人民喘息的机会，但可惜皇帝没同意。紧接着六月扬州地区突然暴发了瘟疫，地方官吏依然要征收百姓拖欠的粮食。苏东坡于是再次上书皇帝，请求减免扬州地区的赋税。这次打动了皇帝，哲宗皇帝同意暂缓一年扬州地区的赋税。虽然仅仅是暂缓了一年，但是扬州人民也是大大地松了口气，都非常感激苏知州。

在扬州时，苏东坡多次在运河边走访，不久观察漕运发现，许多民夫在运输的途中，为了维持生计，不得已要偷拿国家的东西来贩卖，被发现了之后则会被严厉地惩罚，这样既使国家遭受损失，又不利于民夫的生活。于是苏东坡决定，允许民夫在运输货物的时候，自己携带一些货物来进行贩卖，这样既改善了民夫的生活，也减少了朝廷的损失，许多民夫从此过上了安稳温饱的生活。

在苏东坡到任扬州之前，前任知州蔡京在扬州办芍药花会并成惯例。苏东坡到扬州任职，他的学生晁补之在扬州做通判。为了欢迎老师，也准备举办盛大的花会。但是苏东坡并不领情，他认为办这种花会只是为了满足当官的私欲，不但对百姓没有好处，反而会增加他们的负担。苏东坡不仅拒绝了办花会的请求，还写文章点名批评了前任蔡京的这种做法。苏东坡在扬州虽然仅仅为官半年，但是做的事情切实改善了民众的生活，减轻了他们的负担。

苏东坡到定州任职，下车伊始即定下"整军经武，振兴经济，关注民生"的治州方略。定州北临契丹，是宋朝的边防重镇。到定州，苏东坡第一件事情就是整饬军纪。他约法三章，对纪律松弛、偷盗、赌博、酗酒，严加整饬。他向朝廷申请专款，修缮营房，使官兵的居住条件大大改善。为了加强边防建设，他在"弓箭社"的基础上，发展民兵，组织各村各庄青壮年人，"带弓而锄，佩箭而樵"，边生产边备边；遇有敌情，击鼓相召，顷刻可招致千人赴前线自卫。同时又着手发展生产，振兴经济。为了安抚百姓，苏东坡明令禁止征收苛捐杂税，并两奏朝廷实行"粮米减价"和"开仓贷米"，让农民"候丰年以还新官"。用此法使定州五万饥民度过了荒年。他还开发城北的两千多亩水地引进稻种，授百姓以技术，这年此地千顷碧绿，产米颇丰。通过采风，为农民填写了通俗小调"稻秧歌"——边插秧边轻声歌唱。现在还流传着"水上白鹤惊飞处，稻禾千重尽秧歌"的歌谣。

总的来说，苏东坡从政四十年，在地方做官三十三年，在朝廷七年；正常仕途二十八年，被贬谪十二年，是一个典型的能上能下的"交流型干部"，交流的幅度和频率前无古人，后无来者。

人生的三起三落

一起。步入仕途。嘉祐二年（1057年）苏东坡二十岁参加科举获第二名，嘉祐六年（1061年）制考获三等正（第一名）出任凤翔通判。政绩不错召回朝廷任史官。后下派到杭州任通判，两年九个月后改任密州知州，后又转任徐州知州两年，湖州知州三个月。可以看出，苏东坡步入仕途后，一步一个脚印逐步被提拔重用。

一落。大难临头。元丰二年（1079年），"乌台诗案"发，苏东坡被关御史台审讯了一百三十天。案件因文字而起，实为其反对变法，加上文人的嫉妒心，一时性命堪忧，后因宋神宗爱惜人才，用了个折中的办法——贬谪，被贬黄州。当时黄州属下等州，贫穷落后。

二起。东山再起。元丰八年（1085年）宋神宗驾崩，年仅十岁的哲宗继位。英宗皇后哲宗祖母高氏摄政。高太后任用旧党司马光，尽废王安石新法，史称"元祐更化"。之后苏东坡升任登州知州，但到任五天就被召回京城，官至翰林学士知制诰。短短十七个月，苏东坡从戴罪之身的从八品升到正三品。

二落。知难而退。高太后和司马光全盘否定王安石的新法，苏东坡坚持原则，反对全盘否定。因此，与高太后和司马光政见不合，苏东坡觉得不开心，一再主动请辞外放。元祐四年（1089年）七月，苏东坡调任杭州知州，任职一年零七个月。

三起。再回朝廷。苏东坡于元祐六年（1091年）三月回朝，当了七个月的吏部尚书，然后出任颍州知州、扬州知州，再任兵部尚书一个月、礼部尚书九个月。苏东坡频繁地上下调动反映了朝廷当时的极端矛盾心态。一方面高太后等人对苏东坡极为赏识，希望他作为与新党制衡的政治力量；另一方面又恨铁不成钢，对苏东坡爱也不是，恨也不是，左右为难。

三落。一贬再贬。元祐八年（1093年）九月，高太后驾崩。十八岁的哲宗亲政。哲宗反对高太后所作所为，刚一亲政就无情打击"元祐党人"。苏东坡先被降为定州知州，上任仅一个月，又被贬到遥远的英州任知州；还未到英州，哲宗又连下三道诏书，被贬到惠州。在那里住了两年零六个月，又再贬到更远的儋州，就是天涯海角——海南岛。宋代的海南岛极其落后，是没有文化的蛮荒之地。

为官之道

纵观苏东坡的一生，虽仕途坎坷，但从未因此颓废；多次被贬谪，仍坚守为官之道，不得不佩服他的乐观豁达与一身正气！苏东坡之所以生前受到百姓爱戴，死后受到人民纪念，究其原因，在于他为官清廉、吏治风清；在于他心怀百姓、务实为民；在于他身上那股正直、干练、为民造福的东坡精神。他怀有强国富民的宏伟抱负，关心民间疾苦，竭尽全力为百姓谋福利、办实事；他不计荣辱得失，不顾困难压力，不作空论清谈。苏东坡，正是以其实干家卓有建树的政绩，以其两袖清风的廉洁，赢得了当时民众的衷心拥戴，也赢得千百年后人民对他的敬重和热爱。苏东坡的为官之道，通过以下几件事来述说：

一方砚铭显东坡的为官之道

元丰七年（1084年），苏东坡从黄州调到汝州任团练副使。走到德兴，苏东坡与二十五岁的大儿子苏迈在江西湖口分别（苏迈去任饶州县尉）。临行，苏东坡赠爱子迈砚台一方，刻有苏东坡的砚铭："以此进道常若渴，以此求进常若惊。以此治财常思予，以此书狱常思生。"苏东坡铭文的意思是：用他来学习圣贤的道理，要如饥似渴；用他来习写文章，要不停地进步，时出新意令人吃惊；用他来记录和治理财务，要时常想着给予他人；用他来书写狱讼公文，要时时想着放人生路。这是苏东坡对即将赴任的儿子的勉励，也显露出苏的为官之道，对自己好学、敬业、创新的追求，对老百姓和民生的事，不管在什么样的岗位上都要去关心和谋划。苏东坡当学生时，就扎扎实实地学习，把学习文化知识作为第一要务。苏东坡当官之后，尽管变换了不同的工作岗位，但他不仅努力干好自己的本职工作，还关注着其他的事情，只要是有利于老百姓的事情，就去做，为老百姓争取最大的利益，这一点是非常值得我们钦佩的。苏东坡在各地为官时，政绩非常突出。他的心里装着老百姓，遇到自己解决不了的问题，就向朝廷求助，把自己的私人关系都利用起来，去给老百姓谋取利益，他眼里装着的是老百姓的疾苦，他把老百姓的事情当成自己的事情来做。

"不合时宜,唯有朝云能识我"

一天,苏东坡退朝回家,指着自己的腹部问妻妾:"你们有谁知道我这里面有些什么?"一答:"文章。"一说:"见识。"他直摇头。王朝云笑道:"您肚子里都是不合时宜。"苏东坡闻言赞道:"知我者,唯有朝云也。"什么是一肚子的不合时宜?苏东坡是文坛巨匠,又有大儒的本质,在朝为官期间却常常不合时宜,让人匪夷所思!而苏东坡的"不合时宜"是:谁掌权,谁得罪百姓就和谁干。

王安石变法青苗法、免役法、保甲法等新法实施时,由于基础环境不够完备,执行者急功近利等诸多因素,达不到预期的效果,反而给天下百姓增加了很多负担,苏东坡看不惯就直接上书。苏东坡反对新法的言行当然与执政新党不合拍,甚至格格不入,得罪新党。于是,在元丰二年(1079年)发生了"乌台诗案"。"乌台诗案"是宋代第一起震动朝野、影响深远的"文字狱",也是北宋后期党争的一次恶性发作。所谓"乌台",即御史台,因官署内遍植柏树,又称"柏台"。柏树上常有乌鸦栖息筑巢,乃称乌台。所以此案称为"乌台诗案"。

"乌台诗案"的导火索是,苏东坡在调任湖州知州,照例上表谢恩的奏章《湖州谢上表》,其中写道"伏念臣性资顽鄙……知其愚不适时,难以追陪新进;察其老不生事,或能牧养小民。"其中,"不适时""新进""生事"等字眼刺痛了变法派的神经。究其原因是,苏东坡作为文坛盟主,声望比较高,在他身边聚集了一大批有影响力的著名文人,变法派扳倒了苏东坡,就扳倒了一大半的反对派。根本的原因是,对苏东坡不世才华的嫉妒与恐惧。苏东坡每写下一首讥讽变法的诗词,都深深刺痛着变法派当权人物的心,他们当然想着将苏东坡除之而后快。

而司马光主政,以"祖宗法度不可变也",全盘否定王安石的变法内容。看到司马光的武断做法,苏东坡站出来说"校量利害,参用所长"。也就是说,王安石的变法有不少可取之处,不能凭意气用事一竿子打死,应该区别对待。苏举出,新法的雇役法就比原来的差役法好,上书建议保留实行有价值的部分。司马光见苏东坡持这种态度大怒,说"是何奸邪阻扰罢废新法"。苏东坡的言行与当时朝政不合拍,又得罪旧党。于是,苏东坡被贬出京城,去杭州做知州。

元祐七年(1092年)苏东坡在扬州,见麦田长势良好,但农家荒废无人。因农民无力偿还高额本金利息,怕进监狱,只好丢下将要丰收的田地去逃难。苏东坡见状上书太后。奏章中说:小人浅见,只为朝廷惜钱,不为君父惜命。并引用"苛政猛于虎"一句,尖锐说道:"以天下言之,常有二十余万虎狼散在民间,百姓何以安生?朝廷仁政何由得成乎?"在苏东坡的努力下,表章中所提公债得以宽免,百姓自动回家抢收麦子,过上了安稳的日子。

对新旧两党的做法,不一味讨好。其实,可说苏东坡是无党无私,心怀天下,一心为民。在那时的官场,想做到无党无私比登天还难。政治上表现出来的"不合时宜",成为两头不讨好,两派的共同敌人,每次的政治风暴自然在劫难逃。

而不合时宜显露出苏东坡的真实性格:一是不随波逐流,坚持自己心中的真理;二是扪扣自己的良心,吐露真言;三是坚持读书人的操守,体现实事求是的勇敢精神。苏东坡的"不合时宜",虽说是他政治生涯的不幸,却是文学的大幸。由于苏东坡的不合时宜,让他成为仕途颠簸、命运多舛之人,同时也让他越来越转向大自然、转向人生体悟。于是乎他在"诗、词、文、书、画"各方面取得的成就独步天下,名垂青史。对后世来说,要感谢"不合时宜"!

不义之财不可取

钱财应当用正当的手段去谋求,正所谓"君子取财取之有道"。苏东坡有诗云:饮酒不醉真英豪,恋色不迷最为高,不义之财不可取,有气不生气自消。从苏东坡四十年的为官经历和所作所为看,他确实称得上是个不义之财不取的廉洁自律的好官。有以下几则故事可说说:

拒贿用寓言故事。古往今来也只有苏东坡做得出来。据说,他在京城做官,有老乡带着厚礼想求他或其弟弟苏辙帮忙谋个官职。为了不伤害老乡的面子,苏东坡就讲了一个寓言。说是有个很贫穷的人,去掘伯夷的墓。伯夷在墓里说:"我是在首阳山饿死的,除了一把枯骨,别无一物,又岂能如你所愿?"盗墓人就说:"那我就去挖叔齐的墓。"伯夷又说:"连我也不过如此,我弟弟叔齐就更帮不上忙了!"苏东坡的弦外之音是:您想谋个官职我知道,但我们兄弟都无法徇私帮您啊!

礼金用于西湖清湖司。话说苏东坡西湖疏浚圆满成功,一道诏书将其调任为吏部尚书。杭州的下属和百姓纷至沓来送别,其中有个姓陈的大商人,特意从径山大禅寺请来平安符赠送给苏东坡。因苏东坡曾帮助他渡过经商遇到的难关,东坡欣然接受。送走客人打开包装盒却见一张五十两的银票,急忙叫仆人去追那位商人,仆人急匆匆到门外寻找,陈姓商人早已无影无踪。苏东坡望着手上的银票束手无策,想了想说道:此银不能收啊。于是,写了一便札,与银票一起交仆人送到湖司公使库作为保湖专项经费。

还有一礼金之事。苏东坡离开杭州时，一位挚友送来黄金五两、白银一百五十两作为礼物。盛情难却，但勤政廉洁的苏东坡将这笔礼金转赠安乐坊，为医治百姓之病而用。

给衙役发鞋钱。有一年密州歉收，衙门里口粮很紧，苏东坡见仓房存米不多了，就叫衙役们上山去拔野菜，用野菜熬粥喝。他带头喝菜粥，下面的人自然也得喝。喝了些日子，跑腿的衙役们有想法了，一个个找借口溜回家去了。苏东坡见衙役们无人站班当差，就差遣班头上门去叫。班头跑遍了四乡八镇，回来禀告道："老爷，衙役们都说没鞋穿，一旦做好鞋即回。"过了一些日子，还不见衙役回来，苏东坡就把班头叫到书房，问个究竟。班头无奈，只得把根底儿抖出来。原来他们不光嫌饿肚皮，还抱怨老爷管得太严，没点儿外快，连双鞋钱也捞不到。苏东坡恍然大悟：噢，怪不得都说没鞋穿，原来是话里有话！他当即对班头说："你再去告诉他们，没鞋穿好办，不须家里人做，我发赏钱买鞋，每人发给十两银子。"班头到众衙役家里一说，衙役们回来了，苏东坡却待在书房里不出来，声言身体不爽，不许任何人进去打扰他，一连几天都如此。这一来引起了衙役们的猜疑，纷纷嘀咕道："咱们老爷是一肩明月，两袖清风，穷得要死，他哪里来银子发赏钱？恐怕是跟咱们开玩笑吧？"过了几天，苏东坡把衙役们召到跟前，每人发了一幅画。那画上画的是墨竹，下面还签有他的名字。苏东坡说："你们把画拿去卖吧，每幅画能换十两银子。"衙役们捧着画都愣住了。不就是画的几枝竹子几片竹叶吗，能换那么多银子吗？可是，当他们把画拿到街上去不多会儿，便被几家豪门大户抢购去了。有几户买主觉得要价太低，自愿加了码。有的卖了二十两银子，有的卖了三十两银子,最多的一位卖了五十两银子。其中有一人只卖了十两银子,原因是买主要多给,这人不敢多要,他怕老爷不让多索银两。苏东坡觉得这个衙役怪讨人喜欢的,就叫他去把原画索回,在画上添了一首诗。诗曰:

一张墨竹二三笔,看时容易画时难。
君索此幅请付银,交与差衙买鞋穿。

那衙役把画幅送交买主,买主展开一看,笑逐颜开,惊喜道:"嘿,谁不晓得苏老爷是皇上的笔杆子,曾替皇上草拟过圣诏。他老人家看得起我,不但给我画了画,而且还特意配上了诗句。好,万金难求!可别亏待了跑腿的,再添九十两。"苏东坡见衙役们都有了钱,人人喜不自胜,便传令站堂。公堂上,苏东坡收起笑容,严肃地问大家:"都有鞋钱了吗?"衙役们齐声回答:"有啦,多谢老爷恩典!""别恩典啦,往后你们还要闹鞋钱吗?""不啦,请老爷放心。""以后谁若再向黎民百姓索鞋钱怎么办?""该杀该剐,任由老爷处置。"苏东坡见他们个个回话都硬邦邦的,不由得心里一酸,沉默半响,嗟叹道:"你们逼得我好苦啊,我苏东坡竟然落到了卖画为官的地步!"稍停,又说道:"我有一条规矩,银两不许挥霍,都送回家去留给老小度荒年。"随即,苏东坡挥挥手,说:"走吧,走吧,速去速回!"于是,众人叩头谢罢,欢天喜地回家送银子去了。

当时苏东坡的作品就这么有价值了,但他宁可守着读书人的纯洁、士大夫的节操、当官者的品质,过清纯朴实的生活,个人从不为钱、为生活而卖字画赚钱,字画诗只给有缘人,或酒后赠给他人。

自题钟山画像

在为官路上,每到一站,苏东坡都会设身处地为当地百姓干实事。在官场,苏东坡是一个忧国忧民的好官,修身、齐家、治国、平天下的儒家信条,一直荡漾在他的心间。无论怎样,他一心为民的心未改,在什么样的职位都是秉持自己的赤子之心。其他官员都想着在京为官,而他对个人荣耀看得很淡,更是厌倦了无休止的朋党争斗,所以几次请求外任。遭人陷害,几次被贬,即便条件再恶劣,苏东坡都能够坦然接受。在低职无权又不得签发公文的"为官"道路上,苏东坡表现出了豁达、开朗、豪情、天真的生活态度和生命姿态,说真话,办实事。

生活不断向前,除了眼前的苟且,苏东坡将诗与远方藏在心中,也随身携带。他没有选择归去,而始终怀着入世的意志为民做些力所能及的事。所以行至晚年,才有《自题金山画像》那么几句诗,用来自嘲地概括人生:"心似已灰之木,身如不系之舟。问汝平生功业,黄州惠州儋州。"

此诗是苏东坡去世前两个月作的。回首自己的一生,几起几落,失意坎坷,纵然有忠义填骨髓的浩瀚之气,也不得不化为壮志未酬的长长叹息。但苏东坡就是苏东坡,一反忧伤情调,身处逆境依然保持豁达、乐观和随缘自适的精神状态。"问汝平生功业,黄州惠州儋州",苏东坡自认为一生的功业,不在做礼部尚书或翰林院知制诰时,更不在杭州、徐州、密州做知州时,恰恰在被贬谪的黄州、惠州、儋州三州。失意也罢,坎坷也罢,他却丝毫不减豪放本色,真是不可救药的浪漫。

元丰二年(1079年),苏东坡被贬到黄州。苏东坡看到到处有被弃女婴，于是自己成立了一个救儿会，请心肠慈悲为人正直的邻居读书人古某担任会长。救儿会向富人募捐，请他们每年捐助十缗，多捐随意，用此钱买米、买布、买棉被。古某掌管此钱，安国寺一个和尚当会计，主管账目。这些人到各乡村调查贫苦的孕妇，她们若应允养育婴儿，则赠予金钱、食物、衣裳。苏东坡说，如果一年能救一百个婴儿，该是心头一大喜事。他自行每年捐出十缗钱。他的行为才是最上乘的善行。

绍圣元年（1094年），苏东坡被贬至广东惠州。次年，惠州粮食丰收，米价大跌，官府收税要钱不要米，农民要贱卖往年粮食的两倍才能凑足税款。苏东坡得知后，就给地方官写了封信，指出这无异于敲诈农民，并建议准许"任从民便"。这一问题不久便得到了解决，使惠州及周边十多个州的农民受益匪浅。

苏东坡到儋州发现，海南大面积的土地荒芜，种植的收成低。他告诉黎民，"天不假易，也不汝匮""利尔耕耘，好尔邻偶。斩艾蓬蒿，南东其亩，父史扶梃，以扶游手"。他还写了《和陶劝农六首》，劝导当地农民重视农业生产。为了改善黎族百姓的生活，年过六旬的他，亲自下田示范，劝导黎族百姓要重视农业生产。作为一个异地的汉族贬官，苏东坡对黎族同胞的赤诚之情跃然纸上，天地可鉴。儋州县志记载："北宋苏文忠公来琼，居儋四年，以诗书礼教转化其风俗，变化其人心。"

游历足迹

苏东坡是我国古代行走城市最多的诗人之一，可以说一生都在路上。他的足迹遍及北宋疆土，西及眉山，东到登州，北

眺望西湖　　平国明/摄

至定州，南达儋州。可以说才华横溢的苏东坡，是个实实在在的旅行家，更是个有趣的人。连台湾诗人余光中都说："如果出去旅行，我不要跟李白一起，也不会跟杜甫一起，我愿意和苏东坡在一起，因为他是一个有趣的人。"

平顶山的三苏墓、常州的东坡公园、杭州的苏公堤、眉山的三苏祠、惠州的白鹤峰东坡故居、儋州的东坡书院等历史陈迹，让人们一次又一次在与清风明月的交汇中产生共鸣，让人一次又一次在与山川万物的对话中窥见一位大文豪的内心波澜，让人一步步走进九百多年前那个被贬谪者的内心深处。有时真想知道是景致成就了苏东坡，还是苏东坡成就了一个地方的美名？

出生眉山

景祐三年（1037年）一月八日，在西南蜀地的眉山诞生了中国"千古第一文人"苏东坡。二十岁时，他随父亲赴京赶考，从此这个他生活了二十年的地方成为他再也没能回去的故乡。但他的到来与离开，都为这座小城留下了永远的文化印记。

眉山，坐落在岷江边上的一座宁静小城，盆地与丘陵为伴，青衣江与通惠河相守，用"人杰地灵"形容这里再贴切不过。从眉山走出来的文人墨客数不胜数，南宋诗人陆游赞眉山为"千载诗书城"，但是只有苏东坡成为如今眉山的文化代表，以东坡来命名已成为眉山人的一种习惯：东坡区、东坡湖、东坡公园、东坡鱼、东坡国际文化节，苏东坡已经渗透到眉山人的生活中。沿着东坡湖行走，水面甚是开阔，湖的西岸屹立着一座仿古建筑，名"远景楼"，这便是苏东坡《眉州远景楼记》中的主角。远景楼始建于北宋，却两次惨遭毁坏，现在的远景楼是2004年建成的仿宋代风格的建筑，青瓦、白檐、褐柱，彰显着典雅古朴，与两旁的"超然阁"与"醉月阁"浑然融合。细雨拍打着湖面，烟雨蒙蒙中，一楼一湖之景犹如海市蜃楼。遥想当年东坡企盼能在远景楼"登临览观之乐，山川风物之美"，如今，我们登上有着十三层高的远景楼，凭栏远眺，岷江如白练穿过郁郁葱葱的眉山城，这般秀丽风光，还真让人有"酒酣乐作，援笔而赋之"的东坡情怀呢。

苏东坡的童年故居，现在的"三苏祠"，是一座有着典型四川特色的古典式园林。三苏祠总建筑面积有约六万平方米，亭台楼榭、绿水红墙，有着"三分水，二分竹"的"岛居"之称。从南门进入，只见祠内古木扶疏，茂密的竹林压低了身子，形成了一个天然的拱形竹洞，遮天蔽日。清幽的古祠殿中的是三苏父子石像，神态栩栩如生。在披风榭，有一处苏东坡半卧的石像：头戴学士帽，长须飘逸于胸前，神情怡然自得。走在三苏祠内,随处都能激起吟诗的冲动,一口布满青苔的古井,一座在水一方的抱月亭,一条曲折迂回的百坡亭长廊,好似藏满了诗趣与古韵。

入仕凤翔

嘉祐元年(1056年),苏家三父子赴京赶考路过凤翔。嘉祐七年(1062年),苏东坡又来到凤翔。所不同的是,这时他已是朝廷的命官。二十六岁的年龄,任凤翔通判、签书判官,又掌管兵、吏、刑、水、工五曹文书。他踌躇满志,一心想成就一番事业,实现入仕济世的抱负。在府城东门之外,有一泓碧水,野鸭嬉戏、草绿花艳、蜂飞蝶舞、梧桐参天,人们叫它"饮凤池"。"昔闻周道兴,翠凤栖孤岚。飞鸣饮此水,照影弄毵毵。"这是饮凤池的生动写照。从西蜀水乡来到渭北平原的苏东坡,见此情景,喜出望外。在公干之余,相度地形,组织官民疏浚开凿,从城西北角引来凤凰泉之水,筑成一湖。在岸上植柳,在水中栽荷;在湖中筑岛,在岛上建了君子、宛在两座亭子。君子亭高大而有气度,宛在亭娇小玲珑而多韵致。曲堤石桥连通湖岸。"水多则蓄之,干旱则泄之",可资士民小憩,又可灌溉农人田地。因在城东,取名东湖。"湖成而民利普焉"。喜悦之情涌上心头,苏东坡信手援笔,洋洋洒洒,一篇华章草就:石蟹吐甘,新荷弄晚,轻棹探幽,鱼浮水面……一幅幅美景跃然眼前。他感到余兴未尽,便把这首诗寄给远在千里之外的弟弟苏辙。苏辙随即和诗一首:"不到东湖上,但闻东湖吟。诗词已清绝,佳境亦可寻。"

兄弟二人都是名噪京华的才子,他们的唱和往来,使凤翔东湖在北宋时就有了名气。后世的文人墨客慕名而来,留下脍

东坡画像　　俞国海 / 画

炙人口的诗文。千年沧桑,有多少曾经的辉煌,在历史的长河中都化作云烟,湮没于历史的尘埃之中。

　　凤翔东湖这颗北方园林瑰宝,虽经风风雨雨,却依然璀璨夺目。人们把怀念苏东坡的一片深情,化作对东湖的珍爱。千百年来百般呵护她,不断地修葺她。在原来君子、宛在两个亭子的基础上,又增修了春风亭、鸳鸯亭、洗砚亭、不系舟、丽于榭、聚贤厅、来雨轩、月转廊、一览亭、空蒙阁、雁南亭、崇光亭等。每一个亭台都是一处美景，都有一个动人的故事。而每一个故事都离不开苏东坡。最为著名的当然要数凌虚台和喜雨亭。

凌虚台原在府邸后院。喜雨亭始建于苏东坡的府判官舍，亭子建成的时候，久旱逢甘霖，便命名为喜雨亭。在后来的兵燹灾祸中，凌虚台和喜雨亭与府邸官舍同遭厄运，化为乌有；但苏东坡为这一台一亭所作的记，成为千古佳作流传于世。当年宏伟壮观的府衙官邸了无痕迹，而喜雨亭、凌虚台又重新修复于东湖。会景堂最初在城东南的南溪河岸，叫作会景亭，苏东坡曾多次游览，并留有诗作。清光绪二十四年（1898年），凤翔知府傅世炜将其迁入东湖，更名为会景堂。

当时苏东坡初仕，偕夫人王弗同来凤翔。王弗是苏东坡生活上的伴侣、文学上的知音、事业上的贤内助。为纪念这对恩爱夫妻，清同治十年（1871年），凤翔人在石桥上修建了一座六柱双亭——鸳鸯亭。一对翠亭，形似鸳鸯，相依相偎，是纯真爱情的见证。

从仁宗嘉祐六年（1061年）十二月，到英宗治平元年（1064年）十二月，苏东坡在凤翔的短短三年里，干了不少利于百姓、有益社稷的好事、实事。为了纪念苏东坡，后世的人们在内湖西南角修建了望苏亭，在湖北岸修建了苏文忠公祠。苏公祠最初建于何时无法考据，有关资料显示，仅清代乾隆、嘉庆、道光、光绪年间多次重修，民国时期又两次重修。"文革"中被破坏无存。二十世纪八十年代，县人民政府重建，近年又进行了修葺。院深二进，正中为大殿，内有苏东坡坐像。院内一侧为仝笑山房，一侧为鸣琴精舍，内有苏东坡抚琴和读书的蜡像。苏公祠东侧有碑林,二十世纪九十年代创建。大门进去有一影壁,上面镌刻着《东坡笠屐图》,两边刻有东坡醉笔对联:"斗酒纵观廿一史,炉香静对十三经。"几曲回廊中镶嵌着全国知名书法家书写的古今名人雅士吟咏东坡和东湖诗词文赋石碑一百五十多通,最为珍贵的是苏东坡梅兰竹菊石刻。

清光绪二十四年(1898年),凤翔知府傅世炜开辟外湖,又称南湖,修建亭台,种植花草树木。近年,在进一步扩大南湖的同时,兴建南大门及其广场。一座造型优美、气宇轩昂、高达十三米的苏东坡汉白玉雕像,耸立在南广场中央。

如今的东湖意蕴无限,美不胜收。人们可以拜谒苏东坡,发思古之幽情;可以在碑林中鉴赏名人墨宝;可以在绿荫遮盖、花香扑鼻的湖边散步;可以在亭中小坐歇息;可以在凌虚台饱览一湖美景;可以在会景堂、春风亭、来雨轩观赏凤翔民间工艺瑰宝——彩绘泥塑、马勺脸谱、皮影、剪纸、布艺、木雕等。人们还可以从别开生面的洞门拾级而上,登临一览亭凭栏眺望,近观凤翔城新貌,遥望太白六月积雪。东湖不仅是本地人强体健身、休闲娱乐的好去处,也吸引来全国各地及海外游客旅游观光。

问月密州

熙宁七年(1074年),苏东坡任密州知州。密州(现为山东诸城)是苏东坡人生旅途中的重要一程。他刚来密州时,正值当地大旱之年,又有蝗虫灾害。苏东坡看到老百姓生活十分困难,饿殍弃儿满地。他的心情十分沉重,为自己无能为力解救老百姓的疾苦而愧疚。他在《和孔郎中荆林马上见寄》一诗中写道:"秋禾不满眼,宿麦种亦稀;永愧此邦人,芒刺在肤肌。平生五千卷，一字不救饥。"为救民于水火，他上书朝廷，请求减免赋税。同时祈雨抗旱，驱除蝗虫，赈灾捕盗。对于弃婴，他发动官员去捡，然后分别安排到各家抚养，政府按月给抚养费，两年内救活数十人之多。直到现在，诸城人一提起苏东坡，还说那是个大善人哪！他到雩泉祈雨，老天果然下了雨，当地老百姓认为简直神了，半年不落雨，苏东坡去求雨，老天就下雨。为表达对上苍的谢意，苏东坡在此建了一个小亭子，起名叫"雩泉亭"。在这里，苏东坡还写了《密州常山雩泉记》和六首诗。记曰：

  常山在东武郡治之南二十里，不甚高大，而下临城中，如在山下，雉堞楼观，仿佛可数。东武滨海多风，而沟渎不留，故率常苦旱。祷于兹山，未尝不应。民以其可信而恃，盖有常德者，故谓之常山。熙宁八年春夏旱，轼再祷焉，皆应如响。乃新其庙。

  两年后，苏东坡离开时，还为此泉写了一首诗："举酒属雩泉，白发日夜新。何日泉中天，复照泉上人。二年饮泉水，鱼鸟亦相亲。还将弄泉手，遮日向西秦"。

  苏东坡在密州时，正值王安石推行新法。他反对新法，但也主张改革，只不过是侧重点不同。他对王安石的新法采取现实主义态度，对当地老百姓有好处的就推行，没好处的就抵制或不去实行。譬如"给田募役法"对老百姓有利，他就积极推广；而"手实法"是不利的，就抵制。密州老百姓非常喜欢他这种务实的做法。

  在诸城人民路口，就能见苏东坡登临的雄伟的"超然台"。

在北宋时，超然台是密州的标志性建筑。追寻东坡在密州的足迹，必定绕不开超然台。苏东坡在密州时，对超然台情有独钟，还创作了《超然台记》和《望江南·超然台作》等诗文以歌颂其壮观。可惜，后来超然台被战火焚毁。2009年，诸城市重建超然台。如今超然台成为游人怀念苏东坡之胜地。据当地人讲述，《水调歌头》便是在此台上一气呵成的。"明月几时有，把酒问青天"这句诗已成为中秋月圆夜时人们所吟咏的经典。站在高台上，我们只为俯瞰到的城市景象而惊叹不已，东坡却与明月对话，生发出"但愿人长久，千里共婵娟"的愿景。手捧书卷诵其词，无法感同身受，唯有身临其境，才能更深刻地感知其词之荡气回肠、感人肺腑。这是我们追寻苏东坡足迹的缘由之一，也是我们继续重温历史并回到现场的源源动力。

苏东坡在密州最突出的成就还是文学创作。他在这里共计写了二百三十多篇诗、词、文。让人赞不绝口的"密州三曲"：《水调歌头》《江城子·密州出猎》《江城子》就是在这里写就的。

显红徐州

熙宁十年（1077年）四月，苏东坡正式上任徐州知州。苏东坡知徐州总共才两年，但留下的故事却很多。

徐州属于南北交界地带，冬天寒冷，而且往往柴薪奇缺，老百姓冬季烧柴取暖的需求长久得不到解决。苏东坡到任后，反复考察、勘探地形，并根据相关线索派人四处找石炭（煤炭），终于在白土镇孤山勘探到了石炭，为此徐州百姓欣喜不已。"岂料山中有遗宝，磊落如磬万车炭。流膏迸液无人知，阵阵腥风自吹散。"看到民众的冬季燃料问题得到解决，苏东坡高兴地写下了《石炭并引》，以记录这一史实。可以说，徐州煤田是苏东坡发现的，这是功在当代、利在千秋的好事。煤田的发现还进一步促进了徐州冶铁业的发展。

徐州云龙山、桓山、百步洪、戏马台、台头寺、燕子楼等处，都有苏东坡的足迹。云龙山是徐州的风景名胜，苏北名山，海拔一百多米。山上树木繁茂，翠叶成荫。远山常常笼罩着一层淡淡的薄雾，犹如仙境。元丰元年（1078年）九月十七日，苏东坡和友人一起醉倒在云龙山下，写下一篇《登云龙山》诗："醉中走上黄茅岗，满岗乱石如群羊。岗头醉倒石作床，仰看白云天茫茫。"自此以后，"东坡石床"成为徐州的人文景观。云龙山顶有一座放鹤亭，苏东坡特别喜欢带着宾客、僚吏甚至歌姬到放鹤亭饮酒。元丰元年十一月，苏东坡饮酒之后，诗兴大发，提笔写下《放鹤亭记》，放鹤亭与云龙山从此闻名于世。

苏东坡任徐州知州，上任以后兢兢业业，以民为本。那时黄河还是流经徐州的，汛期一到，经常洪水肆虐，民不聊生。那一年暴雨倾盆，黄河发了疯，大水淹了徐州城，许多百姓被困在自家屋顶，跪求龙王爷别再下雨了。苏东坡带领抗洪人马，"以身帅之，庐于城上，过家不入"，冒雨奔走于城墙堤坝之上，封堵决口，营救百姓，抗洪一月有余，大胜。传说抗洪最艰难困苦时，龙王爷显灵，在半空中威吓道：苏东坡，你要想让云住雨收，洪水退去，倒也不难。我要一人，你把他给我，我便收了这水，否则我让这徐州城化为泽国，百姓尽入鱼鳖之腹。要谁？我要苏小妹。苏东坡闻听这话震惊不已。苏小妹就是苏东坡的妹妹，兄妹之情如何能够割舍，可这满城的百姓哀号求救,该怎么办?这时苏小妹站了出来,说:如能救这满城百姓,我一人之命又何足道也。说罢,纵身跳入洪流。这龙王倒也讲信诺,果然云住雨收,洪水慢慢退去,一直退到现在显红岛的位置,地面上只留下了苏小妹的一只红色绣花鞋。全城百姓得救了,为了纪念苏小妹,命名此岛为"显红"。

虽是传说,也说明当年苏东坡在徐州任上深得民心。在任期间,苏东坡带领徐州军民建苏堤抗洪,石潭祈雨抗旱,劝民耕桑,寻矿采煤,做的都是关乎民众生计的事情。他勤政爱民,心系百姓,留下了许多脍炙人口的故事和历史遗迹,如燕子楼、黄楼、东坡石床……写下一百七十多首描写徐州景物的诗词,有《放鹤亭记》《登云龙山》《黄楼九日作》等,还为徐州留下四道名菜:回赠肉、金蟾戏珠、五关鸡、醉青虾。后人将这四道菜称为"东坡四珍"。

作为地方官,苏东坡为徐州付出了自己的心血,也得到了徐州百姓的肯定,徐州人都以"我们老知州"来亲切地称呼苏东坡。一条苏堤、一幢黄楼、几座煤矿,以及上百篇不朽的诗文,成为苏东坡与徐州割舍不断的联系,他给徐州人民留下的物质财富和精神财富无法用年轮来计数。

被贬黄州

黄州是苏东坡谪居地,是苏东坡成蛹破茧化蝶之地,乃是词魂永驻之所。

从北周开始,黄州这个名字叫了一千四百多年,如今,人们叫它黄冈。北宋时期的黄州,是一座人烟稀少、偏僻落后的小城,下辖黄冈、麻城、黄陂三县,州的治所为黄冈县。北宋将州的等级划分为辅、雄、望、紧、上、中、中下、下八个等级，黄州为最末端"下州"。宋太宗时期的《太平寰宇记》记载，黄州有"户主七千三百四十二，客三千六百九十"，共计一万多户。按照每户五口人计算，黄州当时总人口大概五六万人。经过半个多世纪的发展，到神宗时，据《元丰九域志》记载，黄州已经有三万两千多户。尽管人口增加了两倍，可黄州依然是淮南西路中唯一没有摘下"下州"帽子的城市。

苏东坡贬谪到黄州，受到黄州知州徐君猷和百姓的关爱。与家人的团聚，又让他焕发了平日的豪气。自己动手盖房子，落成之日，恰好天降瑞雪，苏东坡非常兴奋，在草堂壁间画满了雪花，将屋子命名为"雪堂"，并且写了一篇《雪堂记》记述这件事情。在黄州，苏东坡也算是无官一身轻了。在这里，他游山玩水，泛长江、吊赤壁，并创作了《念奴娇·赤壁怀古》《前赤壁赋》《后赤壁赋》等一批脍炙人口的千古佳作。在这里，苏东坡借地耕耘，日出而作，日落而息，取名为"东坡"，并以"东坡居士"为自己的号。在这里，苏东坡饮酒赋诗，煮"东坡羹"，做"东坡肉"，酿"东坡酒"，吃"东坡饼"。在这里，他深刻地剖析了自己，剥除了身上的每一点异己成分；在这里，他彻底地脱胎换骨，对儒释道三家的思想精华进行了融会和批判；在这里，他找到了真正的自我，获取了真正的个性自由。

苏东坡在黄州以罪人之身生活在芸芸众生之中，过着有点苦涩但逍遥自在的生活。但此时的苏东坡已是众人敬仰的大文人，魅力四射。苏东坡的魅力到底有多大呢？被贬到黄州五年，竟然使这座偏僻小城跻身为知名的"人文旅游城市"。宋人非常推崇赤壁、东坡、雪堂等和苏东坡密切相关的地方，天下的文人墨客接踵而至，寻访苏东坡足迹，黄州一度成为文人外出旅行必去的城市之一，甚至近百年后的南宋著名学者陆游、范成大等人也都乐此不疲！

如今在黄冈东坡公园，远远就能看到醒目的赭红的崖壁——"东坡赤壁"。因苏东坡所作《遗爱亭记》而得名的遗爱湖，敞开大门等待着四方游客。《遗爱亭记》是苏东坡为颂扬即将离任黄州去湖南任知州的徐君猷而作的。徐君猷为官清廉、有益乡土，"去而人思之，此之谓遗爱"。二十世纪九十年代，黄州人为了彰显"遗爱"精神，弘扬东坡文化，将城中的东湖、西湖、菱角湖合称为遗爱湖。现在的赤壁公园里，有赤壁山、二赋堂、酹江亭、坡仙亭、留仙阁、栖霞楼。赭红色的山石依旧陡峭，如方尖碑般直耸入一片葱茏。历史的宏大与眼前的雄奇相交织，裹挟得我们这些渺小如飘絮的旅人无所适从。

黄州，是苏东坡生命中最重要的一站。余秋雨先生在《苏东坡突围》中这样写道："苏东坡成全了黄州，黄州也成全了苏东坡。苏东坡写于黄州的那些杰作，既宣告着黄州进入了一个新的美学等级，也宣告着苏东坡进入了一个新的人生阶段……"

五日登州

今天的蓬莱山上，耸立着苏公祠、卧碑亭、宾日楼等与苏东坡有关的建筑。可是，苏东坡在登州为官的时间仅有短短五天，是何原因让当地百姓如此怀念，又是因何能为蓬莱留下如此名迹？

众所周知，苏东坡的一生是浪迹天涯的一生。北宋元丰八年（1085年），已被流放黄州苦闷煎熬六年之久的苏东坡，在新一轮的政权交替后，终于得以起用。这次，他被安排到山东登州,即今天的山东济南做登州知府。这一年是蓬莱阁初建后的第二十四个年头,当时的蓬莱阁还名不见经传,又远离朝廷。苏东坡十月十五日到任后,仅五天就收到了朝廷调任礼部郎中的诏书,十一月初便离开登州。苏东坡在蓬莱做了五天的知府,总共待了不过二十几天的时间,然而,在这些天,他深入地方,了解民情,视察海防,为当地百姓做了几件大好事。

俗话说:"开门七件事:柴米油盐酱醋茶。"古今中外,食盐是关系到千家万户百姓切身利益的大事。当年,灶户(煎盐之人)煮盐为生。而当时的榷盐制度规定,灶户所产盐只能卖给官方,再由官方转卖给百姓。官方低价购入,高价卖出,导致灶户无利可图,纷纷破产,只好远走他乡;而老百姓又必须高价从官家买盐,百姓经济负担极重。这一制度的弊端被正在登州任职的苏东坡发现,他上书朝廷,要求免除登州的榷盐制度。朝廷经过商议,废除了过去的当地食盐官营专卖制度,改为由沿海盐民(灶户)直接卖与地方百姓,官府只收盐税。这样既保护了盐民的生产积极性,又方便了百姓生活,而且交易价格下降,减轻了百姓负担。清代盐政碑记中有这样一句话:"苏文忠公莅任五日即上榷盐书,为民图休息,土人至今祀之,盖非以文章祀,实以治绩也。"

由于当时的登州北部接近辽国,处在国防前沿,而在登州的数日里苏东坡发现这里的防御不尽如人意,回京后立即向朝廷进奏了《登州召还议水军状》。在奏章中,苏东坡首先分析了登州战略位置的重要性,接着报告了百余年间登州屯兵戍守的具体情况,指出当时登州武备松弛,屯兵多有外调的严重问题,向朝廷表示了他深恐"兵势分弱,以启戎心"的忧心。在他的奏请下,朝廷同意了他的意见,从此,登州海防、边防得到了进一步的巩固。

做了如此多的好事，登州百姓自然对这位关心民生疾苦的知州大人感激不尽。此后，当地百姓自发在蓬莱阁附近修建了苏公祠，祠内供奉着苏东坡的画像。苏公祠门口，有一对联"五日登州府，千年苏公祠"，短短一联，便把苏东坡对蓬莱的影响刻画得淋漓尽致。

"诗书全才"苏东坡为蓬莱留下了大量珍贵墨宝。苏东坡在短短的任期里，除了给皇上连呈两道奏折为登州的海防建设和人民生活提出建议外，还对登州海市产生了浓厚的兴趣。为此，他专门去拜当时的广德王庙，也就是现在的龙王庙。在离开登州之前，他还两次登临蓬莱阁，留下了《望海》《海市诗》《海上书怀》等诗文佳作。在这些诗词里，数《海市诗》独领风骚。来登州之前，苏东坡已经看到前人对登州海市的记述，听到过时人对登州海市的描绘，便对海市心生向往。然而，他在登州停留的时间实在太短，这使得他在临别登州之际更加渴望能一睹海市奇观。可时值冬季，海市难见，为了实现夙愿，苏东坡向海神祈祷。不可思议的是，第二天海上竟真的出现了海市，苏东坡惊喜之余提笔写下《海市诗》。诗云："东方云海空复空，群仙出没空明中。荡摇浮世生万象，岂有贝阙藏珠宫？心知所见皆幻影，敢以耳目烦神工。岁寒水冷天地闭，为我起蛰鞭鱼龙。重楼翠阜出霜晓，异事惊倒百岁翁。"诗句所描绘的"海市蜃楼"，仙气回荡，声势浩大，既表达了苏东坡面对蓬莱山水美景的欣喜，也表达了对人生的感悟和前程的忧思。苏东坡在文学史上的名声与威望使他的《海市诗》引领了蓬莱诗文，后世历代达官名宦、文人墨客到登州必写诗著文，成为蓬莱文化一景，而蓬莱阁也因之增色，名扬四海。

苏东坡作为一代文豪，来到登州但有闲暇，便偕同僚饮酒蓬莱阁上，赋诗论道。在这期间，来自京城的史全叔送来了吴道子的画，请苏东坡鉴赏。苏东坡颇有兴致地写了题跋，笔墨飞扬，神采奕奕，成为苏东坡传世书法中的名篇。后来被元人摩勒刻于石上，这就是我们今天所见到的卧碑了。碑的背面刻楷书苏东坡的《海市诗》，正面刻行草《书吴道子画后》。从《书吴道子画后》一文看，元丰八年的年款署于文中，后续碑文书风有明显差异。经推断，石碑原为《海市诗》，诗刻成之后，又在背面刻文。由于《书吴道子画后》一文手迹少于《海市诗》，为此，在文后续上了与此文相关的另一苏东坡手迹一节，借以填满碑面。虽然不是一气呵成，但苏东坡的书法风格却是统一的。此卧碑是蓬莱阁内珍贵碑刻之一，有着重要的历史价值和书法艺术价值。这边上还有清人龚保琛题的诗："海市蜃楼皆幻影，忠臣孝子即神仙。"为此，人们还修建了一座坐落在丹崖山古建筑群的东北侧、面北而立的亭子。其实，这亭子并不是一座亭式建筑，而是与其他建筑相连接的一座卷棚庑式屋宇。不过，人们追求一种雅意，便把它命名为卧碑亭了。清代有诗人在瞻拜过苏公祠后，写道："赖有公来官五日，三山万古重蓬莱。"

六如惠州

绍圣元年（1094年）九月，苏东坡因朝廷内部党争而被贬谪惠州，任无签发公文权力的"宁远军节度副使惠州安置"。苏东坡的仕途不幸，乃惠州之幸。苏东坡贬谪惠州，成为惠州乃至岭南的一个重大文化事件。苏东坡在成为惠州历史上最著名的文化传播者的同时，也成为惠州西湖最著名的经营者和推广者。

北宋时期的惠州,经济和文化上都比中原落后许多,生活条件十分艰苦。但苏东坡安之若素,凭着他一如既往的乐观和开朗,把困窘的生活过得有滋有味。在苏东坡的心目中,清风明月,尽是宝藏。也许人们会把这看作文人笔下的浪漫笔触而已,其实他的真实生活就是如此,这源于东坡骨子里的开朗乐观。"君子坦荡荡,小人长戚戚。"也许正因为胸怀的博大,苏东坡才能真正在各种压力和迫害下永远保持乐天派的本色。

苏东坡在惠州城住了两年七个月,留下了五百八十多篇(首、幅)佳作。"湖山烟水之美,藉坡公题咏之",苏东坡的诗文,大大提高了惠州西湖的知名度,使得惠州西湖的名气,在全国众多大小西湖中,仅次于杭州西湖。明代大学者张萱在《惠州西湖歌》中写道:"惠州西湖岭之东,标名亦自东坡公。"诚如斯言。

苏东坡刚到惠州时借住在嘉祐寺。一日,在松风亭附近散步,感觉有些疲乏,想到树林里休息,却看见松风亭的屋檐还在树林的远处,心想:怎样才能到得了呢。后来转念又一想,突然有了体会:"这里为什么就不能休息呢。"一下子就顿悟了,忽然得到了解脱。绍圣二年(1095年)秋,朝廷大赦罪臣,唯独不赦免元祐臣僚,东坡闻讯遂绝北归之望。加上对苏东坡庇护有加的程正辅被朝廷召还,东坡面临被逐出当时居住的合江楼的窘境,他不得不未雨绸缪,准备后路。于是在绍圣三年(1096年)春,苏东坡在惠州水东白鹤峰购地数亩,意欲终老惠州。建新居二十余间,其中包括"思无邪斋"和"德有邻堂"。苏东坡还打了一口深达四丈的水井,供自己和邻人吃水之用。在这段时间里,苏东坡写了和陶渊明诗,对陶渊明的每一首诗都作了呼应。黄庭坚当时在贵州,听到这些事之后,也写了一首诗作回应:"子瞻谪岭南,时宰欲杀之。饱吃惠州饭,细和渊明诗。彭泽千载人,子瞻百世士,出处岁不同,风味乃相似。"意思是说,苏东坡被贬到岭南,但朝中的人仍可能会杀他,而东坡却过着清淡的生活,吃惠州的饭,和陶渊明的诗;表面看来苏东坡、陶渊明虽然处于不同的时代,但令人可敬的风格却是相似的。作为苏东坡的好友和门生,黄庭坚对苏东坡惠州期间创作的和陶诗作了最精当的注脚。

惠州西湖本名丰湖,贬谪到惠州刚刚三个月的苏东坡据说在一次喝醉后顺手写下"梦想平生消未尽,满林烟月到西湖",把丰湖写成西湖,后来干脆将错就错,又写下"西湖食荔枝"等诗句,由此,惠州的西湖之名逐渐叫响。这里重点说一说苏堤。苏堤的前身叫"长桥"。由于长桥"屡作屡坏",给两岸通行带来不便,于是苏东坡倡议筑堤建桥,自己"助施犀带",还动员弟妇史氏捐出"数千黄金钱"。工程由"栖禅院僧希固"主持,先"筑进两岸"为堤,再用"坚若铁石"的石盐木建桥,取名西新桥。堤桥落成后,东坡写诗描述了营造过程,还与百姓共同庆祝:"父老喜云集,箪壶无空携。三日饮不散,杀尽西村鸡。"后人为纪念苏东坡,以"苏公堤"名之,简称"苏堤"。

时至今日,惠州留有苏东坡的多处遗迹。比如,苏东坡资助修筑的东、西新桥,葬在孤山上的苏东坡侍妾王朝云墓及六如亭,苏东坡居住的合江楼、嘉祐寺遗址,"为终老计"在白鹤峰建造的东坡故居等。后人为纪念苏东坡,在孤山上建起"东坡纪念馆",收集了苏东坡于1095年在惠州所作的水墨画《墨竹长卷》的复制品,以及原作流落于德国的书法词作《归去来兮辞》等有关苏东坡的文物一百多件,并建有轩昂的东坡塑像。

特别值得一提的是,苏东坡的爱妾王朝云与惠州西湖。绍圣三年(1096年)八月三日,苏东坡的爱妾去世。按照朝云的心愿,苏东坡把她安葬在惠州西湖孤山南麓栖禅寺大圣塔下的松林之中。朝云安息之所是一个僻静的地方,黄昏时分可以听到阵阵松涛和禅寺的钟声。附近寺院的僧人筹款在墓上修了一座亭子,就是"六如亭",用以纪念朝云。亭柱上镌有苏东坡亲自撰写的一副楹联:"不合时宜,惟有朝云能识我;独弹古调,每逢暮雨倍思卿。"这副亭联不仅透射出苏东坡对一生坎坷际遇的感叹,更饱含着他对一位红颜知己的无限深情。这副联已经损毁在漫长的岁月里。现存的朝云墓和六如亭是清朝伊秉绶任惠州知府时重修的,亭柱的石刻楹联是陈维所书:"从南海来时,经卷药炉,百尺江楼飞柳絮;自东坡去后,夜灯仙塔,一亭湖月冷梅花。"楹联形象、真切地概括了东坡与朝云当年贬谪生活的点点滴滴,也反映出千百年来朝云墓带给后人的阴冷、凄清的感觉。

唐宋之际,惠州还是一座寂寂无闻的南方小城。苏东坡的到来,改变了这座城的命运。"日啖荔枝三百颗,不辞长作岭南人",成为惠州乃至岭南的广告词。苏东坡还以其生花妙笔和巨大影响力,为惠州西湖增添风采。惠州的其他景点,即便不是苏东坡的遗迹,也大都跟他有着直接、间接的关系。比如,"留丹点翠"中留丹亭的木刻对联"殿阁生微凉,呼吸湖光饮山绿;天地有正气,留取丹心照汗青",上联便是集东坡诗句,描写点翠洲的秀丽景色;"玉塔微澜"出自东坡"一更山吐月,玉塔卧微澜"的诗句;"飞鹅览胜"中飞鹅公园里巨型"鹅"

字,也是根据苏东坡墨迹雕刻而成的。在惠州的这段时间里,苏东坡一直居住在惠州城区。但是他也曾数次前往汤泉、罗浮山等处访友和游览。在汤泉,苏东坡写下"汤泉吐焰镜光开,白水飞虹带雨来""永辞角上两弯触,一洗心中九云梦"等名篇佳句。现在九龙潭瀑布右边的石壁上,有苏东坡的诗句"一洗心中九云梦"和另一幅"出山不浊"的题刻。至于罗浮山,关于苏东坡的传闻很多,真假难分。但在九百多年前就已经脍炙人口的"罗浮山下四时春,卢橘杨梅次第新。日啖荔枝三百颗,不辞长作岭南人"的诗句,经考证确实是苏东坡在罗浮山梅花亭写成的。后人为纪念苏东坡,在冲虚观右侧东坡山房旧址处建起一座东坡亭。

办学儋州

苏东坡在惠州新居入住仅仅两个月之后,他又被贬谪到海南儋州了。关于被贬海南,有这样一个说法。苏东坡在惠州写《纵笔》诗,有"报道先生春睡美,道人轻打五更钟"的诗句,描写自己在春风中酣美的睡眠。当朝宰辅章惇看到那两句诗说:"原来苏东坡过得这么舒服!"于是颁发了新的贬谪令。然而,被贬海外依然无法打倒东坡。当他要结束海岛生活时,仍然用诗句作了这样的总结:"九死南荒吾不恨,兹游奇绝冠平生。"当然,这些话都是东坡大学士的内心展露。

苏东坡曾有诗曰:"我本海南民,寄生西蜀州,忽然跨海去,譬如事远游。"苏东坡说自己本是海南人,是寄生在四川的。另还有诗曰:"他年谁作舆地志,海南万里真吾乡。"说如果现在有人要重新编写海南地志,即海南民谱,千万不要把自己忘记。其实,我们都知道苏东坡是四川眉山人,可是苏东坡却又为何在诗里说自己是海南人呢？苏东坡对海南岛又有着什么样的感情，使得他如此说呢？

绍圣四年（1097年），六十二岁的苏东坡被一叶孤舟送到了当时的蛮荒之地海南岛儋州，而纵观历史，到海南岛的文人，也真的是寥寥无几。这对于当时任何一个人来说，想来都是祸事，因为当时的海南并不是现在的繁华街市、旅游胜地，而是发配重罪犯的蛮荒之地。苏东坡到海南岛以后，曾在诗中论海南"此间食无肉，病无药，居无室，出无友，冬无炭，夏无寒泉"。另还有诗中写道"土人顿顿食薯芋，荐以薰鼠烧蝙蝠"，说明当时的海南岛因物资十分匮乏，竟以老鼠、蝙蝠充饥。可是，就是这样的海南岛，苏东坡竟然能够有一颗豁达乐观的平常心成就一番天地。

当时，苏东坡所住的屋子是海南儋州百姓为其搭建的小茅屋，因为屋顶是用随处可见的桄榔叶搭建的，所以苏东坡取名曰"桄榔庵"。苏东坡和自己的儿子苏过两人，就是在这样一座桄榔庵中度过了大约三年的时光。有了屋子，却没有墨汁，而大文豪苏东坡怎么少得了诗词歌赋、笔墨纸砚呢？苏东坡便自己研制墨汁：他首先将树枝烧成灰，然后再混合牛皮胶，这样一来，就成了墨了，而这也是海南岛的第一块墨。后来还曾有人打着"海南苏东坡制墨秘诀"的旗号，到杭州去卖"东坡香墨"，发了一笔横财。

当时的海南岛聚集了苗、黎、汉等二十多个少数民族，物资十分匮乏。苏东坡便带领大家一起种田，而且还托人从中原地区带来了各种谷种，还把曾在黄州发明的插秧机再一次造起来，供大家使用，这便是海南岛第一个插秧机。后来苏东坡又看到当地人长期饮用河水而经常生病，就带领大家挖了当地的第一口水井。后人为了感念苏东坡，便取名为"东坡井"。直到现在，这口"东坡井"还在陪伴当地人成长。除此之外，苏东坡又亲自当起了医生，开办了海南的第一家医院。

曾是"帝王师"的苏东坡发现当地的文化比较落后，便又自发做起了老师。苏东坡卖了自己的腰带，与儋州州守张中和黎族读书人家黎子云兄弟共同集资，在黎子云住宅边筹建了一个茅草屋作为学堂。苏东坡根据《汉书·杨雄传》中"载酒问字"的典故，给学堂取名为"载酒堂"。后世学堂演变为东坡书院。现东坡书院在中和镇东郊，朱砂红色的围墙苍朴古拙。书院门前有一方塘，据传，坡公与好友黎子云常在此垂钓，故得名东坡塘。进入书院大门，便是载酒亭，亭中悬挂一横匾题为"鱼鸟亲人"。"敛收平生心，耿耿聊自温。"落寞时，苏东坡常以鱼鸟自娱。载酒亭后为载酒堂，这里便是苏子讲学的地方。"华夷两樽合，醉笑一杯同。"在这里，东坡以诗书礼教转化黎民风俗，变化其人心，从此海南士子才有了考中进士的历史。有诗赞道："谪居儋耳有三秋，轶事繁多史籍留。劝导庶民兴学馆，写成经义教名流。"姜唐佐就是苏东坡培养出来的海南历史上的第一个举人和第一个进士。从载酒堂来到后院，便可以看到东坡祠。从碑文上得知：东坡祠，俗称大殿，其前身就是"桄榔庵"，是后人将其移建到这里的。走出东坡祠，复回院中，欣赏两棵高大的古树：一棵柞果，一棵凤凰，枝叶繁茂。儋州人讲："饮水思坡老，甘泉育后英。"苏子对后人来说就像这两棵参天大树一样，柞果挂枝，其香四溢，人皆采摘；凤凰花开，其赤如火，耀眼无比。

虽然苏东坡在海南的时间并不长，只有三年左右，但使儋州变成一个书声琅琅、弦歌四起、被众人仰慕的文化中心地；

而海南的第一块墨、第一个插秧机、第一口水井、第一家医院、第一座学堂……都是苏东坡的功劳。苏东坡在海南的三百首诗中,更是记录了海南的气候、物产、风俗等,给后人留下了很大的参考研究价值。

终老常州

苏东坡与常州府缘分很深。简单说,苏东坡一生与常州关系密切。他将长子苏迈、次子苏迨、幼子苏过三房三十余口人安置在宜兴,侄女(胞弟苏辙之女)嫁给常州人胡仁修,外甥女嫁给宜兴人单锡,他的侄孙苏彭娶了常州双桂坊人丁骘(进士,官太常博士)之女。苏东坡也在黄土村买地,为退居林下做准备。苏东坡还到武进塘里村(现属宜兴)小住数月,至今那里留有香泉井、诵滩等遗迹。

早在嘉祐二年(1057年),他就和同科进士常州府宜兴县的蒋颖叔、单锡,以及同年赶考的晋陵县胡完夫结为莫逆之交。据说,他为官三十年间"未尝一日忘"常州。苏东坡先生一生曾十一次来到常州,并在建中靖国元年(1101年)八月二十四日终老于此。

苏东坡在杭州通判任内运司,差往润州时途经常州系舟夜宿时写了《除夜野宿常州城外》。在万家合欢的除夕之夜,苏东坡独在异乡,饱受严寒,辗转难眠,有感而发,字里行间辞情清苦,真挚动人。受这首词的影响,常州最著名的亭榭之一——舣舟亭应运而生。东坡公园,便是苏东坡当年弃舟登岸入城之地。因此,东坡公园也被老常州人唤为舣舟亭公园。

熙宁八年(1075年),苏东坡去无锡赈灾途中,在无锡惠山拜访钱道人,品龙团贡茶,眺望太湖,留有《惠山谒钱道人烹小龙团登绝顶望太湖》一诗。后来元丰二年（1079年），从徐州调任湖州，赴任路过无锡，约了弟子秦观和诗僧道潜又到无锡惠山沏二泉水品茗并唱和一番。

元丰七年（1084年），苏东坡在流放途中给皇帝写了《乞居常州表》，得到皇帝批准，于是苏东坡在常州府及下辖的宜兴县等地过了一段悠闲的日子。他和常州报恩寺（今清凉寺）长老相偕同游，诗酬往来。宜兴丁蜀镇作为紫砂之乡，还有东坡书院。或许紫砂壶作为文人雅士品茶工具，其发展与苏东坡的文化影响也不无关系。

元符三年（1100年）宋哲宗崩，弟徽宗继位，实行大赦，苏东坡离海南北归。建中靖国元年（1101年）七月，苏东坡至常州，居住在现在常州市内的孙氏馆（现辟为苏东坡纪念馆），度过他人生最后的四十八天。东坡曾十一次踏上常州这片土地，与常州结下了深厚的渊源，并选择常州作为终老之地，充分说明他与常州感情深厚。而常州百姓对苏东坡的感情也无话可说，苏东坡流放海南，常州含下辖数县，曾有人结队去海南看望他，让苏东坡"未尝一日忘"常州。

葬于郏县

建中靖国元年（1101年）八月二十四日，苏东坡病卒于常州。次年，苏辙遵其"即死，葬我嵩山下，予我为铭"的遗愿，葬苏东坡于小峨眉。十一年以后，苏辙于政和二年（1112年）卒于许昌，也葬于此。其后，苏东坡子孙相继安葬在这里。到元代至正十二年（1352年），郏县尹杨允置苏洵衣冠"座诸两公之间"，自此始称"三苏坟"。由此看三苏葬郏源于苏东坡。

三苏坟坐北面南，门楼里矗立着一座石牌坊，上面刻着苏东坡"是处青山可埋骨，他年夜雨独伤神"的诗句。诗句出自《狱中寄子由》诗。后人猜测诗句中的"是处青山"指的是安徽湖州，可最终苏东坡没有葬在老家四川眉山，也没葬在客死的常州，而是葬在了距家乡千里之外的中原——河南郏县。

自苏东坡葬郏县的九百多年来，围绕着"三苏坟"产生过许多未解之谜，其中人们最好奇的就是苏东坡为什么选择郏县作为他的长眠之地。按照中国人的文化传统，人死后归葬故里是首选方案，而苏东坡、苏辙兄弟俩，却最终将郏县作为归宿，令人不解。

最传统的解释是"形胜说"，指那地方酷似家乡峨眉。"三苏坟"位于许（昌）洛（阳）交通要冲，从汉代起这里就是"东西孔道"。苏东坡进京办事，必须得走这条道！根据史料记载，苏东坡经过许洛古道的机会至少有五次。苏东坡路过此地多次，站立在小峨眉山的山巅，北望嵩岳，南瞰汝水，两道山岗东西对峙，青山绿水，风景如画，情不自禁赞叹此处美若家乡的峨眉山，仿佛家乡的山貌，于是选定这里为他的归宿。《中国名胜词典》中对于郏县三苏坟就是这么解释的。

位于嵩山南麓的郏县峨眉山，"土厚水深"，既宜在世人之生存，当也宜过世人亡灵的安息。苏东坡与苏辙告别，写下《别子由三首兼别迟》，其中第二首写道："先君昔爱洛城居，我今亦过嵩山麓。水南卜宅吾岂敢，试向伊川买修竹。又闻缑山好泉眼，傍市穿林泻冰玉。遥想茅轩照水开，两翁相对清如鹄。"诗中虽没写到小峨眉山，但颍水、伊川、缑山等都在汝州附近，也可以理解为包括小峨眉山在内的嵩山一带的山水。苏东坡在诗中表达了想在嵩山下寻一乐土，作为归隐之地的愿望。

此后苏东坡念念不忘，多次流露在文字中，却一直未能如愿。或许，就有了临终前"葬我于嵩山下"的遗愿。

平顶山学院客座教授刘继增认为，苏辙写过："葬我嵩山，土厚水深""举棺从之，土厚且坚实"。或许，是嵩山南麓的郏县小峨眉山土厚水深，为北宋士人所崇尚，苏氏兄弟才看中了此地。经过半年多的精心踏勘，苏辙将墓地选在嵩山南麓的一座小山脚，此山后来被称为小峨眉，寓怀念故乡四川之意。

纪念哀悼苏东坡的文章，最言简意赅的，当推其学生李方叔的吊文："道大难名，才高众忌。皇天后土，知平生忠义之心。名山大川，还千载英灵之气。"源于自然，又复归于自然，唯留一股浩然之气，永萦史河人间。如今的郏县三苏园内仍然保存着苏东坡、苏辙的真茔和苏洵的衣冠冢。九百多年来，前去拜谒三苏坟的文人学子从未间断。三苏园也因此被列为国家重点文物保护单位，成为地域文化的重要标志。

社会关系和至交

苏东坡的至交众多，上至皇帝下至乞丐，三教九流均有，用苏东坡的话说：吾上可以陪玉皇大帝，下可以陪卑田院乞儿。眼前见天下无一个不是好人。

笔者用汉字数字为序，介绍苏东坡的主要社会关系和其至交。

一位伟大的母亲

程氏（1010—1057），是位慈祥、能干、有文化，有理想的母亲。宋朝的文坛上，有名闻遐迩的"三苏"，在"唐宋八大家"中占据了三个席位：父亲苏洵为"老苏"，苏东坡为"大苏"，苏辙为"小苏"。但很少有人知道培养、塑造、成就"三苏"背后的伟人——程氏。

苏洵原本喜欢读书，但屡考屡败，于是寄情于山水，终日过的是斗鸡耍狗的日子。二十岁不到，家中就为老苏娶了妻。苏家是书香门第，娶的也是名门之后，程家女孩。程家家境富裕而苏家却贫穷，程家小姐嫁过来就不能过原来锦衣玉食的生活了。有人就为夫人出主意，说："凭你家父母对你的疼爱，如果你请求他们资助，他们应该会答应。你为什么不开口说一句，宁愿吃粗鄙的饭食？"程氏说："是的。我开口请求的话，父母确实会答应，可是这样的话，我丈夫可能会被认作是靠别人的钱财来养活妻儿的人，那将如何是好？"程氏继续过着粗茶淡饭的生活。

程氏虽不诘难夫婿，内心却忧虑，苏洵心里也明白。很多年之后，苏洵在《祭亡妻文》中说："昔予少年，游荡不学，子虽不言，耿耿不乐，我知子心，忧我泯没。"这句话的意思，大致是说苏洵自己过去年少不学，夫人并不指责他，但心里是闷闷不乐的，他心里明白程氏是忧心他不走正道。夫人的贤淑知礼，终于换得苏洵幡然醒悟，开始求学。这时他已经二十七岁了，苏东坡也出世了，时年三岁。《三字经》有一句："苏老泉，二十七，始发愤，读书籍。"这个"苏老泉"，就是苏洵。别人都是从黄口幼儿时期就读书的，二十七岁了再来用功真是有点晚。苏洵很为难地对夫人说："我认为自己是能够发愤读书的，但是全家要依赖我生活，我求学去的话，生活来源断绝了怎么办？"夫人回答："如果你真的有志向，生活的苦累，就让我来承担吧。"

程氏拿出了所有的嫁妆、个人的私蓄，并将服饰器玩等一一卖掉，用这些款项开设了一个纱縠行，经营布匹锦帛的营生。这样全家生计也就有着落了。一日，店里的两个下人熨烫布帛，脚下的地面突然下陷，经众人检视，发现地下埋一个大瓮，瓮很大，深及数尺，瓮上有一块乌木的木板。程氏看也不看，马上就叫下人用土把下陷的地面填塞回去。古人明白，万物有灵，这是埋在地下的财物欲见天日了。虽然程氏不要这些财物，但地下仍不时有声音传来，持续了一年左右之后，方不再响了。不要地下的宿藏物，家中的营生却越做越好。几年的纱縠行生意做下来，苏家已成富裕之家，足以支撑苏洵专心致志读书。

苏洵外出游学的时候，"大苏"苏东坡和"小苏"苏辙的学业，就由夫人程氏亲自教导。

"大苏"苏东坡天性聪颖，十岁的时候已经文才惊人，性格豪爽，且抱负不凡。苏东坡很崇拜东汉的范滂。范滂也有一个好母亲，他受诬陷而死，死前与母亲诀别，反被母亲安慰一番，是历史上有名的贤母。九岁时,母亲教苏东坡读《后汉书·范滂传》时,苏东坡问母亲说:"如果我成为范滂,您允许吗?"母亲说:"你能做范滂,我为什么不能做范母呢?"

苏家庭院中有三棵大树,树上有许多鸟雀筑巢栖息。起初苏东坡和弟弟及小伙伴们常去掏蛋捉虫抓蝴蝶,程氏见后严禁家人捕鸟取乐,并以动物皆有生命的爱心教育子女。天长日久,来苏家庭院安巢的鸟儿越来越多,而且都不怕人,有的甚至把巢筑在低矮的枝丫上,小孩子可以俯身而视。这些情况苏东坡在杂文《程氏爱鸟》中都有非常详细的记述:"由是观之,异时鸟雀巢不敢近人者,以人甚于蛇、鼠之类也。"。程氏从细小事情入手,培养人子的仁心慈念,这对苏东坡的一生有着非常巨大的影响。苏东坡为历代人民所热爱、所敬仰,在于他给后人留下大量具有高度艺术成就的文学作品,更在于这些作品表现的博大、仁爱、热情、温厚的灵魂。

程氏对苏东坡的影响终其一生。一直到老,苏东坡都记忆犹新。中年时,苏东坡与朋友刘攽(北宋史学家)在一起闲聊,说起小时候的一些事情。说那时候母亲对他的教育和影响是至关重要的。母亲程氏出身官宦豪门,自幼不喜奢华,珠宝首饰不戴、绫罗绸缎不穿,却整日与诗书文章、笔墨琴棋为友。母亲万般疼爱孩子,但愈是爱愈是不娇惯孩子。她认为骄奢助蠢,清寒提勤。以严格的教育方法来培养孩子,力图早日把孩子引上成才之路。

那时学校离家较远,孩子们中午不回家,自带饭食在学校用膳,母亲程氏怕他们弟兄养成娇气的毛病,就有意识地磨炼他们,让他们天天吃"三白饭"。现在想想这"三白饭"还是挺美味的。刘攽赶紧问"三白饭"是什么山珍海味。看着刘攽要流口水的样子,苏东坡哈哈大笑说:"这三白饭好吃,做法却很简单,一撮盐、一碟白萝卜、一大碗白米饭。"说完,哈哈大笑,笑得很开心很自豪。("三白"的故事还有后文。过了一段时间,刘攽向苏东坡发了一张请柬,邀请苏到府上吃"皛"(xiǎo)饭。东坡接到请柬很纳闷,心想,这皛饭自己从来没有听说过,能是一种什么样的饭呢?后又想,刘攽博学多识,这"皛"饭必有典故,一定很讲究。当东坡来到刘府时,发现宴席上只摆了三样东西:洁白的细盐,水灵灵的白萝卜,雪白的大米饭。苏东坡恍然大悟,原来这皛字由三个白组成,暗喻"三白",这是刘攽跟他开的一个玩笑。)

北宋嘉祐二年(1057年),苏洵带二子(苏轼、苏辙)进京应试,在次年的京试中一起"登进士第,又同登贤良方正科"。

程氏的生命,似乎就为了成就丈夫和儿子而来,父子三人名动京城的时候,她也飘然而去了。这一年的四月初八,程氏在远离京城的四川家中离世。留给苏洵父子的是永远的遗憾和怀念。

两位姐弟

姐苏八娘

苏八娘(1035—1052),苏洵第三女,苏东坡之姐,苏小妹的原型。

苏东坡没有妹妹,有三个姐姐。苏洵一生有子女六人:老大为女孩,出生后不久便夭折;老二为女孩,十三四岁早亡;

老三为男孩,取名苏景,四岁亦因病夭折;老四为女孩,取名苏八娘,十八岁因受夫家虐待而亡;老五苏轼,字子瞻;老六苏辙,字子由。嘉祐二年(1057年)苏洵在《祭亡妻文》中说:"有子六人,今谁在堂?惟轼与辙,仅存不亡。"

八娘长苏东坡一岁,从小就和两个弟弟一起玩耍嬉戏,由苏家乳母任采莲照顾。苏洵在嘉祐四年写的《自尤〈并序〉》中提道:"女幼儿好学,慷慨有过人之节,为文亦往往有可喜。"由此可见,八娘幼时便聪明好学,有一般女子所不具备的才学和志气,和两位弟弟在一起读书习文的时候便能写出一些令苏洵惊喜的文章。

苏八娘于皇祐二年(1050年)嫁给其母兄程浚之子即其表兄程之才(字正辅),时年十六岁。婚后的生活并不幸福,经常受程家的虐待,婚后第二年生有一子,第三年便因受夫家虐待致死,死时十八岁。苏洵在苏八娘死后八年写的《自尤〈并序〉》中不无痛苦地自责自己当初把女儿嫁给了"州里之大盗"(苏洵《苏氏族谱亭记》),并陈述了苏八娘之死的前前后后。

《自尤》诗云:乡人皆嫁重母族,虽我不肯将安云?生年十六亦已嫁,日负忧责无欢欣。当时民间重视与娘家联姻,以求亲上加亲,苏洵虽不想答应苏八娘舅舅的提亲,但民风如此便应允了婚事。可苏八娘婚后的生活一直不如意,经常受到夫家的指责。十七岁生一子,以致身染重病,而程家根本不予诊治,苏洵夫妇只好把苏八娘接回家治疗,病情渐有好转,而夫家却以"不归觐"夺走苏八娘身边的小孩,以致苏八娘旧病复发,三日便亡。从此以后,苏程两家便绝交了。

传说中,苏东坡有一妹名叫苏小妹。世人闻知苏小妹聪慧才智,乃源于元代吴昌龄杂剧《东坡梦》、明代冯梦龙《醒世恒言》、清代李玉的传奇《眉山秀》，再加之现代文学艺术作品对苏小妹这个艺术形象的深度臆想和加工，使苏小妹成为一个确凿的历史影像而且千古传唱。传说中苏小妹，天真烂漫，博学多才，能文擅赋，尤喜对联。《醒世恒言》中"苏小妹三难新郎"的对联情事，更是让她和北宋著名词人秦观的幸福婚姻变为世人津津乐道的话题。传说的"苏小妹选婿""苏小妹三难新郎秦少游"都是杜撰的故事，并非真人真事。其实，苏八娘去世时秦观只有三岁。

事实上，苏八娘的婚姻生活是悲惨的，而世间流传的苏小妹拥有幸福美满的婚姻生活，有可能是人们对苏八娘的同情吧！

弟苏辙

苏辙（1039—1112），字子由，晚号颍滨遗老，也名列"唐宋八大家"之一。嘉祐二年（1057年），苏东坡、苏辙兄弟考中进士。苏辙进士第五名。在以后的官宦生涯中，苏辙更是位至宰相，政治地位比苏东坡显赫得多。子由说东坡"扶我则兄，诲我则师"，东坡说子由"岂是吾兄弟，更是贤友生"，更有"与君世世为兄弟，更结来生未了因"的兄弟情。苏东坡一生所作的诗词中，有二百七十多首与子由相对。苏辙是在苏东坡的诗词中出现次数最多的人，可见其兄弟之情深。

以下是关于苏辙的三则故事。

（1）"干谒"宰相韩琦

苏辙及第后，给当时的宰相枢密使韩琦写了一封信——《上枢密韩太尉书》。这是一篇干谒文。"干谒"意指对人有所求而请见，类似于现代的自荐信。文章表达了对韩琦的仰慕之情及拜见之意,同时,苏辙简单介绍了自己求学为文的经历,明确提出:"以为文者,气之所形",对自己的文学主张进行阐述,这就是著名的苏辙"文气说"。苏辙写信虽为干谒,但行文中并没有流露出攀高枝、求高官的意思,态度不卑不亢,文辞恳切,引经据典,才华横溢。十九岁的苏辙给贵为宰辅之尊的韩大人留下了非常深刻的印象,韩琦也被这位青年人的卓越文采折服,大为欣赏。"自古英雄出少年",苏辙就是最好的典范。苏辙当时只有十九岁,但他的"文气说"主张却新颖独特,别开生面,为北宋诗文革新运动提供了理论支撑,其远见卓识,令人惊叹!

(2)策论直言批评宋仁宗

"制举"是皇帝为选拔人才举行的特殊考试,是一种最高规格的考试,要求极为严格。参加制科考试的人员不但需要学识渊博,而且必须由朝中大臣推荐,然后由六名考官先行考核,及格者才能参加最后由皇帝亲自出题的考核。嘉祐六年(1061年)八月,经欧阳修、杨畋推荐,苏东坡和苏辙参加了制科考试。据记载,当时参加制科考试的只有四人,为什么人数这么少?据苏东坡的学生李廌《师友谈记》载:"是时同召试者甚多。相国韩魏公(韩琦)语客曰:'二苏在此,而诸人亦敢与之较试,何也?'此语既传,于是不试而去者,十盖八九矣。"由此可见,苏东坡、苏辙兄弟影响力之巨大。

而相国韩琦对青年苏辙尤为关心器重。据说开科之前,苏辙偏偏生了病。韩琦上奏皇帝:"今年招考的学子,唯有苏轼、苏辙兄弟二人声望最高,而今苏辙病倒了,不能按时参加考试,必有负众望,是否延期举行?"皇上于是答应了他的请求。一直等到苏辙痊愈之后,才开科,考试推迟了二十天。后来以此为例,秋闱遂定在了九月。

试前，苏东坡、苏辙按照规定，分别上了二十五篇《进策》、二十五篇《进论》，各自阐述了治国理政的纲领。八月二十五日，仁宗在御政殿试，所举"贤良方正能言极谏"策问。"贤良方正"是说文学出众，道德端正；"能言极谏"是指善于策论，勇于给皇帝提意见。苏辙作《御试制科策》。这一次，他似乎是吃了豹子胆，文章矛头竟然直指年老尊贵的仁宗皇帝。也许真的是少年有志、天不怕地不怕，苏辙把父亲苏洵平时好为惊人之语的文章技巧充分发挥，从而闯下大祸，其激烈尖锐，令人咂舌！

苏辙在策论中指责仁宗怠于政事，甚至说仁宗"惑于虚名而未知为政之纲"。他说，仁宗在庆历新政时，劝农桑，兴学校，天下以为三代之风可以渐复，结果半途而废，未见实效。苏辙一针见血地指出："臣观陛下之意，不过欲使史官书之，以邀美名于后世耳，故臣以为此陛下惑于虚名也。"苏辙此时毫无从政经历，他的这些批评完全是书生之见。

苏辙还指责仁宗朝"赋敛繁重，百姓日以贫困，衣不盖体""官吏之俸""士卒之廪""夷狄之赂"以及"宫中赐予玩好无极之费"都要由百姓承担，因此"凡今百姓为一物以上莫不有税，茶盐酒铁，关市之征，古之所无者莫不并行，疲民咨嗟，不安其生"。苏辙的批评虽然有些过火，但他直指当时国家冗官、冗兵、赋税沉重、对外屈膝等时弊，其忧国忧民、忠君报国的赤子之心跃然纸上，坦坦荡荡，正气凛然。

苏辙无所顾忌的批评立马在朝廷引起了轩然大波，大臣之间进行了一场激烈的争论。主考官司马光在苏辙身上似乎看到了自己年轻时的影子，他认为苏辙在应试者中表现出的忠君报国之心，可喜可嘉，拟如其兄苏东坡评为三等；考官胡宿认为，苏辙试卷答非所问，又引历代昏君来比拟盛世英主仁宗，应该不予录取。更多的大臣认为苏辙狂妄自大，一致主张罢黜。幸运的是，仁宗皇帝不愧为仁厚之君，豁达大度，一锤定音："吾以直言求士，士以直言告我，今而黜之，天下其谓我何！"（苏辙《遗老斋记》）他欣赏苏辙的文章胆识，对苏东坡、苏辙兄弟赞赏有加，还兴奋地说："朕今日为子孙得两宰相矣。"（《宋史·苏轼传》）于是苏辙最终得入第四等次。当年苏东坡二十六岁，苏辙二十三岁。考试结果，苏东坡授大理评事、签书凤翔府判官，作为京官被派往基层锻炼培养。苏辙为试秘书省校书郎，充商州（陕西商县）军事推官。事实证明，苏辙终究为自己过激的言行付出了惨痛代价。《御试制科策》对苏辙一生的影响是深远的，不仅当时饱受舆论煎熬，担惊受怕，事后还被迫辞官，而且导致这位青年才俊多年一直仕途不顺。他晚年深有感慨地说："予采道路之言，论宫掖之秘，自谓必以此获罪，而有司果以为不逊……自是流落，凡二十余年。"（苏辙《遗老斋记》）

（3）参与"王安石变法"

英宗治平二年（1065年）正月，苏辙被朝廷任命为大名府（河北大名）推官，不久出任管勾大名府路安抚总管司机宜文字，在边远之地，担任小小的幕僚，从事烦琐的文字工作。

神宗熙宁二年（1069年）王安石变法之初，诸法未备，神宗诏求直言。苏辙见年轻的神宗大有作为，不禁欢欣鼓舞，他奋笔疾书，一道《上皇帝书》，洋洋洒洒近万言。他在上书中查找导致国家危机的原因，大胆直言："故臣谨为陛下言事之害财者三：一曰冗吏，二曰冗兵，三曰冗费。"要解决危机，就必须任用贤能，大胆改革。"君臣同心，上下协力，磨之以岁月,如此而三冗之弊乃可去也。"苏辙慷慨陈词,虽然是"位卑未敢忘忧国",但毕竟属于越次言事,内心诚惶诚恐,不知这道奏折上去,会不会又给自己带来什么麻烦。哪知神宗看完苏辙上书,大为欣赏。即日破格在延和殿召见苏辙,听取他关于改革丰财的意见,并任命苏辙为三司条例司检详文字。三司条例司是"王安石变法"组建成立的一个临时性机构,主持变法的大部分事务。三司条例司任用吕惠卿、曾布、苏辙等官阶低微的年轻人,参与草拟新法。每有新法出台颁布,王安石都组织他们商谈,征求他们的意见。苏辙在《龙川略志·与王介甫论青苗盐法铸钱利害》对"青苗法"的产生过程作了详细记述。

　　王安石拿出《青苗法》草案让苏辙仔细研究,苏辙一针见血地指出,此法看似惠民,实则伤民,倒不如采用汉以来各代推行的常平法,让富户商贾不能哄抬粮价,贫户也能得到切实的利益。王安石说:你的话有道理,我当从长计议再实行。他知道苏辙的"愤青"脾气,特别告诫苏辙:"此后有异论,幸相告,勿相外也。"过了一个月时间,王安石都不再谈论青苗法。但后来王安石见青苗法在个别地方试行卓有成效,他就决定立刻颁布实施青苗法。此时的苏辙因王安石没有采纳自己的建议,再次直接上书神宗《制置三司条例司论事状》,表示反对。王安石大为恼怒,将加罪于苏辙,因副相陈升之的反对才作罢。苏辙一不做二不休,上书《条例司乞外任奏状》,请求离开条例司外任。苏辙时年三十岁,仍然年轻气盛。苏辙并没从自己最初因直言而遭受挫折的惨痛经历中吸取教训,这一次又重蹈覆辙。其实,他身处变法大本营,只要稍加留意,依附顺从王安石,仕途青云直上是没有问题的。他的同事吕惠卿、曾布、章惇等人后来都步步高升，贵为宰相。当然，苏辙二十多年后也担任了宰相，不过这升迁的道路也未免太曲折了。

三任相濡以沫的妻子

第一任妻子王弗

王弗（1039—1065），眉州青神（今四川眉山市青神县）人，乡贡进士王方之女，聪慧谦谨，知书达理。十六岁即与十九岁的苏东坡成婚。可惜天命无常，治平二年（1065年）五月王弗卒，年方二十七。所余一子苏迈，年仅六岁。王弗葬于眉州东北彭山县安镇乡可龙里，距苏洵夫妇墓西北八步。苏东坡兄弟曾在父母墓旁遍植松树。苏东坡在《亡妻王氏墓志铭》里说："其言多可听，类有识者。""君与轼琴瑟相和仅十年有一。轼于君亡次年悲痛作铭，题曰'亡妻王氏墓志铭'。"于平静语气下，饱含着沉痛和深切的怀念之情。那首传诵千古的悼亡词《江城子》就是为怀念王弗而作的。

王弗"敏而谨，慧而谦"，作为进士之女的她，嫁到苏家一开始并没有向苏东坡夸耀自己通晓诗书。每当苏东坡读书的时候，她则在旁边陪伴。后来苏东坡有遗忘的地方，她反倒给予提醒。好奇的苏东坡问她别的书里的问题，她都能答上来，顿时让苏东坡又惊又喜刮目相看。在苏东坡与访客交往的时候，王弗经常立在屏风后面倾听谈话，事后告诉苏东坡她对某人性情为人的总结和看法，结果无不言中，可谓苏东坡绝佳的贤内助。苏东坡为学道成仙，四处寻觅仙丹妙药，一次挖到一罐药丹，拿回家对妻子显摆，王弗说："要是婆婆在会……"苏东坡听后立刻把药罐放回到原处。在王弗的陪伴和帮助下,苏东坡刻苦读书,开始为自己也为心爱的人谋出路(安心科举)、拜门子(随父访问张方平)、奔前程(进京赶考)。

关于他俩,还有一则故事:唤鱼池。

岷江之滨有青神县。《蜀中名胜记》载:"县之名胜在乎三岩。三岩者,上岩、中岩、下岩也。今惟称中岩焉。"

北宋年间,中岩有座书院,青神乡贡进士王方执教时,好友苏洵送他儿子苏东坡到中岩书院读书。苏东坡聪明好学,王方喜爱在心。

中岩下寺丹岩赤壁下,有绿水一泓,平静如半轮明月,相传为慈姥龙之宅。苏东坡读书之余常临流观景,想入非非中不禁大叫:"好水岂能无鱼?"于是拊掌三声,立时,岩穴中群鱼翩翩游跃,皆若凌空浮翔。苏东坡大喜,便对老师王方建议:"美景当有美名。"王方于是遍邀文人学士,在绿潭前投笔竞题,可惜诸多秀才的题名不是过雅,就是落俗,最后苏东坡才缓缓展出他的题名"唤鱼池",令王方和众人叫绝。苏东坡正得意之时,王方的女儿王弗也使丫鬟从瑞草桥家中送了题名来,红纸怡上,跃然而出"唤鱼池"三字,更令众人惊叹:"不谋而合,韵成双璧。"之后,苏东坡手书的"唤鱼池"三字被刻在了赤壁上,书法潇洒飘逸,刻工精细传神。王方请人做媒,将王弗许配苏东坡,是时,苏东坡十八岁,王弗十五岁。青神中岩寺唤鱼池畔现有苏东坡与王弗塑像。

第二任妻子王闰之

王闰之(1048—1093)是王弗的堂妹,在王闰之出嫁之前,家中称其"二十七娘","闰之"姓名是嫁苏东坡后苏给她取的。王闰之确实担得起"性格温顺,知足惜福"这八个字。从熙宁元年(1068年)到元祐八年(1093年),王闰之与苏东坡共同生活,共计二十五年,这一时期是苏东坡人生起伏最大的时期。王闰之陪伴苏东坡从家乡眉山来到京城开封,尔后辗转于杭州—密州—徐州—湖州—黄州—汝州—常州—登州——开封—杭州—开封—颍州—扬州—开封,她默默无闻地陪伴苏东坡度过人生最重要的阶段,历经坎坷与繁华,一直和丈夫忠心相伴,同甘共苦。

  苏东坡在密州之时,有时心情郁闷,而小孩还在他面前牵衣哭闹,苏东坡就发火训斥,王闰之开导苏东坡说:"你怎么比小孩还痴,为什么不开心点呢?"苏东坡听后有些愧疚,王闰之就做几个小菜烫一壶老酒放在他面前。在密州的艰辛岁月里有贤妻陪伴,对苏东坡来说是一种莫大的安慰。因为"乌台诗案",苏东坡到黄州的时候因薪俸锐减不够家用,每逢初一,王闰之就要把四千五百文薪俸分为三十串挂在房梁之上,每天挑取一份以供家用。如果哪天有钱剩余,就放在那个存零钱的大竹筒中,来了宾客就从竹筒里取钱买酒待客。虽然被贬的日子生活贫困,由于闰之善于理家,苏东坡被贬黄州期间从没缺过待客的酒资,这一点在苏东坡著名的《后赤壁赋》中有明确的记载:

  已而叹曰:"有客无酒,有酒无肴,月白风清,如此良夜何!"客曰:"今者薄暮,举网得鱼,巨口细鳞,状如松江之鲈。顾安所得酒乎?"归而谋诸妇。妇曰:"我有斗酒,藏之久矣,以待子不时之需。"于是携酒与鱼,复游于赤壁之下。

这些行为也反映了王闰之非常理智、现实的一面。苏东坡在她伴随的这段时间里仕途不断地起起落落，可以想象他们的家庭生活条件一定也是如此，而王闰之却不论贫富总是能适应每个阶段的家庭生活，并用尽全力让家里的生活尽量过得好一些，这与她理智、现实的性格是分不开的。

在对待前妻的遗子养育上更体现了王闰之的知福惜福。王弗重病不治，在临终前放心不下丈夫、幼子转而托付给堂妹，指定闰之为继室。苏东坡在《祭亡妻同安郡君文》中有写道："昔通义君，没不待年；嗣为兄弟，莫如君贤。妇职既修，母仪甚敦。三子如一，爱出于天。"说明在王弗去世尚不到一年，苏东坡和闰之的婚事便定下了。如果不是王弗指定王闰之当继室，那么这对王弗是极不尊重的，"不到一年便订婚"也就于情于理都不合适了。事实证明，王弗将丈夫、幼子托付给闰之是个无比正确的决定。无论是"母职既修，母仪甚敦，三子如一，爱出于天"，还是"三个明珠，膝上王文度"，都是苏东坡对王闰之对三子一视同仁、将继子视如己出的伟大母爱的敬佩与赞美。

王闰之与王弗最大的不同应该就是她们在学识上的差异：王弗自幼受到书香熏陶，是个有名的才女，而王闰之则只不过是个目不识丁的普通村姑。王闰之的成功之处就在于，对苏东坡的了解、信任和服从，她知道自己的丈夫颇有个性，乐天达观又随遇而安，可有时固执起来连皇帝也不能使他改变。她还知道她嫁的这个丈夫是个人人喜爱，尤其受到女性青睐的人。她也知道在当时的官场之上，酒筵公务之间常有官妓为客人斟酒，唱词吟曲，她们当中有不少是颇有天赋的才女，本身就是会读会写擅长歌舞的专职艺人。王闰之了解丈夫，她知道自己的丈夫喜爱酒筵征逐，逢场作戏，所以每逢丈夫应酬归来，她总是什么都不说,默默地备好洗漱用具,为丈夫脱靴洗理,她知道自己的丈夫各方面都很优秀才这么招人喜爱。她还相信丈夫是深深爱着自己的,没有哪一位官妓舞女能够从她身边夺走丈夫,自己也决不肯把这么优秀的丈夫推入官妓舞女或者别的女人的怀抱。在她的心目中,相夫教子就是自己的职责。因此,她也逐渐习惯了夜深人静之时,睁着眼睛倾听喝得酩酊大醉的丈夫如雷般的鼾声。苏东坡在这二十五年间能恣情地玩乐作诗,有王闰之将家里打理得井井有条的一份功劳。苏东坡对王闰之的感情不像对王弗那样一开始就轰轰烈烈的,但是他和王闰之之间日久生情。王闰之这个名字在苏东坡的生命中不仅代表着一位伟大的母亲、一份不离不弃的感动、一段平静祥和的老夫老妻式的爱情,更是代表着苏东坡对"家"的依赖和理解。因此,当苏东坡对这个平凡而又伟大的女人作出"惟有同穴,尚蹈此言"的郑重承诺时,我们也就不足为怪了。

元祐八年(1093年)王闰之逝去,棺木一直放在京中家里。七年后苏东坡卒,其弟苏辙把他们俩合葬在河南郏县。

第三任妻子(妾)王朝云

王朝云(1062—1096),字子霞。浙江钱塘人,是东坡的红颜知己和侍妾。

朝云因家境清寒,自幼沦落在歌舞班中,为西湖名妓。她天生丽质、聪颖灵慧、能歌善舞,虽混迹烟尘之中,却独具一种清新洁雅的气质。宋神宗熙宁四年(1071年),苏东坡为杭州通判。一日,他与几位文友同游西湖,宴饮时招来王朝云所在的歌舞班助兴。悠扬的丝竹声中,数名舞女浓妆艳抹,长袖徐舒,轻盈曼舞,而舞在中央的王朝云又以其艳丽的姿色和高超的舞技,特别引人注目。舞罢,众舞女入座侍酒,王朝云恰转到苏东坡身边。这时的王朝云已换了另一种装束:洗净浓妆、黛眉轻扫、朱唇微点,一身素净衣裙,清丽淡雅、楚楚可人,"美如春园,目如晨曦""天上维摩",别有一番韵致。此时,本是丽阳普照、波光潋滟的西湖,由于天气突变,阴云蔽日、山水迷蒙,成了另一种景色。湖山佳人、相映成趣,苏东坡灵感顿至,挥毫写下了传颂千古的描写西湖佳句:"水光潋滟晴方好,山色空蒙雨亦奇。欲把西湖比西子,淡妆浓抹总相宜。"诗明写西湖旖旎风光,而实际上寄寓了苏东坡初遇王朝云时为之心动的感受。在王闰之的周旋下,十二岁的朝云走到了苏东坡的身边,被苏东坡的才华和为人所吸引,决意终身追随先生。朝云与苏东坡的关系很奇特。她与苏东坡共同生活了二十多年,是个学东坡、懂东坡、知东坡、爱东坡的女人。有一日苏东坡退朝后,吃了一肚子食物后慢慢走回家去。回了家,指着自己的肚子问侍妾说:"你们有谁知道我这里面有些什么呢?"一个

龙井路东眺望西湖　　林鸣/摄

答说:"文章。"另外一个说:"见识。"苏东坡摇摇头,王朝云笑着说:"您肚子里都是不合时宜。"苏东坡听了不禁称赞道:"知我者,唯有朝云也。"

苏东坡在黄州时,他们的生活十分清苦。苏东坡诗中记述:"今年刈草盖雪堂,日炙风吹面如墨。"王朝云甘愿与苏东坡共度患难,布衣荆钗,悉心为苏东坡调理生活起居。她将黄州廉价的肥猪肉,微火慢炖,炖出香糯滑软、肥而不腻的肉块,作为苏东坡常食的佐餐妙品,这就是后来闻名遐迩的"东坡肉。"

元丰六年(1083年)九月二十七日,二十二岁的朝云为苏东坡生下一个儿子。苏东坡为他取名遁。此时,苏东坡正遵父遗命为《易经》作《传》。"遁"取自《易经》中的第三十七卦"遁",是远离政治旋涡、消遁、归隐的意思。这一卦的爻辞中说,"嘉遁,贞吉""好遁,君子吉"。可见,这个名字,既寓有自己远遁世外之义,又包含着对儿子的诸多美好祝愿。

遁儿满月之时,苏东坡想起昔日名噪京华,而今却"自喜渐不为人识",都是因为聪明反被聪明误,因而感慨之余,写下自嘲诗:"人皆养子望聪明,我被聪明误一生;唯愿孩儿愚且鲁,无灾无难到公卿。"

元丰七年(1084年)三月,苏东坡又接到诏命,将他改为汝州团练副使,易地京西北路安置。苏东坡接到诏令后便偕家启程。七月二十八日,当他们的船停泊在金陵江岸时,小小的遁儿中暑不治,夭亡在朝云的怀抱里。苏东坡伤心不已。

遁儿死后,苏东坡决意不去汝州,他向神宗上表,要求在常州居住,一方面与他的常州情结密不可分,另一方面也与要悉心照料肝肠寸断的朝云不无关系,因为常州在太湖周围,那里的山水和风土民情，应最称朝云心意。

元祐年间苏东坡的日子过得比较顺畅、自由。绍圣元年（1094年）宋哲宗亲政，用改革派章惇为宰相，又有一批不同政见的大臣遭贬，苏东坡也在其中，被贬往惠州（今广东省惠州市惠城区）。这时，他已经年近花甲了。眼看运势转下，似无起复之望，身边众多的侍妾都陆续散去，只有王朝云始终如一，追随着苏东坡长途跋涉，翻山越岭到了惠州。对此，东坡深有感叹，曾作《朝云诗》："不似杨枝别乐天，恰如通德伴伶元；阿奴络秀不同老，天女维摩总解禅。经卷药炉新活计，舞衫歌板旧姻缘；丹成逐我三山去，不作巫山云雨仙。"

此诗有序云："予家有数妾，四五年间相继辞去，独朝云随予南迁，因读乐天诗，戏作此赠之。"当初白居易年老体衰时，深受其宠的美妾樊素便溜走了，白居易因而有诗句"春随樊子一时归"。王朝云与樊素同为舞妓出身，然而性情迥然相异，朝云的坚贞相随、患难与共，怎不令垂暮之年的苏东坡感激涕零呢！

王朝云在惠州时遇瘟疫，身体十分虚弱，终日与药为伍，总难恢复。东坡寻医煎药，乞求她康复。但从小生长在山水胜地杭州的朝云为花肌雪肠之人，最终耐不住岭南闷热恶劣的气候，不久便带着不舍与无奈溘然长逝，年仅三十四岁。

朝云一生向佛，颇有悟性和灵性，这也是她能和苏东坡心灵一致的缘由。早在苏东坡为徐州知州时，朝云曾跟着泗上比丘尼义冲学《金刚经》，后来在惠州又拜当地名僧学佛法。临终前，她执着东坡的手诵《金刚经》四谒"一切有为法，如梦幻泡影，如露亦如电，应作如是观"，即"世上一切都为命定，人生就像梦幻泡影，又像露水和闪电，一瞬即逝，不必太在意。"这番话是她皈依佛门后悟出的禅道,其中也蕴含着她对苏东坡无尽的关切和牵挂,生前如此,临终亦如此。

东坡尊重朝云的遗愿,于绍圣三年(1096年)八月三日,将她葬在惠州西湖南畔栖禅寺的松林里,亲笔为她写下《墓志铭》,铭文也像四句禅谒:浮屠是瞻,伽蓝是依。如汝宿心,唯佛是归。

孤山栖禅寺的和尚在朝云墓边上建"六如亭"作纪念。苏东坡亲题楹联:"不合时宜,唯有朝云能识我;独弹古调,每逢暮雨倍思卿。"苏东坡还写了《西江月·梅花》《雨中花慢》和《题栖禅院》等许多诗、词、文章来悼念这位红颜知己。其中,著名的《西江月·梅花》一词,更是着力写出了朝云的精神风貌和高尚情操:"玉骨那愁瘴雾,冰肌自有仙风,海迁时过探芳丛,倒挂绿毛幺凤。素面反嫌粉涴,洗妆不褪唇红,高情已逐晓云空,不与梨花同梦。"这首词明为咏梅,暗为悼亡,词中所描写的梅花,实为朝云美丽姿容和高洁人品的化身。

四个儿子

长子苏迈

苏迈(1059—1119),字伯达,生于眉州眉山,生母为苏东坡的第一任妻子王弗。历任宋饶州德兴尉、雄州防御推官、河间令、韶州仁化令等。轼贬惠州,迈求潮州安化令,以便馈亲,卒于官。善为文,工书,东坡帖乃迈所作,亦自可喜。苏氏诸子源同派异,种种皆有过人处。

以下是关于苏迈的两则逸事。

（1）《石钟山记》

宋神宗元丰二年（1079年）底，苏东坡因作诗"谤讪朝廷"贬谪黄州（今湖北省黄冈市）担当团练副使。这是一个闲差使，四十三岁的苏东坡得以有闲经常与长子苏迈一起读书作文，说古论今。有一天，父子俩不知怎的竟谈到了鄱阳湖畔石钟山的名称由来。为什么要叫石钟山呢？难道就因为它会发出响声？苏迈从《水经注》等古书中找出许多说法，如"下临深潭，微风鼓浪，水石相搏，声如洪钟""得双石于潭上，扣而聆之，南声函胡，北音清越，止响腾，余音徐歇"。对地理学家郦道元和李渤留下来的这些说法，苏东坡都觉得是牵强附会，实不可信。苏迈想找其他书，苏东坡阻止了他："不用找了。但凡研究学问、考证事物，切不可人云亦云，或者光凭道听途说就妄下结论。看来，石钟山这个问题，还必须实地考察求实才能解决呢！"

"石钟名称由来"这一问题，在苏东坡父子俩的心中一悬就是五年，直到元丰七年（1084年）才有了解决的机会。是年六月初九丁丑日，苏迈到饶州府（今江西省鄱阳湖东）德兴县担任县尉，苏东坡送他途中路过江西九江的湖口，顺便带着苏迈一起考察石钟山。白天，庙里的和尚叫一个小童拿着斧头，在乱石间挑了其中的一两块石头来敲打，父子俩当然不相信。月光明亮的当晚，父子俩乘着小舟来到山的绝壁下，沿着山脚寻找。因为石钟山位于鄱阳湖与长江的交汇处，地处偏僻，风高浪急，非常危险，东坡也曾经打了退堂鼓，"余方心动欲还"，然而为了弄清楚石钟山得名的真相，就必须要"目见耳闻"，所以他还是坚持前往。寻到一个地方，只听见一阵阵清畅高扬的声音，"噌如钟鼓不绝"，原来，这里的山脚下遍布石窍，大小、形状、深浅各不相同。它们不停地受到波涛撞击,所以才发出各种不同的音响,宛若庞大乐队中的钟鼓齐鸣一般……父子俩此刻终于恍然大悟:这才是"石钟"名称的由来啊!

(2) 一方砚

元丰七年(1084 年),二十五岁的苏迈授饶州府德兴县尉(从八品),这是苏迈第一次离开父亲赴任,苏东坡执意送子履职。

苏东坡送子履职可能有两层原因。一是迈初入仕途,爱子心切,焉能不送?二是时任德兴县令单锡,与东坡系同科进士,且是姻亲。轼与锡相知多年,久未谋面,恰好借送子赴任之机,了却会友心愿。苏东坡将爱子托付同年好友,嘱其勤政亲民,不辱家风。

在离开德兴时,东坡赠爱子迈砚台一方。砚有铭,文曰:"以此进道常若渴,以此求进常若惊。以此治财常思予,以此书狱常思生。"铭文意思是,用它来学习圣贤的道理要如饥似渴;用它来习写文章,要不停地进步,时出新意令人吃惊;用它来记录和治理财务要时常想着给予他人;用它来书写狱讼公文要时时想着放人生路。这是苏东坡对即将赴任的儿子的勉励。

苏迈未负乃父厚望,爱民勤勉。康熙版《德兴县志》载其"文学优赡,政事精敏,鞭朴不得已而加之,民不忍欺,后人仰之"。德兴旧志将苏迈列入名宦之列,宋时在银城枕山西麓建景苏堂,以示怀念。《德兴县志·卷八》谓:"迈公有政绩,后人立景苏堂仰之。"

苏东坡在《与陈季常书》中夸耀说:"长子迈作吏,颇有父风。"

次子苏迨

苏迨（1070—1126），是王闰之于熙宁三年（1070年）五月在京师所生。初名叔寄、竺僧，字仲豫，又名苏昺、苏炳、苏鼎。曾任宋承务郎、饶州太常博士、进士、朝汉大夫、参广东省政、朝散郎、尚书驾部员外郎。著有《正蒙序》《洛阳论议》。

苏迨身体羸弱多病，有小儿麻痹症，四岁前一直不能走路，要靠大人抱或背负，苏东坡有诗句：四岁不知行，抱负烦背腹。多方治疗也未见大效。苏东坡去杭州任通判，与上天竺寺的辩才法师交好，就让苏迨在观音菩萨面前落发（剃度），让辩才为儿子摩顶，取名竺僧。苏东坡说：师来为摩顶，起走趁奔鹿。苏辙亦说："予兄子瞻中子迨，生三年不能行，请师（指辩才）为落发摩顶祝之，不数日能行走如他儿。"苏东坡和苏辙都把苏迨能够走路的功劳记到辩才名下。

苏迨受父亲教育也颇有文才。《东坡全集》中载，苏迨十六岁时随父亲去登州，途经淮口遇三天大风，船不能行，作《淮口遇风》诗，描写万顷风涛横扫千山孤云的力量和气势，抒发自己的心灵感受。父亲看了他的这首诗，非常兴奋，大加赞赏，并用其韵作了一首诗：我诗如病骥，悲鸣向衰草。有儿真骥子，一喷群马倒。

父亲拿自己的诗跟儿子的诗作对比，说自己的诗像病马悲鸣着走向衰败的草，而儿子却是真正的千里马，喷了一下群马就倒了，其力量、气势可不得了呀！

儿子若真是超过了父亲，怎么没有什么脍炙人口的诗作流传下来呢？这东坡，夸儿子夸得让别人看着都有些脸红。

东坡从来不逼儿子,看到人家的孩子比自己家的优秀也从来不焦虑。相反,在他的眼里,儿子们都是最好的。

元祐元年(1086年)九月,哲宗在明堂祭祀神宗,大赦天下,十七岁的苏迨因明堂恩而得到承务郎官衔(从九品,不是实职官),苏东坡就买了一道度牒(和尚的"身份证"),让辩才另外剃度一人,以赎回苏迨。这才把苏迨的和尚身份了结了。

元祐初年,苏东坡为苏迨娶欧阳棐(欧阳修的第三个儿子)的六女为妻。后来苏迨又续娶欧阳棐的七女为继室。

苏迨好学,性情刚直。苏东坡评价苏迨"诸子惟迨,好学而刚""迨好学,知为楚辞,有世外奇志"。

为了鼓励儿子,苏东坡亲笔给苏迨书写了六篇赋。苏东坡还把自己喜欢的一方砚台送给苏迨,并为儿子写了《迨砚铭》:"得之艰,岂轻授。旌苦学,畀长头。"大意是:这方砚台得来十分艰难,原本不肯轻易送人;现在送给儿子,以表彰儿子的苦学精神。

苏迨和同乡游师雄一起投奔张载门下求学,《关学编》称他"师张载横渠最久"。苏迨和范育、蓝田"三吕"被称为张载高足弟子。他和吕大临听从张载教诲,"不留连于科举",一生追求学术研究,以倡明关学为己任。吕大忠称他"年四十,不求仕进,从故崇文校书横渠学,为门人之秀"。

张载晚年将他的重要著作"正蒙"传授给苏迨,并说:"此书于历年致思所得,而吾将有等于学者,正如老禾之株枝别故乡,所少者润泽华叶尔。"苏迨不负众望,于元祐二年(1087年),效仿论语、孟子体例,编为十七篇而传后。朱熹表彰《正蒙》此书"行与世",当为苏迨之功。

因品学兼优,元祐八年(1093年),苏迨以布衣召为常博士,任饶州太常博士。

苏东坡去世后,苏迨闭门读书十年,学识、文章有惊人的成就。苏门六君子之一的陈师道曾有《送苏迨》诗,称道说:胸中历历著千年,笔下源源赴百川。《研北杂志》卷上说:"苏翰林二子迨仲豫、过叔党,文采皆有家法。"这些并不完全是奉承话。

宋徽宗政和元年(1111年),迫于生活压力,一直淡泊名利的苏迨,去武昌当了一个管库官。

宋钦宗靖康元年(1126年),苏迨官至朝散郎(从七品上阶)、驾部员外郎(正七品)。钦宗靖康元年卒,离年五十七岁。

三子苏过

苏过(1072—1123),为王闰之所生,是苏东坡第三子,有"小苏东坡"之称。苏过从小到三十岁都在父亲身边,随侍的时间最长。苏东坡被贬到广东惠州、海南儋州时,苏过始终相随。这段经历在苏东坡的人生足迹中必然提到,因此苏过之名也广为人知。

兄弟三人都秉承家学,苏过才华最为突出,诗词赋文书画都很擅长,很有苏东坡作风,当世评价说"苏氏三虎,季虎最怒",所以苏过有"小坡"之称。

苏过的童年多是随父亲的游宦生涯,在频繁的迁徙中度过的,可谓尝尽苦涩。苏东坡蒙冤受屈,仕途受挫,一家艰难度日,这些经历深深影响了苏过,也磨炼了他后来与父亲一起经受磨难的意志。

苏过后来随父亲辗转各地,侍奉亲人,耕种读书。"翁板则儿筑之;翁樵则儿薪之;翁赋诗著书,则儿更端起拜之。为能须臾乐乎先生者也。"(晁说之《故宋通直郎眉山苏叔党墓志铭》)苏过孝顺,使苏东坡在流放生活中得到不少安慰。苏东坡病故后,苏过兄弟扶灵柩至汝州郏城安葬。次年秋,服除,苏过立家于颍昌。在湖阴经营水竹数亩,名曰"小斜川",自号"斜川居士"。

绍圣元年(1094年),苏过随父初到广东惠州时,写有一首《和大人游罗浮山》的诗:"海涯莫惊万里远,山下幸足五亩耕。人生露电非虚话,大椿固已悲老彭。蓬莱方丈今咫尺,富贵敝屣孰重轻。结茅愿为麋鹿友,无心坐伏豺虎狞。"诗中充满了对含冤受屈父亲的安慰之情,甘于艰辛的耕读生活,利禄富贵视若"敝屣",充分表达了苏过甘于淡泊、不求富贵的旷达思想。惠州三年的谪居生活,对苏氏父子来说是十分艰苦的,这几年苏过过的主要是侍养父亲的耕读生活。苏东坡有诗云:"小儿耕且养,得暇为书绕。"并写诗赞之,说苏过有奇志,其《凌云赋》笔势如《离骚》。

绍圣四年(1097年),苏东坡再贬海南岛儋州。苏过把妻儿留在惠州白鹤新居与兄嫂住在一起,独自挑着书担随父亲到更为荒僻的海南儋州,与语言不通、习俗相异的黎族人杂居。在海南的三年间,苏过除了担负起照顾父亲的饮食起居外,也像在惠州时一样,在东坡的指点下,读书作文,从未间断。而更可贵的是,他注意观察当地的社会生活,了解民间疾苦,写下了不少反映现实生活的诗文。如他写的《怀惠许兄弟》诗,记述了海南当地的风土人情,还特别提到了与当地人民的友情:"椰酒醍醐白,银皮琥珀红。伧狞醉野獠,绝倒共邻翁。莳芋人人送,困庖日日丰。瘴收黎母谷,露入菊花丛。海蜃羞蚶蛤,园奴馈韭菘。槟榔代茗饮,吉贝御霜风……"岭海七年,苏东坡父子以读书、著述、诗文唱和为生活的最大乐趣,这也是他们最重要的精神寄托。

以下是有关苏过的几则故事。

(1)玉糁羹

尽管有黎胞的照顾,父子俩在儋州所过的日子还是十分艰苦的。当时黎人不擅种植水稻,"琼郡产谷尚少",吃的米主要靠大陆那边运过来,所以时常出现"北船不到米如珠"的状况。当地黎人是以薯芋为主食的,父子俩也没少吃薯芋。苏过动脑筋改进芋头的吃法——以山芋为主,掺入饭粒,做成羹,父亲吃了非常满意,把它称作"玉糁羹",说它"色、香、味皆奇绝",还写了《过子以山芋作玉糁羹》来赞美它:香似龙涎仍酽白,味如牛乳更全清。莫将北海金齑脍,轻比东坡玉糁羹。

前两句赞美玉糁羹"奇绝"的色、香、味,后两句说玉糁羹比松江鲈脍还要好吃。

(2)龟息法

苏东坡相信道家的某些保健修炼方法,并且运用于自身修炼。道家认为人体内有危害人体的邪怪——"三尸",靠五谷而生,主张通过"辟谷"修炼除去"三尸",以实现长生不老。苏东坡对此信而不疑。元符二年(1099年),儋州米贵,父子俩有绝粮之忧。于是,苏东坡想用"辟谷"修炼之法来对付绝粮。"辟谷"之法有上百种之多,苏东坡认为"龟息法"最好。他说,晋武帝时,有人失足落入深不可测的洞穴中,没有吃的,饿得很。这个人看见洞穴里许多龟蛇每天早晨向东方伸着脖子吸旭日之光,并"咽之"——这就是所谓的"龟息法"。于是这个人就学龟蛇吸、咽旭日之光,居然不再饥饿,而且长得身强力壮的。苏东坡相信这个故事,并且叫儿子跟自己一起来行

"龟息法",还写了一篇《学龟息法》授予儿子。我们不必计较"龟息法"是否真有这么大的作用,但父子俩想利用"龟息法"来渡过绝粮的难关,确是事实。

在海南儋州三年,尽管苏东坡父子生活极其艰难,但"著书以为乐"。苏过深得父亲指教,文学能力也大有长进。苏东坡在文中记载说:"幼子过文益奇,在海外孤寂无聊,过时出一篇见娱,则为数日喜,寝食有味。"父亲读了儿子的和诗,觉得儿子诗的格调类似于自己的诗,非常高兴。苏东坡有《和陶游斜川正月五日,与儿子过出游作》诗:

> 谪居澹无事,何异老且休。虽过靖节年,未失斜川游。
> 春江渌未波,人卧船自流。我本无所适,泛泛随鸣鸥。
> 中流遇洑洄,舍舟步层丘。有口可与饮,何必逢我俦。
> 过子诗似翁,我唱而轧酬。未知陶彭泽,颇有此乐不。
> 问点尔何如,不与圣同忧。问翁何所笑,不为由与求。

苏过到海南的次年所写的《志隐》,深得苏东坡嘉赏。四十五岁时又作《〈志隐〉跋》,说《志隐》为"效昔人《解嘲》《宾戏》"之作。"昔人"指的是杨雄、班固。可见,苏氏父子所效之人,皆以文化自守、以著述为业者。岭海时期,年轻的苏过读书不辍。苏东坡《与徐得之》云:"儿子过颇了事,寝食之余,百不知管,亦颇力学长进也。"又《和陶渊明园田居诗》引曰:"归卧既觉,闻儿子过诵渊明《归园田诗》六首,乃悉次其韵。"读、和陶诗,是苏东坡父子谪居生活中的一大乐事。

元符三年(1100年)六月,苏过随父亲离开儋州北归。父亲谪居惠州、儋州共有七个年头，这就是说，苏过从二十三岁到二十九岁这段青春年华是陪谪居的父亲度过的。

次年六月，父子二人回到常州。万里归来仅月余，父亲便溘然长逝，自然令苏过伤痛不已。次年，苏过兄弟迁葬父亲于汝州（今河南临汝）。为了看守父亲坟墓，苏过便移家汝州，从此长住在那里。父丧期满后，苏过本可再图仕进，但当时蔡京当权，不准元祐旧臣子弟在京城任职，纵有盖世才华，也不为朝廷所用。

苏过虽然厌倦为官，但在生命最后十年，为了生计只得出仕：政和二年（1112年）四十一岁时，任太原府监税；政和五年（1115年）四十五岁时，任颍昌府郾城（今河南郾城）知县，但终因党禁关系而被罢免。苏过不论在官还是居家，都不曾改变厌仕而慕陶的情怀。这是颇具宋人特色的精神现象：厌仕而不弃，学陶而不隐。既要生活，又要安顿心灵。

苏过受父亲仰慕陶渊明、写过大量《和陶诗》的影响，也仰慕陶渊明的隐居生活。苏过五十岁时回到颍昌，"营造湖阴水竹可供玩赏者数亩"，并将颍昌西湖边的家居之地命名为小斜川，自号斜川居士，从此便过着诗酒自娱、耕读课子的隐居生活。但这种陶渊明式的田园生活，却非常短暂。宋徽宗宣和五年（1123年），苏过再次出仕，任中山府（河北定州）通判，任期仅半年时间，卒于镇阳（今正定）行道中，年五十二岁。安葬于河南郏县苏东坡墓地之东南——三苏坟附近，从此与父亲永远相伴。

四子苏遁

苏遁，为王朝云所生，夭折。

五位恩威并施的皇帝

苏东坡一生经历了北宋五任皇帝：仁宗、英宗、神宗、哲宗、徽宗。

仁宗

宋仁宗赵祯在位四十二年，是北宋在位最长也是最好的皇帝。他的"庆历新政"为我们奉献了一个璀璨的新政、经济、文化星空。"丰功圣德固不可得而名言，所可见者，其事有五：畏天、爱民、奉宗庙、好学、纳谏。仁宗能行此五者于天下，所以为仁也。"以上这段话比较全面地概括了仁宗帝德。但仁宗后期经济、政治等出现衰退现象。仁宗对苏东坡的才华非常满意"为儿孙选了两位宰相"。

英宗

宋英宗赵曙，在位五年，也是做了一些事情。他广开言路，听取臣子的意见，选拔官员为朝廷效力，减轻了当时朝中的"冗官"现象，使朝廷有新气象。英宗时封桩库、左藏库等国库空虚，入不敷出之象初显。而在文化方面赵曙非常重视读书和书籍的编写整理，让司马光编纂《资治通鉴》促进了文化发展。非常喜爱苏东坡，想重用，但宰相韩琦认为苏东坡太年轻，于是东坡被放到史馆里锻炼。

神宗

宋神宗赵顼，在位十九年。宋神宗继承皇位的时候，北宋已经不如以前那么强大了，而且还存在很多问题，比如国库亏损严重、兵力不强、大权分散等。面对这样的局面，年轻的皇帝一腔热血希望进行改革，改变局面。当时他对王安石提出的改革之法特别看好，推行王安石新法以强国富民。但是面对方方面面的压力，为了保住自己的地位，宋神宗屈服了，王安石的变革半途而废。宋神宗对苏东坡又爱又恨，因苏不支持变革恨苏；苏的才华世人皆知又爱苏。"乌台诗案"就是在神宗手上发生的。

哲宗

宋哲宗赵煦，在位十五年（其间有十年是高太后摄政）。哲宗是一位悲剧性的皇帝，他的悲剧从他九岁登基时就已经注定了，当时的国家政权都掌握在垂帘听政的高太后手中，宋哲宗长大之后，到了亲政的年龄，高太后仍然没有还政于他，一直到高太后去世后，国家大权才回到哲宗手中。另一个悲剧源于哲宗自幼受到的压抑，培养哲宗皇帝的大臣，个个都是中国历史上的顶尖人物：司马光、程颐、范纯仁、苏东坡等如此阵容来给一个九岁儿童做老师，相信再没有比这个更奢华的事情了吧。一群最伟大的思想家倾尽才智，但留给哲宗的是幼小童心时时刻刻的压抑，让宋哲宗心里充满了逆反，最终哲宗成了一头复仇的凶兽。哲宗对自己父亲神宗充满了欣羡与敬仰。亲政后，一反之前旧党当政时元祐年间的政策，起用新派人士恢复新法，贬谪旧党。高太后对苏东坡一再提拔重用，而哲宗对管理严厉的侍读苏东坡恨之入骨，一贬再贬。

东坡像　　平国明/摄

徽宗

宋徽宗赵佶，当了二十五年皇帝，用了六个年号：建中靖国、崇宁、大观、政和、重和以及宣和。民富国强、政通人和，想必始终是他的追求，但是他缺乏的是治理国家的能力，把朝廷政务尽数交给蔡京打理，军事外交则交由童贯主持，用人失察失误，把宋朝拉进了最黑暗、最腐败的时期，为北宋亡国埋下了巨大的隐患，甚至可以说直接导致了北宋的亡国。但宋徽宗的瘦金体书法独步天下，直到今天相信也没有人能够超越。这种瘦金体书法，挺拔秀丽、飘逸，即便是完全不懂书法的人，看过后也会感觉极佳。徽宗虽是一个亡国之君，但他对苏东坡的才华是认可的，继位后立刻将苏东坡从儋州释免回来，只可惜苏东坡在返回途中殁于常州。

苏门六学士

苏门六学士为黄庭坚、秦观、晁补之、张耒、陈师道、李廌等六人,也有人称为苏门六君子。

黄庭坚

黄庭坚(1045—1105),字鲁直,号山谷道人,婺州金华人。苏门四学士之一。

苏东坡与黄庭坚相识是通过其岳丈孙觉。苏东坡出任杭州通判时,与故旧孙觉相谈甚欢,孙觉将黄庭坚的诗文示以苏东坡,希望其给予点评,苏东坡读过黄庭坚的文章后,认为他非常厉害。

熙宁十年(1077年)苏东坡在赴徐州任上途经济南,于李常(字公择)处见到更多黄庭坚的墨宝,"而得其为人益详"。元丰元年(1078年),黄庭坚在《上苏子瞻书》一文中,饱含深情地表达对苏东坡的仰慕之情,是两人深厚情谊的明证。

在黄庭坚结识苏东坡第二年,"乌台诗案"祸及黄庭坚,他被罚铜二十斤,外放吉州太和任知县,至元丰八年(1085年)哲宗即位,方以秘书省校书郎召回。元祐元年(1086)四月,在苏东坡引领下,黄庭坚、张耒、晁补之、秦观相继进入被文臣视为殊荣的馆阁供职。而黄庭坚"与翰林学士苏公子瞻游最密,赋诗或无缀。"元祐元年(1086年)九月,苏东坡举荐黄庭坚自代其翰林学士和知制诰职务,在《举黄庭坚自代状》云:"伏见某官黄某,孝友之行,追配古人;瑰玮之文,妙绝当世。举以自代,实允公议。"书中字字句句都是对黄的褒奖。

历史记载说:"庭坚性笃孝,母病弥年,昼夜视颜色,衣不解带,及亡,庐墓下,哀毁得疾几殆。"可见,黄庭坚的孝不是作秀,是发自内心的。

苏东坡说"孝友之行",就"友"来说,黄庭坚当之无愧。苏东坡因为"乌台诗案"锒铛入狱,当时的朋友大多都做猢狲散,生怕本人受到牵连,只有四人四处奔波想办法解救东坡,其中一个就是黄庭坚,在解救的过程中黄还起到了至关重要的作用。

元丰八年(1085年)到元祐四年(1089年)的三年间,是苏东坡与黄庭坚过从甚密的岁月,二人留下唱和诗篇达四十余篇,在文学创作中互相影响。元祐六年(1091年),黄庭坚因属"蜀党"一派,被洛党成员韩川攻击而获罪,两年后"绍圣"党争再起,黄庭坚又被认作元祐党人一员再次走上贬废之路。可以说,黄庭坚终其一生都对苏东坡推崇备至,虚心以门人弟子自处,在政治上也与苏东坡一起同升沉共荣辱。

秦观

秦观(1049—1100),扬州高邮人,字少游,一字太虚,别号邗沟居士,学者称其淮海居士。苏东坡曾戏呼其为"山抹微云君"。官至太学博士、国史馆编修。一生坎坷,所写诗词,高古沉重,寄托身世,感人至深。他长于议论,文丽思深,兼有诗、词、文赋和书法多方面的艺术才能,尤以婉约之词驰名于世。

秦观被尊为婉约派一代词宗。但在秦观现存的所有作品中,词只有三卷100多首,而诗有十四卷430多首,文则达三十卷共250多篇,诗文相加,其篇幅远远超过词若干倍。

史料记载，秦观对苏东坡景仰已久，他把苏东坡比作"天上麒麟"，还说"不将俗物碍天真，北斗以南能几人"，视苏东坡为天上北斗星。元丰元年（1078年）五月，秦观入汴京应试，就想借路过徐州之机拜谒苏东坡，一则能亲聆苏东坡的教诲，二则执弟子礼拜恩师。"我独不愿万户侯，惟愿一识苏徐州。"（《别子瞻学士》）。苏东坡此时正在徐州知州任上，已是举国众多学子追慕的文坛翘楚。为此，秦观请了两位前辈——孙觉写推荐信、李常当面引荐。孙觉（字莘老）与秦观是同乡，诗人黄庭坚的丈人；李常（字公泽）是黄庭坚的舅父。二人又都是苏东坡的至交，秦观请他们两人来推荐很给力，苏东坡愉快答应收秦观为弟子的恳求。待秦观来到徐州城时，在苏东坡密友王巩的精心安排下，举行了隆重的拜师礼。这年秦观二十九岁，苏东坡四十三岁。两人年龄相差十三岁，但此后二人既是师徒，又是挚友，情谊甚笃。他们志趣相同，不管是因"乌台诗案"苏东坡身陷囹圄，还是苏东坡晚年被贬谪岭南时，秦观都永远追随恩师，两人的政治命运从此便紧密连在一起了。

苏东坡此后多次路过高邮。元丰二年（1079年）四月，苏东坡路过高邮时再次与秦观、孙觉、王巩聚会。他们在秦观读书处饮酒、作诗、论文，后人为纪念此次苏东坡以文会友之举，便建了一座文游台。秦观元丰元年那次进京没有考中。这次见面，苏东坡便嘱咐秦观继续努力，考取功名，共同为国家效力。在恩师的鼓励下，秦观终于在元丰八年（1085年）考取进士，获取功名，并多次跟随苏东坡游走大江南北，成为苏东坡最得意的门生之一。

元祐二年（1087年），苏东坡引荐秦观为太学博士，后迁秘书省正字，兼国史院编修官。

元祐七年（1092年），苏东坡自扬州召还，进端明殿学士、翰林侍读学士、礼部尚书。秦观迁国史院编修，与黄庭坚、晁补之、张耒同时供职史馆，人称"苏门四学士"。

绍圣元年（1094年），哲宗亲政后，新党人士章惇、蔡京上台，苏东坡、秦观等人一同遭贬。秦观出杭州通判，道贬处州，任监酒税之职，后徙郴州，编管横州，又徙雷州。元符二年（1099年），秦观年事已高，身处雷州，自作《挽词》。

元符三年（1100年），哲宗驾崩，徽宗即位，向太后临朝。政坛局势变动，迁臣多被召回。秦观也复命宣德郎，放还横州。至藤州（今广西藤县）时去世。有《淮海集》《淮海词》《劝善录》《逆旅集》等作品集。

陈师道

陈师道（1053—1101），北宋诗人，字履常、无己，号后山居士，徐州人。16岁时跟曾巩学习，元祐初年，任徐州教授，后为太学博士。他仰慕苏东坡，经常以诗文唱和，成了"苏门六君子"之一。受人弹劾，改任颍州教授，不久又罢官回乡。为人耿直，不趋奉权贵，一生清贫。爱苦吟，以诗著称。初学黄庭坚，后习杜甫，作诗态度严肃，炼幽锤邃、精深雅奥、自成一家。方回著《瀛奎律髓》中，把黄庭坚、陈师道、陈与义同尊为江西诗派"三宗"。有《后山集》《后山诗话》《后山谈丛》《长短句》等作品集。

李廌

李廌（1059—1109），字方叔，号德隅斋，又号齐南先生、太华逸民。华州（今陕西华县）人。北宋文学家。"苏门六君子"之一。

苏东坡的门生中,以李廌家境最差。李廌从小发奋,苦学不止,苏东坡曾赞他有"万人敌"之才。不过,李廌命途多舛,屡试不第,又缺乏生财之道,生活每况愈下,经常有一顿没一顿。苏东坡任翰林学士时,朝廷曾赐宝马一匹,后来出知杭州,又赐一匹,苏东坡将两马都赠予李廌。让人感动的是,为了使李廌顺利将自己所赠之马脱手,苏东坡特撰《马券》,作为李廌卖马的凭证。苏东坡不仅有恤人之苦的慈心、周人之急的热心、救人之穷的爱心,还有善解人意、体贴入微的细心。

李廌中年应举落第,绝意仕进,定居长社(今河南长葛),直至去世。文章喜论古今治乱,辨而中理。《答赵士舞德茂宣义论宏词书》是重要的文学批评作品。《师友谈记》记载了苏东坡、黄庭坚、秦观等人关于治学为文的言论,为研究宋代文学史提供了重要的资料。著有《济南集》(一名《月岩集》)二十卷。

张耒

张耒(1054—1114),字文潜,号柯山,他是宋代著名的诗人,"苏门六君子"中辞世最晚而受唐音影响最深的作家。因其曾担任过起居舍人,所以人又称其张右史;因其晚年居陈(今河南淮阳),陈地古名宛丘,所以人亦称其宛丘先生;因其仪观甚伟,魁梧逾常,所以人复称其"肥仙"。

张耒受业于"山阳学官",少年时即表现出对文辞的灵感,"十有三岁而好为文"(《投知己书》),十七岁作《函关赋》,传诵人口。此后,他游学于陈州,得到当时在陈为官的苏辙的厚爱。熙宁四年(1071年),苏东坡出任杭州通判前,来陈州与其弟话别,张耒得以谒见苏东坡,颇受青睐,自此便成为苏氏兄弟的门下客,并在苏引荐下,应举姑苏。熙宁六年(1073年),张耒由神宗亲策为进士,王安石负责提举,授临淮(今安徽泗县)主簿,开始步入仕途。熙宁八年(1075年),苏东坡在密州修"超然台",张耒应约写了《超然台赋》。苏东坡称他"超逸绝尘",有秀杰之气,"其文汪洋淡泊,有一唱三叹之声"(《答张文潜书》),这是他们诗文交往的开始。

熙宁六年至元丰八年(1073—1085年),张耒先后在安徽、河南等地做了十多年县尉、县丞一类地方官。张耒为官清廉,他本想凭着他那微薄的俸禄养其亲小,淡泊平生,然厄运频频而至,他的父母、前妻相继谢世,家境每况愈下,经济拮据,生活困窘。

元祐元年(1086年),大臣范纯仁荐举张耒参加太学学士院考试。这次被荐参加考试的还有黄庭坚、晁补之等人,由翰林学士苏东坡命题,考试结果三人同被拔擢,张耒被任为秘书省正字,其后历任著作佐郎、秘书丞、史馆检讨,直到起居舍人。元祐二年(1087年)春,苏东坡主持礼部贡举,张耒被聘为读卷官,入试院检点审阅举子试卷。元祐三年(1088年),秦观被召到京师,任太学博士、校正秘书,亦入苏东坡门下。在暇日与张耒或举酒欢宴,或同游京都名胜,诗文酬唱,作画题跋,互相砥砺共受苏东坡熏沐。这是他们难以忘怀的欢乐年代,也是北宋文坛上的盛事。他们"一文一诗出,人争传诵之,纸价为贵"。馆阁八年,张耒有缘披览国家藏书,过着"图书堆枕旁,编简自相依"的生活,其文翰学术也日有进益。

宋哲宗亲政后,新党得势,竭力报复元祐旧臣,随着苏东坡等人的被贬,苏门弟子也受到株连。绍圣元年(1094年),

张耒以在直龙图阁知润州（今镇江）任上，徙宣州（今宣城）；绍圣四年（1097年）贬黄州（今湖北黄冈）酒税监督，再贬复州（今广西境内）监竟陵郡酒税。元符二年（1099年）起为黄州通判。宋徽宗即位，四十七岁的张耒一度内召为太常少卿，后又被起用为兖州、颍州（今阜阳）知州，但为时都很短促。当时苏东坡自海南迁内地，张耒赋诗相庆："今晨风日何佳哉？南极老人度岭来。此翁身如白玉树，已过千百大火聚。"不久，噩耗传来，苏东坡于途中卒于常州。张耒在颍州举哀行服，痛悼一代文豪和恩师。崇宁元年（1102年），被贬为房州（今湖北房县）别驾，安置于黄州。这是他在短短五年内第三次被贬到那里。张耒在黄州先后住了七八年，作为逐臣，他不得住官舍和佛寺，只能在柯山旁租屋而居。荒树枯木，蓬蒿满眼，自然令人惆怅莫名，但"江上鱼肥春水生，江南秀色碧云鬟"，倒也给他不少安慰。特别值得一提的是，在柯山脚下，张耒与苏东坡弟子潘大临结为紧邻，两人彼此安慰，相濡以沫，共守大节。据载，当时的郡守瞿汝文怜其家贫，欲为其购买一份公田，以种植豆粟蔬菜等，贴补家用，张耒敬谢不取。正是此地的哀和乐使他难以忘怀，故他自号为"柯山"。

张耒平生仕途坎坷，屡遭不幸，可他从未忘怀抄写诗文。其著作被后人多次雕版印行，名为《柯山集》《张右史文集》《宛丘集》。

南宋高宗即位后，下诏追赠苏东坡为资政殿学士，赠张耒集英殿修撰，诰词说，张耒等四人"以文采风流为一时冠，学者欣慕之"。既概述了张耒等人的影响，又肯定了其文学成就，终于使张耒等巨名昭彰，流芳千秋。

晁补之

晁补之（1053—1110），字无咎，号归来子，济州巨野（今属山东巨野县）人。北宋时期著名文学家。

晁补之生长在仕宦之家、书香门第，从小就受到家庭良好的文化熏陶，加上他聪敏强记，幼能属文，日诵千言。

晁补之少时即受到苏东坡知赏。熙宁四年（1071年），晁补之从父游宦杭州，观览钱塘风物之盛丽，山川之秀异，于是写了《七述》一文。此时，大文学家苏东坡正做杭州通判，喜欢杭州美景，欲作杭州赋。晁补之以《七述》谒见苏东坡，苏东坡读之叹曰："吾可以搁笔矣！"又称其文"博辩俊伟，绝人远甚，必显于世，由是知名"（《宋史》本传）。

晁补之在诗、文、词诸方面均有所建树，《四库全书总目》卷一百五十四《鸡肋集》提要说："今观其集，古文波澜壮阔，

保俶塔　　胡伟民/摄

与苏氏父子相驰聚,诸体诗俱风骨高骞,一往迨迈,并驾于张、秦之间,亦未知孰为先后。"又卷一百九十八《晁无咎词》提要云:"其词神姿高秀,与轼可肩随。"

晁补之诗以古体为多,七律次之,其诗善学韩愈、欧阳修,骨力遒劲,辞格俊逸。晁词风格与东坡词相近,但缺乏苏词的旷达超妙。诗词除写景、咏花、赠和、悼亡而外,还多写贬谪生涯和田园风光。

晁与师苏东坡官运类似:官途沉浮。宋徽宗即位,晁遇赦,曾提升为吏部员外郎。宋大观四年(1110年),出知泗州,不久卒。有《鸡肋集》《晁氏琴趣外编》留史。

七位红颜

宋朝,文人携妓、喝花酒,似乎是常事,苏东坡也不例外。《东坡乐府》存词三百多首,其中,直接题咏和间接涉及歌妓的,多达一百八十多首。这也正是苏东坡真实生活环境的写照,丝毫无损于苏东坡的伟大。可以说,苏东坡的"歌妓情缘",也只是限于"畅饮和吟诗听曲"。他对于歌妓,抱有的,多是一份同情和仁爱。

据说,苏东坡一生,遇有歌妓酒宴,便欣然参加,绝不刻意回避以充道统。但苏东坡,并不特别迷恋哪一名歌妓。对于歌妓,苏东坡十分随和,"乐而不淫"。常做的事,却是为歌妓题诗,或者脱籍。

苏东坡是名人,酒宴间,歌妓求题诗,是常事,他也几乎是"有求必应"。苏东坡长年混杂于胭脂之间,乐而不淫,难能可贵。苏东坡一生中歌妓王朝云对他影响最大,除王之外对他影响较大的要数下列七位。

琴操

钱塘歌妓，姓氏不详，大约在熙宁七年（1074年）出生。十三岁时被抄家，做官的父亲被打入大牢，自己被没籍为妓。琴操虽说是妓，但冰清玉洁，卖艺不卖身，红极一时。

有一天，苏东坡的游船，与琴操的游船相撞，十六岁的琴操与已到知命之年的苏东坡相遇，便有了一段至今亦令人遗憾的不了情。当时，苏东坡是杭州知府，琴操是当时红极一时的歌妓，事后琴操虽已被东坡赎身，但受到世俗和伦理的束缚，两个有情人终不能结为连理。琴操曾为东坡抚琴一首，被东坡的好友佛印称为百年难得一闻。

宋人《泊宅编》中记载到苏东坡在杭州时，携琴操游西湖。一日东坡戏曰："予为长老，汝试参禅。"琴操笑诺。东坡曰："何谓湖中景？"答："秋水共长天一色，落霞与孤鹜齐飞。"又问："何谓景中人？"回答："裙拖六幅湘江水，髻挽巫山一段云。"再问："何谓人中意？"答："随他杨学士，鳖杀鲍参军。"还问："如此究竟如何？"琴操不答。东坡曰："门前冷落车马稀，老大嫁作商人妇。"东坡想劝说琴操从良，谁知一语惊醒梦中人。琴操云："谢学士，醒黄粱，世事升沉梦一场。奴也不愿苦从良，奴也不愿乐从良，从今念佛往西方。"（《东坡笔记》）

东坡为之落籍。琴操削发为尼，于玲珑山别院修行，这是大学士万万没有想到的。长伴青灯没几年，琴操闻道东坡贬至儋州，百感波涌、万念俱灰，玉殒梦醒，红颜薄命年仅二十四。东坡闻知大恸，面壁而泣。苏东坡后来请人在玲珑山琴操修行处，重葬了这位红颜知己，并自写了一方墓碑。琴操墓到南宋时，已淹没在荒草之中。

马盼盼

熙宁十年（1077年）四月，苏东坡任徐州知州时，遇到了百年不遇的特大洪水。他亲临抗洪第一线，动员一切力量将洪水挡在了城外。四十多天的洪水退去后，苏东坡去徐州燕子楼了解两百多年前晚唐名妓关盼盼在这里香消玉殒的故事，并在燕子楼上住了一夜，还写了一首《永遇乐》，词中发出了"燕子楼空，佳人何在，空锁楼中燕"的感叹。

十分凑巧的是，当时的徐州也有一名官妓，与关盼盼同名，叫马盼盼。这位马盼盼，十分喜欢苏东坡的书法，一直希望学习苏东坡写字，而且她很有天赋，模仿得也不错。

苏东坡为防徐州水灾再次泛滥，在东门城上建了一座"黄楼"，黄为土色，寄寓"以土克水"之意。弟弟苏辙写了一篇《黄楼赋》，苏东坡亲笔书写《黄楼赋》，准备刻在碑上立于"黄楼"内。这天，他写到一半时，因有事离开了一会儿。马盼盼一时兴起，拿起苏东坡的笔，续写苏东坡还未写的"山川开合"。也许是因为刚写完这四个字，苏东坡就回来了；也是写完这四个字，马盼盼觉得和苏东坡的笔迹还有差距，就不敢写了。反正，苏东坡看到马盼盼写的四个字后，开心地笑了，并没有重新写，只是稍加润饰。所以，后来流传下来的《黄楼赋》碑文中的"山川开合"四个字，实是马盼盼的笔迹。

作为一名官妓，马盼盼敢在知州兼大诗人面前班门弄斧，可见除了她活泼俏皮的天性以外，也可以说明她与苏知州的关系非同一般。而马盼盼摹仿苏东坡的笔迹，几可乱真，除了她的书法天赋以外，还可以看出，她学苏东坡的字，已不是一天两天了。在苏东坡知徐州期间,马盼盼跟随左右,扮演着女秘书兼红粉知已的暧昧角色。而马盼盼深得苏东坡的怜爱,除了姿色与才气,想来她的名字也是很重要的因素,因为在苏东坡的心中,始终有一个"盼盼"情结。看到马盼盼,可能就会想起关盼盼。

马盼盼对苏东坡情深意长,但即使她将崇拜爱慕之意向苏东坡倾心表白,碍于她的官妓身份,苏东坡也不敢"越雷池半步"。苏东坡本来政敌就多,那些想整他的人,正担心他不犯错误呢!如果苏东坡与马盼盼发生私情,一旦被人抓住把柄,后果可想而知。所以,马盼盼与苏东坡有情有爱但没肌肤之亲。有人认为,苏东坡的两首送别词《江城子·恨别》《减字木兰花·彭门留别》都是写给马盼盼的。苏东坡在徐州待了两年,于元丰二年(1079年)三月改知湖州。

两年时间里,马盼盼那么近距离地看见了心中偶像的喜与悲,那么幸运地感受到了一位大诗人对自己的疼惜和爱怜。在这最美丽的季节他要离去了,马盼盼平添了无限的伤感。苏东坡也觉得他与马盼盼相聚的时间太短,所以感叹:"天涯流落思无穷。既相逢,却匆匆。"苏东坡的感受,也是马盼盼的感受,所以马盼盼流泪了,与苏东坡携手"折残红"。马盼盼的泪一开始流,就再也收不住。苏东坡说她:"寄我相思千点泪,流不到,楚江东。"苏东坡还说,端着玉觞,喝不下酒,因为酒杯中有"佳人千点泪"。苏东坡走后,马盼盼不久就去世了,她去世的时间大约在元丰七年(1084年)或者稍前一些。

温超超

绍圣元年(1094年),苏东坡被贬为宁远军节度副使惠州安置。苏东坡感到北归无望,便在白鹤峰买地数亩,盖了几间草屋,暂时安顿下来。

说来也怪,每当夜幕降临之时,便有一位妙龄女子暗暗来到苏东坡窗前,偷听他吟诗作赋,常常站到更深夜静。露水打湿了她的鞋袜,而她浑然不觉,还在全神贯注地听着。这位夜半聆听苏东坡作诗的少女,原来是离苏家不远的温都监的女儿,名叫超超,年方二八。超超生得清雅俊秀,知书达礼,尤其喜爱阅读东坡学士的诗歌词赋,常常手不释卷地诵读,苏公的作品她都背得很熟,达到了入迷的程度。她打定主意,非苏学士这样的才子不嫁。因此,虽然过了及笄(十五)之年,尚未嫁人。

自从苏东坡被贬到惠州之后,她一直想寻找机会与苏学士见面,怎奈自己与苏公从未谋面。苏东坡虽然遭贬,毕竟还是朝廷臣子,而自己是一个小小都监的女儿,况且男女有别,怎能随便与人家见面呢?因此,只好借着夜幕的掩护,不顾风冷霜欺,站在泥地上听苏学士吟诗。苏东坡得知后十分感动。他暗想,我苏东坡何德何能,让才女如此青睐。他打定主意,要给这位才貌双全的都监之女找位佳婿。苏东坡认识一位姓王的读书人,生得风流倜傥,饱读诗书,抱负不凡。苏东坡便找机会对温都监说:"我想在王郎与令女之间牵根红线,让令爱早遂心愿。"温都监父女都非常高兴。从此,温超超便闭门读书,或者做做女红针线,静候佳音。

谁知,祸从天降。正当苏东坡一家人在惠州初步安顿下来之时,绍圣四年(1097年)四月,哲宗又下圣旨,再贬苏东坡为琼州别驾昌化军安置。琼州远在海南,"冬无炭,夏无寒泉",是一块荒僻的不毛之地。衙役们不容苏东坡做什么准备,紧急地催他上路。苏东坡只得把家属留在惠州,只身带着幼子苏过动身赴琼州。全家人送到江边,洒泪诀别。他走得如此急促,他的心情又是如此的恶劣,哪里还顾得上王郎与温超超的婚事呢?

苏东坡突然被贬海南,对温超超无疑也是晴天霹雳。她觉得自己不仅坐失一门好姻缘,还永远失去了与她崇敬的苏学士往来的机会。从此她变得郁郁寡欢,常常一人跑到苏学士在白鹤峰的旧屋前一站就是半天,渐渐她连寝食都废了,终于一病不起。临终,她还让家人去白鹤峰看看苏学士回来没有。她带着满腔的痴情,带着满腹的才学和无限的遗憾离开了这个世界。家人遵照她的遗嘱,把她安葬在白鹤峰前一个沙丘旁,坟头向着海南,她希望即使自己死了,魂灵也能看到苏学士从海南归来。

李琪

苏东坡贬谪黄州改为汝州,在黄州为苏送行的宴席上,一名久慕苏东坡的歌妓走到苏东坡面前,求他在她的披肩上题诗。苏东坡并不认识这名歌妓,但他慨然应诺,立即吩咐研墨,提笔写道:东坡四年黄州住,何事无言及李琪。至此,却停下来,与朋友继续吃饭谈笑。在座的人大为惊讶,觉得东坡的诗也不过如此。李琪走上前,请求苏东坡把诗写完。于是,苏东坡复提笔,将这首七绝的后两句一挥而就:却似西川杜工部,海棠虽好不吟诗。整首诗,音韵和谐,对李琪的赞美恰到好处。李琪,这一寂寂无名的苏粉歌妓,也因此名垂不朽。

郑容、高莹

苏东坡写有一首《减字木兰花·郑庄好客》,其词曰:

"郑庄好客，容我尊前先堕帻，落笔生风，籍籍声名不负公。高山白早，莹骨冰肤那解老，从此南徐，良夜清风月满湖。"这首词，乍一看，并无高明之处。其秘密就在每一句的开头一字。将每一句的开头一字连起来读，就是：郑容落籍，高莹从良。落籍，就是除去妓女名籍；从良，是指妓女出嫁嫁人。

原来，这是苏东坡从黄州到汝州的途中，经过润州时发生的故事。润州知州许遵为苏东坡设宴接风。官妓郑容、高莹陪侍。郑、高二人，从良之心久矣，于是，就请东坡为之向知州说情。苏东坡点头答应了，但他在酒席上却一直未提此事。两名歌妓心急如焚，临别时赶到苏东坡的船上，再次恳请。苏东坡就拿出这首《减字木兰花》交给她们，说："你们拿这首词去见知州，知州一见，便知其意。"果然，知州览词，莞尔一笑，便遂了两人落籍从良的愿望。

九尾野狐

据说，就在苏东坡即将离开杭州去密州任职之前，有一位别号"九尾野狐"的营妓向官府提出申请，以自己年老色衰为由，请求脱离营妓名籍，成为良家妇女。

营妓是古代娼妓的一种。唐宋时，娼妓是官府经营的，在唐代或隶属教坊，或隶属军营。宋代则分属"州郡"和"军营"，其身份列入另册；如想脱离娼妓名籍，可由本人提出申请。

唐宋时的娼妓可大致分为这样几种：宫妓，其主要职责是在皇家举行的各种节日庆典及盛会之类的活动上演出，并为帝王提供各种娱乐；营妓，又称为军妓，在军队为将士们提供娱乐；官妓，指的是那些列入地方官家乐籍也就是教坊（梨园），并在官府举办的各式各样活动及宴会上表演歌舞音乐的艺人；家妓，是指养在家中能歌善舞、擅长音乐杂艺的美貌女子。

由此可见，娼妓并非全是卖身的妓女，如宋朝法律明确规定，官妓只准"歌舞佐酒"，不准"私侍枕席"，出卖肉体是违法的。

苏东坡当时只是杭州的临时负责人，新领导马上就会到任，他本来完全可以把此事推给新领导处理，但他是个乐天派，喜欢开玩笑，看到这份有趣的请示后，提起笔来就批示："五日京兆，判状不难；九尾野狐，从良任便。"同意其从良的请求。这里的"五日京兆"是用了西汉京兆尹张敞的故事：因受一个案子的牵连，张敞被人弹劾，即将去职。就在这个时候，张敞命令其部下絮舜去查办一个案件。絮舜却说：你只能做五天的京兆尹了，我为什么还要听你的话？就私自回家睡觉去了。张敞非常生气，马上派人将絮舜拘押起来，说：五日京兆又怎么样？说完就把絮舜杀了（《汉书·张敞传》）。

苏东坡在这里引用这个典故是说，我虽然是个临时负责人并即将去职，但还是有权批准你的从良请求的。这个批示确实非常有趣。

更有趣的是，别号"九尾野狐"的请示刚刚批下去，差不多同样内容的另一份请示马上又递到了苏东坡这位代理官员的手上。这回提出从良嫁人请求的营妓名叫周生，是当时杭州城长得最漂亮、技艺也最佳的营妓。如果说，人老色衰的"九尾野狐"要走，苏东坡可以不留，那么，要放走色艺俱佳的周生，苏东坡就不得不认真考虑考虑了，因为周生是业务骨干，是台柱子，杭州城每次搞大型演出活动，都得靠她撑台面，这样的人才，怎么能够随便放走呢？所以苏东坡在她的请示上批道：

"慕周南之化，此意虽可嘉；空冀北之群，所请宜不允。"（欧阳修:《渑水燕谈录》卷十）

一判从良，脱离营籍；一判不允，仍操旧业。这本来就要让人笑破肚皮，更好笑的还是苏东坡在批示中引用的两个典故。"慕周南之化"典出《诗经·周南·关雎》："关关雎鸠，在河之洲；窈窕淑女，君子好逑。""空冀北之群"典出韩愈《送温处士赴河阳军序》："伯乐一过冀北之野，而马群遂空。"比喻有才能的人遇到知己而得到提拔，成语"群空冀北"就由此而来。

苏东坡巧妙地借用这两个典故，是说人生追求美好幸福的婚姻生活，精神固然可嘉；但像你这种色艺俱佳的歌舞女郎，是难得的人才，似乎不应该这么早就脱离营妓名籍、从良嫁人。所以我不能批准你的请求，请你原谅和理解。

苏东坡的批示，既幽默风趣，又合情合理；既充满人情味，又不失原则分寸。

八位得道高僧

苏东坡很有佛缘，自称"我本修行人，三世积精炼"，与东坡交情好的有名有姓高僧总数不下百人，笔者只说说以下八位高僧。

宝月大师惟简

惟简（1011—1095），字宗左，成都大慈寺住持，是苏东坡最早认识且友谊达四十年之久的"无服兄"。苏东坡父亲苏洵去世后，苏东坡兄弟将父亲收藏的书画，以及得之于凤翔的四板唐代菩萨画施舍给惟简供养。惟简表示要以自己的生命来守护这些珍贵的画作。他说:"吾眼可霍,吾足可斫,吾画不可夺!"惟简乃"以钱百万度为大阁以藏之",并画苏洵像于阁中。(苏东坡《四菩萨阁记》)。元丰三年(1080年),苏东坡被贬谪黄州后,惟简派徒孙悟清千里迢迢前来探望,并请求苏东坡为胜相院新建成的"大宝藏"作记。悟清返川时,苏东坡修书与惟简,表示自己退休后,要与惟简一起修炼佛道。信中说:"每念乡舍,神爽飞去,然近来颇常斋居养气,日觉神凝身轻。他日天恩放停,幅巾杖屦,尚可放浪于岷峨间也。知吾兄亦清健,发不白,更请自爱,晚岁为道侣也。"

绍圣二年(1095年),惟简在成都患疾亡化,当时苏东坡谪居惠州,惟简弟子法舟、法荣不远万里前来请铭,苏东坡遂作《宝月大师塔铭》,以称颂纪念。文章细述惟简的僧路历程,历数其在成都收徒传法的多般好处,最后写道:"大师宝月,古字简名,出赵郡苏,东坡之兄。自少洁斋,老而弥刚。领袖万僧,名闻四方。寿八十四,腊六十五。莹然摩尼,归真于上。锦城之尔,松柏森森。子孙如林,蔽芾其阴。"文章对宝月大师惟简领袖四川众僧、广泛传播佛法的佛教业绩,作了充分的肯定和赞扬。出于对惟简的崇敬,苏东坡写这篇铭文时,在选用纸、笔、墨方面也很是讲究。他说:"子撰《宝月塔铭》,使澄心堂纸,鼠须笔,李庭硅墨,皆一代之选也。"(见苏东坡《题所书宝门塔铭》)用当时最好的书写用具来为惟简写作塔铭,充分体现了苏东坡对惟简的恭敬和深情厚谊。

佛印大师

佛印(1032—1098),钟山金山寺住持,神宗赐金钵。传说是苏东坡上辈子的佛友来"点化"苏东坡的。佛印是苏东坡交往的僧人中最著名的大师。苏东坡和佛印之间的故事流传甚广,影响巨大。一个名士,一个禅师,同样幽默诙谐,同样睿智机智,由此演绎出了许多逸闻趣事。在文艺作品中,佛印几乎成了苏东坡众多交往僧人的形象代言人。当然,他们之间的传说故事大多为小说家言,不能完全当真。

佛印禅师,法号了元,字觉老,是宋代高僧。他从小聪明过人,三岁能诵《论语》,五岁诵诗三千首,后出家为僧。《东坡诗话》载:佛印禅师俗姓谢,名瑞卿,江西饶州人。年轻时是位秀才,由苏东坡引荐,被皇帝赐予度牒,才得以出家。这当然也是演绎传说。

在苏东坡诗文集中,苏东坡与佛印开始交往,正是佛印禅师住持庐山归宗寺、苏东坡贬官黄州之时。黄州地处长江北岸,与长江南岸的庐山,隔江相望。因此,苏东坡就时常坐船过江,与佛印禅师谈禅论道,结伴游山玩水。两人相谈甚欢,成为知己。佛印禅师于元丰五年(1082年)住持润州金山寺。元丰七年(1084年)四月上旬,苏东坡离开黄州,路过金山,前去拜望佛印,作《蒜山松林中可卜居余欲僦其地地属金山故作此诗与金山元长老》诗。苏东坡看中蒜山优美环境,有在此买田卜居,与佛印禅师比邻而居的打算。可惜这一心愿未能实现。苏东坡与佛印友情深厚,相交到老。据统计,苏东坡文集中涉及给佛印的书信共十五封,诗五首,文章六篇。在苏东坡交往的僧人中,诗文往来数量仅次于诗僧道潜。

《宋稗类抄》记载:东坡在惠州,佛印在江浙,以地远无人致书。有道人卓契者,慨然曰:"惠州不在天上,行即到矣。"因请书以行。印即致书云:"子瞻中大科,登金门,上玉堂,远放寂寞之滨,权臣忌子瞻为宰相耳!人生一世间,如白驹之过隙,三二十年功名富贵,转盼成空。何不一笔勾断,寻取自家本来面目?"佛印禅师的书信无异于当头棒喝,令人猛醒。他鼓励苏东坡看破红尘,认识自己,见性成佛。晚年苏东坡在困苦中反思,佛在他心目中也许从来没有像现在这样如此亲近。

还有两则小故事。

有一次,苏东坡和佛印和尚在林中打坐,日移竹影,一片寂然,很久了,佛印对苏东坡说:"观君坐姿,酷似佛。"苏东坡心中欢喜,看到佛印的褐色袈裟拖在地上,对佛印说:"上人坐姿,活像牛粪。"佛印和尚微笑而已。苏东坡心想这回让佛印和尚吃了一记闷亏,暗暗得意,禁不住悄悄告诉苏小妹,想不到苏小妹却说:"兄长你输了,试想佛印以佛心看你似佛,而你又是以什么心来看佛印呢?"听苏小妹一说,苏东坡恍然大悟,自愧不如。

还有一次,苏东坡觉得自己修禅大有进步,立即提笔赋诗一首,派遣书童送给佛印和尚看。诗云:"稽首天中天,毫光照大千,八风吹不动,端坐紫金莲"。诗中所谓的"八风",是佛家总结的人生容易执着的八种东西,即"称"(称颂赞美)、"讥"(羞辱谩骂)、"毁"(诋毁污蔑)、"誉"(荣誉褒奖)、"利"(切身利益)、"衰"(颓丧衰败)、"苦"(烦恼痛苦)和"乐"(愉悦欢乐)。

佛印和尚看了诗,批了两个字,就叫书童带回去。苏东坡以为佛印和尚一定会赞赏自己修行参禅的境界,急忙打开批示,一看,只见上面只有两个字:放屁。苏东坡气坏了,乘船过江找佛印和尚理论。没想到佛印和尚早站在江边等待了。苏东坡气呼呼地说:"禅师!我一直拿你当好朋友。我的修行,你不赞赏也就罢了，怎可骂人呢？"

佛印和尚若无其事地说："骂你什么呀？"苏东坡把诗上批的"放屁"两字拿给佛印和尚看。佛印和尚哈哈大笑："哦！你不是说自己'八风吹不动'吗？怎么'一屁打过江'了呢？"苏东坡惭愧不已。

辩才法师

辩才（1011—1091），杭州上天竺住持，后居龙井寿圣院。辩才法师无疑是苏东坡心目中最具神奇法力的僧人。苏东坡次子苏迨出生后就羸弱多病，长着一个大大的头，到四岁都还不能走路，要靠大人抱或背负，多方治疗也未见大效，令人忧心焦急。苏东坡出任杭州通判，他与杭州上天竺寺的辩才法师结为忘年之交。辩才法师为苏迨祈祷、按摩，苏迨很快就能走路了。这次亲身经历证明了佛力广大，佛法无边，而辩才法师就更让苏东坡佩服得五体投地了。

元祐四年（1089年），苏东坡离开杭州十五年后，又回到杭州担任知州。此时，辩才法师已退居龙井寺，每日却仍然要接应来客，不胜其苦，他不得不立下规约："殿上闲话，最久不过三炷香；山门送客，最远不过虎溪。"虎溪即龙井水流下的一条小溪，因溪中有巨石如伏虎，故名。苏东坡的归来，让辩才十分欣喜，两人常相欢聚。一天，辩才送别来访的苏东坡，两人一路谈笑，不知不觉过了溪上的归隐桥，左右随从急忙提醒。辩才这才发觉自己破了送客不过虎溪的规矩，两人相顾大笑。辩才说："杜甫诗中不是说过：'与子成二老，来往亦风流。'我们多走一段路，值得！"苏东坡十分感动，以诗记之。这故事也就成为流传千古的佳话。

辩才法师是浙江临安人，十八岁入灵隐天竺寺，师从灵隐寺住持慈云大师。辩才法师佛教造诣日精，道行高深，名震吴越。不过，现在的人们纪念辩才法师，却并非因其佛教修为。辩才法师晚年在杭州西湖老龙井隐居，据说是他为苏东坡这僧外道友加茶友率先在狮峰山麓开山种茶，遂被人尊为"龙井茶鼻祖"，受到后人供奉朝拜。这实在是无心插柳，令人唏嘘不已。

继莲大师

继莲生卒不详，黄州定国寺住持。继莲大师是一位素养很高的僧人。作为僧首，在僧众中有很高的威望。在他任僧首七年时，就得到皇上钦赐袈裟。又过了七年，他获得皇上亲赐法号。这本是极大的荣誉，但他始终没有接受。众僧老都劝他接受，他却笑着说："知足不辱，知止不殆。"这使苏东坡感到震惊。面对继莲大师的淡然处世，苏东坡联想到自己入仕林而不免随波逐流，追逐功利，自觉惭愧。他从继莲身上看到了自己从前在官场上从未见过的一种品质，那就是淡泊名利、超然于物外的精神。从此，安国寺成了苏东坡的净土。特别是他与继莲大师进行了一次次长谈后，其心境发生了极大的变化。随后，他每隔一两天，就去安国寺焚香默坐，旦往而暮还，接受佛家思想的洗礼，开始了他"归诚佛僧，求一洗之"的生活。继莲成了苏东坡礼佛的引路人。

道潜诗僧

道潜（1043—1106），号参寥子，俗姓何，浙江临安于潜人。北宋著名的诗僧，在诗坛享有盛名。苏东坡说他"诗句清绝,可与林逋相上下,而通了道义,见之令人萧然"。(苏东坡《与文与可》)。

元丰元年(1078年),苏东坡于徐州(古称彭城)初次结识道潜。道潜《访彭门太守苏子瞻学士》诗云:"彭门千里不惮远,秋风匹马吾能征。"苏东坡任职湖州时,又与之交游。

苏东坡遭贬谪居黄州后,道潜跟随相从,居留黄州一年多时间。绍圣四年(1097年),苏东坡贬居海南,道潜打算渡海相随,苏东坡写诗劝阻。由于他和苏东坡关系亲密,道潜也受到牵连,被治罪还俗。到了建中靖国元年(1101年),道潜才平反昭雪,受诏复还,仍削发为僧。崇宁三年(1104年)道潜被皇帝赐号"妙总大师",有《参寥子集》。

苏东坡与道潜之间同样流传着许多有趣的故事。据赵令畤《侯鲭录》记载,苏东坡在徐州做知州时,道潜前往拜访。一日,宾朋同僚聚会,苏东坡当众说:"今天参寥不留下点笔墨,令人不可不恼。"遂遣官妓马盼盼施展姿色,持纸笔央求道潜作诗。道潜面对这位风姿绰约的美人,诗兴大发,当即口占一诗:"多谢尊前窈窕娘,好将幽梦恼襄王。禅心已作沾泥絮,肯逐春风上下狂?"苏东坡见之大喜曰:"我尝见柳絮落泥中,私谓可以入诗,偶未曾收拾,遂为此人所先,可惜也。"道潜也因此诗名大盛。两人以诗相交,引为知己,保持了二十多年的深厚友谊。苏东坡的诗词富含禅机哲理,这和他与道潜这样的诗僧交往切磋,透彻禅理,互为影响是密不可分的。

苏东坡评论道潜:"身寒而道富,辩于文而讷于口,外尫柔而中健武,与人无竞而好刺讥朋友之过,枯形灰心而喜为感时玩物、不能忘情之语"(苏东坡《参寥子真赞》)。寥寥数语,就刻画出诗僧道潜鲜明的个性形象。由此也可见两人惺惺相惜的知己之情。

明老和尚

明老和尚生卒不详。元符三年（1100年），宋哲宗卒，徽宗登基，流放海南的苏东坡终于遇赦北还。苏东坡做梦也没有想到，自己还能活着重回大陆。归途中，他拜谒了广东韶关曹溪南华寺，与住持明老和尚一见如故，受到热情款待。南华寺是中国佛教名寺，是禅宗六祖惠能弘扬"南宗禅法"的发源地。白发苍苍的苏东坡在这里见到了六祖的漆储真身。他在祖师面前顶礼膜拜，不禁老泪纵横。苏东坡感慨万千，写下《南华寺》诗："云何见祖师，要识本来面。亭亭塔中人，问我何所见？可怜明上座，万法了一电。饮水既自知，指月无复眩。我本修行人，三世积精炼。中间一念失，受此百年谴。抠衣礼真相，感动泪雨霰。借师锡端泉，洗我绮语砚。"

此刻在南华寺，苏东坡似乎认清了自己的"本来面目"，一生修为，颠沛流离，冷暖自知。自己沉迷宦海，虽名冠天下，到头来，失去了什么，又得到了什么？他感觉自己前生三世本是佛门中人，只可惜一念之差，落入尘世，招来了这一生的忧患。今天，自己要用这曹溪祖庭的清泉，洗尽心中对浮世荣华的贪恋。

《南华寺》诗句平淡无奇，可视为老诗人身处佛教庄严气氛下的感慨呓语。但苏东坡在诗中承认自己是转世的修行人，给人留下无限的想象空间。

其实，苏东坡还是那个苏东坡，苏东坡终究还是一个彻头彻尾的读书人。这从他的《南华长老题名记》可以看出。南华寺住持明老和尚与苏东坡相识后，请求他为南华寺题名作记。

这一次，苏东坡虽没有像年轻时写作《中和胜相院记》那样"辟佛"，然而他却说住持明老和尚"不知者以为逃儒归佛，不知其犹儒也。"在苏东坡眼中，虔诚的佛教徒明长老居然还是一个儒者。也不知明长老读了《南华长老题名记》心中是何滋味，但苏东坡肯定是以儒家正统自居的，他在文章中的结论是"儒释不谋而同者，以为记。"《南华长老题名记》写作时间是建中靖国元年（1101年）正月，当年八月苏东坡卒于常州。

常悟大师

常悟生卒不详，原是灵隐寺住持，后选任径山寺住持，是苏东坡改革寺院住持的径山第一任住持。径山禅寺按照"祖师之约"只许担任住持的师父直接传给徒弟，是所谓"甲乙住持"寺院（或称甲乙徒弟院）。这种传承方式让径山禅寺陋习多多，止步不前。苏东坡知杭州时，废除此约，采用"十方制"，从杭州各地寺庙的僧人中选拔优秀的人担任径山寺住持。常悟就是通过选拔任径山寺住持的。

维琳大师

维琳（1036—1117），号无畏，是十方制改革后的第七任径山寺住持。维琳与苏东坡的交情长达四十年。苏东坡从海南北归，身患大病，住在置有田产的常州，写信给维琳说："某卧病五十日，日以增剧，已颓然待尽矣。……不审比来眠食何似？某扶行不过数步，亦不能久坐，老师能相对卧谈少顷否？"表明苏东坡对维琳感情之厚，思念之深。在另一封信中说："某岭海万里不死，而归宿田里，遂有不起之忧，岂非命也夫？然死生亦细故尔，无足道者，惟为佛为法为众生自重。"在生死的最后关头，他既以"为佛为法为众生"自勉，也似乎是在勉励老友维琳。苏东坡在他病入膏肓时写信请维琳来身边，陪伴东坡走完人生路足以体现他俩的情义。

九位肝胆相照的知己

据统计，苏东坡一生交往的人多达一千二百多人，各行各业、各个层次的朋友都有，"上可以陪玉皇大帝，下可以陪卑田院乞儿"。现介绍主要的九位知己：

前辈恩师欧阳修

欧阳修（1007—1072），字永叔，号醉翁、六一居士。北宋政治家、文学家。欧阳修是北宋文坛的盟主，他善于团结和奖掖人才，"三苏"即出自他的门下，而苏东坡得其教诲尤多。苏东坡对欧阳修的思想和精神作了继承和弘扬，并继欧阳修之后成为北宋诗文革新运动的又一领袖。苏东坡对这位恩师始终怀有深挚的感戴之情。他们不同寻常的师生情缘，足令后人动容。

欧阳修发现苏东坡的故事，也是一段文坛佳话。嘉祐二年（1057年），欧阳修出任知贡举，担任这一年礼部省试的主考官。策论一场，欧阳修出题《刑赏忠厚之至论》，点检试卷官梅尧臣批阅试卷时，发现其中一篇特别精彩，颇具"孟轲之风"，随即呈给欧阳修阅。欧阳修读后，眼睛一亮，觉得无论文采和观点，都堪当压卷之作，可以毫无争议地列为第一。但欧阳修的"入室弟子"曾巩也参加了这场会试，由于采用糊名法，文章属于谁，不得而知，欧阳修猜想这篇文章应该是曾巩所写,担心把自己的弟子列为第一会遭人闲话,便与梅尧臣商量将此文考生列为第二。复试时,欧阳修又见到一篇《春秋对义》,赞叹之余,便毫不犹豫地将此考生列为复试第一名,确定为会元。发榜时,欧阳修才知道,初试、复试给他留下深刻印象的两篇文章,均出自苏东坡之手,让他惊叹不已。后来,他在给梅尧臣的信中盛赞苏东坡的文才说:"读轼书,不觉汗出,快哉快哉!老夫当避路,放他出人头地也。"看到后生才情勃发,年过五十的欧阳修竟然兴奋得像孩童一般,信誓旦旦地要为苏东坡出人头地开山避路,爱才之情,溢于言表。"出人头地"这成语是欧阳修赠苏东坡的,其意沿用至今。

政治上的对手、文学上的挚友:王安石

王安石(1021—1086)字介甫,号半山。北宋著名政治家、文学家。苏东坡与王安石,因为在朝辅政意识形态及文学风格的迥然不同,导致个人是非恩怨不断。所谓文人相轻,苏王尤烈。好在二人在晚年能握手言和,缘于最终在仕途的共同失意之中而能更清醒、客观地看待对方的长处,由此而能包容对方的不足,进而认识自身、明心见性。二人的生平经历、思想起伏展现了封建社会典型的士大夫阶层之悲壮风情。

一次,在朝上苏东坡对王安石说:"鸠字九鸟,君可知道有何典故?"王安石信以为真,欣然请教。苏东坡得意道:"《诗经》上说:'鸣鸠在桑,其子七兮'……"王安石不解而问:"分明七只鸟,怎能说是'九鸟'呢?"苏东坡回答道:"七只小鸟加上它们的父母,不就是'九鸟'吗?"如此玩笑使得王安石十分尴尬,因苏轻薄自己而拂袖离去。

又一次,苏东坡去拜访王安石,恰逢王安石睡觉,苏东坡

见书桌上有两句王安石的《咏菊》诗:"西风昨夜过园林,吹落黄花满地金。"苏东坡认为菊花最终枯焦而不落瓣,便依韵续诗两句:"秋花不比春花落,说与诗人仔细吟。"后苏东坡被贬黄州时,看到秋风中吹落的满地菊花才明白是自己未实证而想当然了。

又有一次,苏东坡见王安石的诗曰:"明月当空叫,五狗卧花心。"苏东坡认为王缺乏知识,于是信手改成:"明月当空照,五狗卧花阴"。后来苏东坡被贬到海南儋州时方知当地有一种叫"明月"的鸟,和一种叫"五狗卧"的花,他才恍然大悟,更加崇拜王安石的博学见识。

苏东坡和王安石虽相互排斥、相互贬低,但毕竟以文斗为主。随着时光的流逝,二人最终在政坛失意后,清醒地认为是自身的嫉妒心造成二人争斗的主因。

在政见方面,王安石认为苏东坡是盖世英才,一代忠臣。当苏东坡遭遇"乌台诗案"被定罪候斩、性命危在旦夕时,满朝官员无一为苏东坡求情,而王安石听说后从江宁上书神宗"安有圣世而杀才士乎"。

苏东坡对王安石的文章、学问及超人见解、办事果断等非常佩服,曾称王安石所撰的《英宗实录》为本朝史书中写得最好的。苏东坡于元丰七年(1084年)途经江宁,深为《字说》一事当面讥笑王安石而感到内疚,专程拜访王安石以消除多年的隔阂。已经下野闲居的王安石,听说东坡到了江宁后,也是马上披蓑衣戴斗笠,骑一头瘦驴,风尘仆仆地赶到渡口去会苏东坡。苏东坡在江宁数日,两人多次作诗唱和。苏东坡有诗赞王安石:"万绿丛中一点红,动人春色不须多。"王安石送走苏东坡后对人说:"不知更有几百年,方有如此人物!"

隐士加资助者陈季常

陈季常生卒不详,号方山子,别号龙丘居士,四川眉山人。成语"河东狮吼"的典故即出自陈季常和其妻子柳月娥的故事。北宋元丰三年(1080年),苏东坡被贬黄州,慕名造访陈季常,见陈季常的妻子柳月娥如此厉害,就作诗戏他:"龙丘居士也可怜,谈空说有夜不眠。忽闻河东狮子吼,拄杖落手心茫然。"河东是古郡名,柳姓是河东望族。陈季常好谈佛,狮子吼一语来源于佛教,意指"如来正声",佛教经典称"狮子吼则百兽伏",所以佛家用狮子吼来比喻佛祖讲经声震寰宇的威严。所以苏东坡这么写。从此"河东狮吼"就比喻凶悍的妇人。后广为传播,成了成语。"河东狮吼"是形容妻子的凶悍,而"季常之癖"则用来指代怕太太的人,两个成语的意思是一样的。

苏东坡被贬惠州时,已接近花甲之年,身体状况堪忧。陈季常听闻后,忧心如焚,立即远寄书信,告知去惠州探望。陈确实是个非常有胆量的人。在当时苏东坡被贬惠州和儋州之时,朝廷下令将苏东坡、黄庭坚、秦观等人的文字一概禁绝,不准流通,哪怕家中旧藏的也要毁掉。这其实是一次文字狱,牵连很广。陈季常在这样的情况下,却主持、刊刻了苏东坡的《苏尚书诗集》。当时黄庭坚也在贬谪中,听到这个消息,还专门写了一封信到黄州索要这本书。这也说明苏东坡结交者,都是有胆有识、不畏权贵的人中豪杰。

手足之情的黄州知州徐君猷

话说苏东坡被贬黄州团练副使,没有签发公文的权力,俸禄非常少,不足以养活全家。后来,他购地建房,躬耕自足,日子慢慢好过起来。这一切,都少不了当时的黄州知州徐君猷的功劳。

徐君猷这个人,史料记载不多,只是从苏东坡的词作中可以探得两人交往的情景。综合苏东坡诗词文中的徐君猷,基本可以知道:徐君猷是东海人,富有学问,厌金钱富贵,不喝酒,做过两年多的黄州行政长官。执政黄州期间,政绩斐然,把黄州治理得井井有条,倡导淳朴的民风,教导官吏奉公守法,深受百姓爱戴。

元丰三年(1080年)初,苏东坡一家来到黄州,黄州知州徐君猷给苏临皋亭安生,帮助在惠安院建雪堂安家,借苏惠安院东边五十亩军垦土地耕种养家,使苏有了家的温暖,开始重新生活。每逢端午、重阳等节日,徐知州便邀请苏东坡一同饮宴,两人经常诗酒唱和。

> 银塘朱槛麹(qū)尘波,圆绿卷新荷。兰条荐浴,菖花酿酒,天气尚清和。好将沉醉酬佳节,十分酒、一分歌。狱草烟深,讼庭人悄,无吝宴游过。

《少年游·端午赠黄守徐君猷》

这首《少年游》作于宋神宗元丰四年(1081年)五月。上片,写端午时节,黄州一派清新升平气象。下片,写苏东坡与徐君猷一起欢度端午节日。全词借景抒情,名为写端午酬节风俗,欣赏五月自然风光,实是借题发挥,歌颂徐君猷的善施政德,使民安乐的功绩,表露苏东坡自己的忠君爱国忧民的愿望。

黄州城南有安国寺,寺里竹丛之中有座和尚修建的小亭。苏东坡和徐知州每每闲暇之时,便相约来安国寺,坐到小亭里,说古论今，甚为惬意。元丰五年（1082年）重阳节前后，徐君猷要离开黄州赴湖南上任，安国寺僧首继莲特请苏东坡为他们常聚坐的安国寺竹间亭取个名字，并题额留念。苏东坡觉得遭贬谪来到黄州后，时时得到知州照顾，先借他临皋亭安身，又拨给他土地养家，还经常请他喝酒品茶，而且知州为官清廉，有益乡间，苏东坡便给竹间亭取名为"遗爱亭"，还写了《遗爱亭记》。在文中，苏东坡称赞了徐君猷在黄州的政绩："东海徐公君猷，以朝散郎为黄州，未尝怒也，而民不犯；未尝察也，而吏不欺；终日无事，啸咏而已。"

可惜，徐君猷离开黄州到湖南任上不久，就离开了人世，苏东坡还写了一篇挽词："一舸南游遂不归，清江赤壁照人悲。请看行路无从涕，尽是当年不忍欺。雪后独来栽柳处，竹间行复采茶时。山城散尽樽前客，旧恨新愁只自知。"《徐君猷挽词》

雪中送炭的君子巢谷

巢谷（1027—1099），苏东坡的同乡，是位奇侠般的人物。年轻时中过进士，但他不慕名利，专好行侠仗义。曾在黄州帮助苏东坡耕地建屋教子，悠游林下，与苏东坡关系十分密切。

元祐年间，苏东坡、苏辙如日中天，身居高位，巢谷不仅没有求朋友举荐，反而回到故乡眉山。而当他得知苏东坡远谪岭海时，以七十三岁的高龄，拖着瘦弱多病的身体，毅然从四川赴岭南。

四川与岭南远隔一千七百多公里，马车往往需要辗转数月，何况徒步，更何况蜀道艰难。巢谷历尽千辛万苦，先到了梅州，见到苏辙。苏辙大为感慨，说您不是今时之人，而是古人。他还要去海南，苏辙劝阻，认为他年岁太大。巢谷执意要去，舟行到新会,当地的土贼偷走了他的行装。后来听说土贼在新州被抓获,巢谷又连忙赶到新州,想追回仅有的一点儿盘缠,终因旅途劳顿,一病不起,客死他乡。

苏东坡北归途中听到这一消息,悲伤不已,写信告知眉山老家的杨济甫,资助巢谷的儿子巢蒙远来迎丧,并委托地方长官代为安排护送灵柩。一个古稀老翁,步行三千里,最终因此丧命,只是为了探望苏东坡,这就叫千里情牵。

相知相契的文友文同

文同(1018—1079),字与可,是苏东坡的表哥,北宋的著名画家,四川梓潼县人,自号笑笑先生,人称石室先生。苏东坡与文同的交谊深刻持久。虽然苏东坡与文同相见之日屈指可数,但两人通过诗词唱和、书信来往,保持着紧密的联系。文同去世后,苏东坡仍一如既往地深切怀念着他。

苏东坡与文同的交谊源于苏东坡的父亲苏洵。嘉祐五年(1060年),苏洵在京城任试校书郎,与文同共事。英宗治平元年(1064年),苏东坡在凤翔府任节度判官,初次与文同见面。两人一见如故,从此开始了相知相契的深厚情谊。

苏东坡与文同虽然年纪相差了十几岁,却性情相投,堪称莫逆之交。文同襟怀洒落,高远潇洒。东坡尝云:"与可之文,其德之糟粕;与可之诗,其文之毫末。诗不能尽,溢而为书,变而为画,皆诗之余。"

文同特别擅长画竹子。为了画好竹子,他在自家屋前屋后种了各式各样的竹子,经过长时间观察后,竹之形、竹之韵,已了然于胸。他凝神注目于竹林的同时,常常不能自已地奋笔挥洒,手上兔起鹘落,笔下风韵楚楚,其身已与万竹同化。落日熔金，暮云合璧，眼前的潇潇翠竹渐渐掩映于溶溶的月色之中，那黑色的斑驳的竹影显得分外简单而深邃，比之多色彩的白昼更让他觉得充实与丰富，刹那间领悟了画竹的真谛，以"淡墨挥扫"来代替"丹青朱黄铅粉之工"。这样的墨竹本于自然而超乎自然，当然更富潇洒之姿，逼檀栾之秀。文同画竹时，都先在心里将竹子的概图布局妥善后，即"振笔直书，追其所见"，栩栩如生的竹子，弹指间就浮现在眼前了。当时诗人晁补之曾说："与可画竹，胸中有成竹。"

文同任洋州（今陕西洋县）知州时，别人都觉得那里是穷乡僻壤，但文同却十分惬意于此地，因为这里满山满谷都是竹林。一日，文同与夫人同去观竹，晚饭仅有竹笋下饭。正吃时，收到东坡信札。东坡除了照例嘘寒问暖外，还附了一诗："汉川修竹贱如蓬，斤斧何曾赦箨龙。料得清贫馋太守，渭川千亩在胸中。"文同读罢诗句，忍俊不禁，放怀大笑，喷饭满桌。有如此亲家，"清贫太守"倍感生活的滋润。他经常坦言："世无知己者，唯子瞻识吾妙处。"

苏东坡觉得文同的墨竹深得物理，能够"厌于人意"而纯任自然，所以"合于天造"，他自信对文同知之甚深，所谓"举世知珍之，赏会独余最"。同样，文同亦将东坡引为毕生知己，每完成一幅新作，便叮嘱："勿使他人书字，待苏子瞻来，令作诗其侧。"

熙宁元年（1068年），文同因老母去世，解官回家乡永泰服母丧，每日只能靠读书、写字、作画、睡觉来打发时光。秋天，文同在家居东偏的空岩前，营造了一栋宽敞漂亮的房屋，作为书房兼画室，命名为"墨君堂"。墨君即墨竹。东晋名士王子猷（王徽之）居皆种竹，称竹为君，尝言"不可一日无此君"。文同比王子猷更进一层,他一生爱竹、种竹、咏竹、画竹,以竹为友,达到了"其身与竹化"的地步。他称墨竹为"墨君",并"作堂以居君"。"墨君堂"寄托着文同的精神理念,是他以竹发妙、画如其人风格的具体表现。苏东坡为之作《墨君堂记》。苏东坡拟竹为人,借题发挥,淋漓尽致地阐述了文同与"竹君"的关系。整篇文章如行云流水,妙论横生。"得志遂茂而不骄,不得志瘁瘠而不辱。群居不倚。"

元丰二年(1079年)一月,文同改知湖州知州,二十一日病逝于赴任途中的陈州(今河南淮阳)驿舍。苏东坡得知噩耗,悲痛欲绝,"气噎悒而填胸",接连三日,"夜不眠而坐喟,梦相从而惊觉,满茵席之濡泪",挥泪写下了《祭文与可文》。同年7月,苏东坡在湖州将收藏的名画拿到院子里去晾晒。看到了文同的《筼筜谷偃竹》,禁不住泪如泉涌,心潮起伏,见物生情,含悲写下了那篇情文并茂、流传千古、别具一格的《文与可画筼筜谷偃竹记》:

> 与可画竹,初不自贵重,四方之人持缣素而请者,足相蹑于其门。与可厌之,投诸地而骂曰:"吾将以为袜材。"士大夫传之,以为口实。及与可自洋州还,而余为徐州。与可以书遗余曰:"近语士大夫,吾墨竹一派,近在彭城,可往求之。袜材当萃于子矣。"书尾复写一诗,其略云:"拟将一段鹅溪绢,扫取寒梢万尺长。"予谓与可,竹长万尺,当用绢二百五十匹,知公倦于笔砚,愿得此绢而已。与可无以答,则曰:"吾言妄矣,世岂有万尺竹哉!"余因而实之,答其诗曰:"世间亦有千寻竹,月落庭空影许长。"与可笑曰:"苏子辩矣,然二百五十匹,吾将买田而归老

焉。"因以所画筼筜谷偃竹遗予，曰："此竹数尺耳，而有万尺之势。"筼筜谷在洋州，与可尝令予作洋州三十咏，《筼筜谷》其一也。予诗云："汉川修竹贱如蓬，斤斧何曾赦箨龙。料得清贫馋太守，渭滨千亩在胸中。"与可是日与其妻游谷中，烧笋晚食，发函得诗，失笑喷饭满案。

元丰二年正月二十日，与可没于陈州。是岁七月七日，予在湖州曝书画，见此竹废卷而哭失声。昔曹孟德《祭桥公文》，有"车过""腹痛"之语。而予亦载与可畴昔戏笑之言者，以见与可于予亲厚无间如此也。

这篇题画记通过对画竹相关的绘画理论的阐述和对往昔赠诗为乐的往事的描述，表现了作者对文同的真挚情谊，表达了苏东坡对文同的深切悼念之情。

苏东坡与文同情深谊厚，但相见时日不多，他们主要以书信往来、诗文唱和来表达。据统计，文同有关苏东坡的诗文有十九首（篇），苏东坡有关文同的诗文有七十九首（篇）。两人从初识到交往甚密，时间长达十五年之久，他是苏东坡一生中交往时间较长、诗文往来较多的友人。

莫逆之交章惇

章惇（1035—1105），字子厚，福建人。章比苏东坡大两岁，他们同在嘉祐二年（1057年）参加科举考试。章很牛，第一次考试他考得不是最好，中进士但没名列前茅，一股不服输的牛劲逼得他两年后重考，结果，又考中了，还得了个甲等。这才心满意足地做官去了。

那个时候，苏东坡与章惇都很年轻，彼此惺惺相惜，相交甚欢，成为莫逆之交。苏东坡和章惇同为凤翔官，一起游玩南山诸寺，到达仙游潭，下临绝壁万仞，岸很狭窄，横木架桥。章惇推苏东坡过潭书壁，苏东坡不敢过去。章惇平步而过，用索挂着树，蹑之上下，神色不动，用漆墨濡笔大书石壁说："章惇、苏东坡来游。"苏东坡抚摸章惇的背说："您一定能杀人。"章惇说："为什么啊？"苏东坡说："能够自己拼命的人，能杀人啊。"章惇大笑。

苏东坡后来在给章惇的信中回忆说：我第一次见到你就惊呆了，逢人便说"子厚奇伟绝世，自是一代异人，至于功名将相乃其余事"。

苏东坡的性子很直，一辈子学不会阿谀奉承，他这样捧章惇是由衷的，发自内心的。入世愈深，两人的政治见解分歧愈大。苏东坡入了司马光阵营，是旧党。章惇是王安石的铁粉，属新党。两人的友谊小船面临考验。

朋友如衣服，功名如手足。苏东坡很快体验到了。"乌台诗案"发生时，许多人再见苏东坡跟见了瘟神一样，避之唯恐不及。苏东坡也很"识相"，主动切断了与他人的来往，"虽骨肉至亲，未肯有一字往来"。

章惇的表现，却绝对对得起他们的友谊。他不仅不畏闲言冷语，写信抚慰苏东坡，还给予苏东坡诸多帮助，解其困急。宰相王珪多次拿苏东坡诗中的"蛰龙"二字出来（《咏桧》：凛然相对敢相欺？直干凌空未要奇。根到九泉无曲处，岁寒恐有蛰龙知），挑唆宋神宗治苏东坡"不臣"之罪。章惇据理力争，还指责王珪："你是想使别人整个家族倾覆吗？"王珪辩称："我不过是转述舒亶的话罢了。"章惇讥讽："舒亶的唾沫你也吃？"章惇的友情相助让苏东坡感动得稀里哗啦。在下狱、初次流放的日子里,他屡屡感慨世态炎凉:那些当年捧杀你的人,在你落难时是不会为你哭上一声的,而章惇真是世俗中的一股清流。

到了绍圣元年(1095年),章惇拜相,达到个人仕途的顶峰。新旧之争致使章惇欲置苏东坡于死地。短短两年内,将苏东坡一贬再贬:先贬惠州,当苏东坡的"日啖荔枝三百颗,不辞长作岭南人"传到章手上时,章觉得东坡到了惠州还如此逍遥,于是将他再贬儋州。

为朋友两肋插刀,为功名插朋友两刀。当年苏东坡眼中的那股清流,早已与世俗合污,成了泥石流向他涌来。宋徽宗上位后,轮到章惇倒霉。章惇被贬到了雷州,差一点也要过海了。

劫后余生的苏东坡则表现出气量。章惇让其子送一忏悔书给苏东坡,苏见后让章惇之子章援转告其父保重身体。苏东坡还说:"虽中间出处稍异,交情固无所增损也。"苏东坡至死都承认并怀念他与章惇的友情。至于两人的政见分歧,曾经的倾轧迫害,通通轻描淡写。这些和朋友比起来,都不重要。相逢一笑泯恩仇,只是他们没有机会再相逢了。章惇被贬雷州大约半年后,苏东坡在常州去世。

终生密友王巩

王巩(1048—1117),字定国,自号清虚先生。出身名门,祖父王旦、父亲王素都是高官。他又是苏东坡恩师张方平的女婿。但是就算背景这么硬,王巩还是一生非显非达。这与他为人比较冲,说话太直有关。反正每次机会来了,新官上任,屁股还没坐热,大宋的言官们就拿他开刀。王巩如此落魄,苏东坡其实负有部分责任。

"乌台诗案"中,遭受处罚的总计二十四人,其中最惨的就是王巩，追其原因是通风报信。事主苏东坡才被贬到黄州（今湖北黄冈）而已，而他只是受牵连，竟一下子被贬到了宾州（今广西宾阳）。

苏东坡对此十分心痛，满怀抱歉地说，王巩"为某所累尤深，流落荒服，亲爱隔阔。每念至此，觉心肺间便有汤火芒刺"。苏东坡一开始担心王巩对他心有怨恨，一直不敢给他写信。没想到，王巩压根儿不在意，更无怨恨。到宾州后，他主动给苏东坡写了信，对牵累之事只字不提，尽管在流放的日子里，他经历了两次丧子之痛，本人也大病一场，差点客死他乡。苏东坡恨自己小人之心，对这个朋友的了解远远不够。

患难见真情，生死定知交。两人的友情由此上升到了新阶段。此后，从黄州一直到惠州，宦海沉浮，苏东坡与王巩的联系未曾断绝。

苏东坡的豁达乐天，肯定受了王巩的影响。他以刚强的面目示人，却时不时在给王巩的信中吐槽流放生涯的各种不如意，末了不忘加上一句："勿说与人，但欲老弟知其略尔。"这显然是密友间的"私房话"了。正因为两人关系非同一般，苏东坡也才会直指王巩的隐（缺）私（点），让他注意点儿。

王巩好女色。苏东坡说，女人是狐狸精，希望老弟以道眼看破。这还不过瘾，苏东坡还在信中像唐僧一样碎碎念，说你就把我这封信当座右铭制止欲念吧。总之，唠叨起来，没完没了。不是掏心掏肺的朋友，不会如此再三说对方的私生活。

王巩后来说："平生交游，十年升沉，惟子瞻为耐久。""耐久"两字用得妙极了。我们可以想象两人友情的保鲜期很长，长到终生质保；也可以想象苏东坡不厌其烦，反反复复规劝好友的样子。有研究者统计苏东坡一生中与人交游的频率，发现高居榜首的正是王巩。

> 常羡人间琢玉郎，天应乞与点酥娘。尽道清歌传皓齿，风起，雪飞炎海变清凉。万里归来颜愈少，微笑，笑时犹带岭梅香。试问岭南应不好，却道：此心安处是吾乡。
>
> 《定风波·南海归赠王定国侍人寓娘》

这首词是苏东坡赠给王巩的侍妾柔奴的。苏东坡在惠州有王朝云红袖添香，王巩在宾州也有歌妓柔奴不离不弃。"万里归来颜愈少"既是写柔奴的青春美丽，也是借此赞美王巩不忘初心、随遇而安的心态。最后曲折地反问，岭南这样的蛮荒之地好不好呢？只要心态好，便一切都好。"此心安处是吾乡"这句话对苏东坡的影响深远，此后的岁月和颠沛流离之中，苏东坡真正体现出随遇而安的旷达和超然。

人生得遇王巩，苏东坡足矣。反过来，王巩得遇苏东坡，亦是如此。

民间友人吴复古

吴复古（1004—1101），字子野，是苏东坡所交挚友中的布衣之士。他俩交往时间之长、友谊之深、过从之密，成为千古佳话。

吴复古清逸成性，淡薄功名，熙宁元年（1068年）以"孝养"为由，上表辞去皇宫教授之职。宋神宗嘉许其孝心，又知其志在山水，准其所请，特赐号"远游先生"。

吴复古名气很大，名列潮州唐宋八贤。八贤之中，只有他是辞官不做的怪人。他的扬名，固然因其有过人的文才、特殊的事迹,大半却是因为他与苏东坡的交情。

吴复古熙宁元年辞官归家时年已六十五岁,苏东坡时年方三十出头,在文坛上虽崭露头角,但任职史馆,位卑权小,对公卿鸿儒争相交往的知名人士吴复古慕名而未有机会结交。直至熙宁十年(1077年)一月,苏东坡自密州任职改任徐州,经青州赴济南,才有机会与吴复古首次见面。

苏东坡宦途坎坷,漂泊四方,而且身不由己,自然是吴复古前往探望苏东坡,表现出一种患难相交的珍贵友情。

元丰六年(1083年),吴复古赴黄州探询苏东坡。

元祐八年(1093年),一度复出的苏东坡外调出任定州知州,行前,吴复古赴京再会苏东坡。第二年,苏东坡转任英州知州,将长途跋涉到岭南赴任;吴复古闻讯,赶到真定、扬州与苏东坡作别。

绍圣三年(1096年),吴复古往惠州访苏东坡,一住逾三月,过从更加密切,曾一道"游逍遥堂,日欲没,因并西山叩罗浮道院,至已二鼓矣,遂宿于西堂"。苏东坡还为吴复古之麻田寺题"远游庵",为寺桥题"复古桥"。当时,吴复古在麻田寺当住持僧,麻田山下是直浦都,濒临榕江,溪涧密布,民众往来不便,遂倡建桥,以利民众,苏东坡深表赞同,亲笔题写"复古桥"三字。如今,当地的民众见到复古桥,就会想起当年吴复古与苏东坡交往的故事。

威望素著的高太后

高太后,即英宗皇帝老婆,又名宣仁圣烈高皇后。元丰八年(1085年),哲宗皇帝年幼登基,由高太后垂帘听政。有

"女中尧舜"的赞誉。苏东坡连升十二级，成为前无古人后无来者的突击升官第一人，也是高太后为苏东坡创造的。

某月高太后问苏东坡："爱卿前年是何官？"苏东坡答："汝州团练副使。""今是何官？"高太后继续问。"臣今待罪翰林学士。""爱卿可曾想过，为何升迁如此之快？""是太皇太后，和皇帝陛下圣明，提携庇护有加。""非也。"太后道。"那是执政大臣鼎力推荐之故？""亦非也。"太后接着道。

一番对话过后，苏东坡尚不明晓高太后此次找他谈话的意图，有些惶恐，道："臣虽无状，然不敢自他涂以进。"意思就是，我虽然平时不注意形象，但我绝没有请送走托，绝没有跑关系走后门。

太皇太后见时机成熟，道："此乃先帝（神宗）之意也，先帝每诵卿文章，必叹曰，奇才！奇才！但未及用卿耳。"意思很明显，神宗是准备用你的，但碍于新党人士阻挠再加上时间有限（神宗享年仅三十八岁）一直没法用你。语毕，苏东坡掩面长泣，痛哭失声。

元祐元年（1086年）高太后临朝听政之初，一面起用司马光、吕公著等老黄牛式的臣子，一面降诏停修京城内已开工兴建和将要兴造的宫殿、府衙、寺院，遣返从各州府县征调的农民役夫；裁减皇城舰卒；严禁各级官吏行苛政、贪污肥私、聚敛财富；对遭受自然灾害的农夫，给予减免田赋。引诏下达到各州府县城乡时，农民赞不绝口。

太后胞弟高士林，自幼学文习武，涉经史，通大义，不仅文才好，且晓武略，为人正直，以内殿崇班的低级军阶在京城骑兵部队服役数年，尽职尽责。英宗皇帝欲提其官司职，高太后以仁宗在位擢升外戚曹家用官职为依据劝说："我做了皇后,我的娘家高家已是高贵的皇亲了,所以,对我娘家人的提升,更要慎重。再说我弟士林已获升朝籍,在朝廷上有一个职差已经过分了,哪能再晋职?至于我高家族人,那是怎么也不能同先后曹家亲族相比的。"皇后恳切谢辞,英宗只得作罢。后来,英宗又几次提出加封高士林的官级司职,都被高皇后谢辞。

  神宗即位前,到高府去过。使他不满意的是,作为开国元勋、五朝功臣的高王府,住的却是低矮的旧瓦屋。即位后,他多次提出为外公高家营造大府第,高太后坚辞不许。久而久之,太后被神宗唠叨得不耐烦了,提出:宅基地由太后亲选,建造高王府的全部费用由太后自己的薪俸付给,不用大农(主管国家财政收支机关)一文钱。神宗只得同意这么办。为不与民争利,高太后在远离市区的城北郊买了一块废闲地,拿出自己的积俸,给娘家建造了一座府第。

  宰相蔡确欲献谀以固位,就为高太后的伯父高遵裕谋复官职。神宗元丰四年(1081年)冬,高遵裕奉神宗皇帝之命率军西征,同西夏军作战,在灵武城下遭到惨败。神宗撤了他的职,贬到郢州闲居。一天蔡确参见高太后,奏道:高遵裕文武双全,历任镇边军政要职多年,数立战功,为保卫大宋西部边境出了大力,武之败,乃偶然事件,虽说胜败乃兵家常事,但神宗对他作了严厉处罚,又贬到很远的地方。依臣之见,应官复原职,请太后恩准,臣即办理。高太后听后说:给高遵裕复官一事断不可行,他灵武之败,非同一般败仗。这一仗几乎导致全军覆没,军民死伤近百万,财物损失更不可计。神宗十分气恼,由此积病不起。神宗按军法撤了他的官职,贬于外地。这场大灾祸由高遵裕造成,他得免杀头已是有幸了,现在神宗尸骨未寒,我怎么能只顾私恩为他复官，而违反当下的公议！蔡确十分羞愧，又怕太后怪罪，战战兢兢告退。高太后听政多年，始终没给高遵裕复官。

被《宋史》称作"四凶"之一的大臣宋用臣，善阿谀奉承，深得神宗信任。神宗在位期间，兴建东西府、筑京城、建尚书省、立原庙等所有大工程，均命他全权主事。其利用职权，贪污公共场所银两，搜刮百姓，敛财甚巨。朝臣乏谦节者，往往谄附之，权势震赫一时。高太后临政不久，将宋用臣贬监滁州、太平州酒税。宋用臣祈求神宗的乳母，为其在高太后面前讲情恢复官职。乳母进宫拜见太后。太后察其情，说："你来有什么事吗？是为宋用臣复职来讲人情的吧？我告诉你，为宋用臣这样的人讲情复官，万万做不到。你还想着像过去我儿子在位时那样为人请求内降（走后门与开后门）吗？你知道内降的严重后果吗？再不要为别人求情干扰国政了。要是还这么做，我立即命人先把你斩了！"乳母大惧，不敢出言，从此，宫廷内降遂绝。

元祐八年（1093年）九月，高太后病故，享年六十二岁，朝野哀痛。葬河南巩县宋陵。《宋史》载：高太后"临政九年，朝廷清明，结夏绥安，杜绝内降侥幸；文思院奉上之物，无问巨细，终身不取其一，人以为女中尧舜。"

苏东坡在杭州

苏东坡先后两次来杭：熙宁四年（1071年）任杭州通判、元祐四年（1089年）任杭州知州。两次任期在杭州一共待了四年又八个月。

苏东坡对杭州怀有非常深厚的感情，将此地作为他自己的第二故乡。他在《送襄阳从事李友谅归钱塘》诗中曾这样说："居杭积五岁，自意本杭人。故山归无家，欲卜西湖邻。"苏东坡与杭州西湖似有"前缘"，他在《答陈师仲书》中说："在杭州尝游寿星院，入门便悟曾到，能言其院后堂殿山石处，故诗中尝有'前生已到'之语。"在《和张子野见寄》三绝中一首《过旧游》中又说："前生我已到杭州，到处长如到旧游。"苏东坡离开杭州后，仍对西湖念念不忘，时常梦见西湖。他在《答陈师仲书》中这样说："轼于钱塘人有何恩意，而其人至今见念，轼亦一岁率常四五梦至西湖上，此殆世俗所谓前缘者。"苏东坡在诗词中也一再记述梦游西湖之事。《杭州故人信至齐安》诗中说，"昨夜风月清，梦到西湖上"，在另一首《次韵杭人裴维甫》中又写道："寄谢西湖旧风月，故应时许梦中游。"苏东坡晚年表示愿葬在杭州。他在《喜刘景文至》一诗中，曾说过："平生所乐在吴会，老死欲葬杭与苏。"可见，苏东坡对杭州的感情之深。

苏东坡作为杭州的地方官，善政佳绩卓著。他疏浚西湖、修建苏堤，为后人留下了苏堤春晓、三潭印月等景观；尽心尽力协助陈述古疏浚六井，解决了杭州民众的饮用水问题；自筹资金建立民间第一所公办医院——安乐坊，改善当时疫病横行、百姓无药可医的状况。其足迹遍布杭州。他写的有关杭州的诗词有三百多首，其中歌咏西湖的诗就有一百六十首，还不包括离杭后怀念西湖之作。他非常热爱生活，与他有关的东坡肉和酥油饼，留存后世成为杭州的特色美食。

小南湖边眺望苏堤　　胡伟民/摄

西湖让苏东坡倾倒，使他摆脱了政治上的烦恼。而西湖之美，得苏东坡而相得益彰。生活对苏东坡一点都不温柔，但苏东坡对自己温柔。纵然生活有一千种挫折，苏东坡就有一千种对抗挫折的方法。苏东坡对待生活的态度是：把一切不美好的东西，变成赏心悦目的样子，西湖的山、水、晴、雨让苏东坡放飞心情，享受美好。即使生活不美好，苏东坡也能假装美好。他有一种能力，这种能力可以叫作幸福的转化能力。这种能力让他把失意变成了诗意，把不美好变成了美好。阮元说："西湖之景甲天下，惟公能识西湖全。"

东坡与西湖

苏堤，又称"苏公堤"，南起南屏山山麓，北至岳王庙东，横贯湖中。堤东是西湖，堤西有小南湖、西里湖、岳湖等。苏堤边围植桃、柳，配植樱花、紫薇、桂花、栀子、芙蓉等。每逢春季，堤上柳烟如云、碧桃灼灼，如临人间仙境。堤上六桥全用安徽茶园石筑成，色呈微绿，与周围景色十分谐和。"苏堤春晓"被评为西湖十景之首。如果你漫步苏堤，自南而北会先经映波桥，桥边垂柳飘拂，桥下碧波荡漾。左边西湖一角名为小南湖，湖边有一座楼台，粉墙黛瓦、曲廊回栏，景色清幽。过花港正门，向前是锁澜桥，两边湖面渐阔，风软波柔，景色宜人。向前第三桥，名为望山桥，湖面开阔，宝石山与吴山左右对峙，三潭印月与阮公墩一览无余。过望山桥便是"苏堤春晓"碑亭，为清朝康熙皇帝御笔。再向前便是压堤桥和东浦桥，三潭远去，西泠渐近。桥左堤名金沙堤，将西里湖隔开。北面是岳湖，湖面种植荷花，"曲院风荷"之景即在岸边。最后一桥为跨虹桥，至此已是苏堤北端。

映波桥　　平国明/摄

自吴越王钱镠对西湖集中整治后,西湖又日渐淤塞。熙宁四年(1071年),苏东坡任杭州通判时,葑草已把西湖湖面淤塞了十之二三。到元祐四年(1089年),他再次来杭州担任知州时,葑田已占了湖面的二分之一。当地百姓忧心忡忡地说:"更二十年,无西湖矣!"当时杭州大旱,米价上涨近一倍,离湖较远的地方,湖水每担卖七八钱,相当于平时的米价,河运也十分困难。入秋以后,连逢大雨,钱塘江、太湖泛滥成灾,杭州郊区一片汪洋,"农民栖于丘墓,舟楫行于市井"。虽经多方筹措,杭州居民勉强度过了两次灾荒,但苏东坡已经感觉到了整治西湖的迫切。他亲自沿湖进行实地考察。当地老百姓告诉他,十年以来,西湖水愈浅葑愈横,"如云翳空,倏忽便满"。若任其自流,二十年后,西湖可能不复存在。他还派人丈量了湖上葑田,计有二十五万丈,需要二十万工日才能开浚好。若把葑草淤泥堆置于岸,很费时费工,也没地方可堆。于是他想到,从湖南岸到湖北岸约三十里沿湖往来甚为不便,何不将挖掘出来的葑草淤泥堆筑成一条长堤,以通南北。这样,湖水浚深,葑田又除,行人称便,一举三得之利。他与地方官商议后向朝廷上奏《乞开杭州西湖状》,指出"杭州之有西湖,如人之有眉目,盖不可废也"。寥寥数语就道出了西湖对于杭州城市建设的重要性。又从经济效益着眼,评述了治理西湖的五大好处。"西湖有不可废者五":一是以西湖为放生祝寿之地;二是有西湖和六井,杭人不复饮碱苦之水;三是西湖水可溉田千顷;四是可调剂运河水量,否则钱江潮水必将倒流,厚积泥沙,复易淤恶;五是西湖之水泉可以造官酒。宋时取西湖山泉酿酒,发课二十余万缗,于全国为最盛。他在奏议中言辞恳切地说:"使杭州而无西湖,如人去其眉目,岂复为人乎?"

苏堤上的醉薆亭　　胡伟民／摄

苏东坡呼吁疏浚西湖，在朝廷遭到一些人的诽谤，说他疏浚西湖"志事游观，公私无利"。但由于高太后的支持，朝廷最终同意了他的请求。虽无拨款，但给了苏东坡一百道僧人度牒。苏东坡卖掉度牒得一万七千贯钱，加上赈灾余粮一万石左右，以及募捐得来的钱粮凑足了整个工程所需要的三万四千贯钱。钱款有了点，但还是杯水车薪。当时苏东坡的得力助手杭州监税官苏坚提出三个处理葑草和淤泥的建议：一是把葑泥堆积在湖中心；二是把葑泥运到南山上堆积；三是用葑泥在西湖西边堆条长堤。苏东坡对三个建议都有不同看法：第一个建议，把葑泥堆在西湖湖中心，西湖变小了，破坏了四周风景；第二个建议，挖葑泥靠锄头铁锸，肩挑人抬，从湖中运输到南山上有近两里路,不知要多少人工,更不知何时能完成,工时和经费耗不起;第三个建议,葑泥堆长堤要好石块和好的泥土,从何而来? 苏东坡左右为难,一直无法下决心拍板。闭门造车不行,苏东坡又走调查研究之路,带着书童坐船游湖,听听百姓之言。一天,两天……接连几天都无收获,到了第五天时近中午,苏东坡准备打道回府时,忽听远远传来渔歌声:"南山男,北山女,隔岸相望诉情难;天上鹊桥何时落,环湖要走三十三!"苏东坡一听,心想,这歌谣不是向我献计嘛。刚想到此时,湖上的小船上又响起一阵歌声:"南山男,北山女,年岁大过二十三;两情相慕终难诉,'牛郎织女'把堤盼。"听到这里,苏东坡哈哈大笑道:"唱得好!唱得好!也使我苏某开了窍。"此时此刻的苏东坡想到了白堤的许仙和白娘子人妖相恋的神话;又想起长桥十八里相送,梁山伯与祝英台殉情化蝶成双成对的悲惨故事。想着想着,他的脑海中浮现一个想法:我在湖上建个堤,让南北变通途,成为月下老人让男女青年有情人终成眷属。一个大胆的决定呼之欲出——建条"爱情堤"。

  为了解决筑堤用的石块和泥土,苏东坡亲自跑到西湖西边南高峰角下的高丽寺与方丈商量。方丈大师一听苏东坡的设想,立马答应苏东坡的请求,说道:"我寺山门前的石块和泥土任施主挪用,分文不收。"苏东坡谢了又谢,高兴而归。于是,西湖疏浚建堤工程在四月二十八日兴工开挖,苏东坡亲临指挥。苏东坡不但招募十几万民工清挖葑泥,还差兵六七百人协理督助,调动上百艘船只运载葑草。当时正值水涝接旱灾,饥荒之时,百姓无业,得知苏东坡浚湖开工,有钱米供给而且实行"以工代赈",都蜂拥而来,掘的掘,挖的挖,挑的挑,将湖中淤泥运向南北岸之间,分段筑堤。转眼到了八月,湖上的葑田已全部清浚，石块和山泥也已基本用完，长长的长堤宛如一条玉带浮现在众人眼前。可是，堤坝上出现六个没有连接上的堤孔。苏东坡本想在堤孔上造桥，但钱银全无，只好暂停工程。不几日，苏坚告诉苏知州说，桥造好了！苏东坡不信，跑去一看，摸着稀松的胡子，大笑道："善哉善哉，他们比我还着急。"原来两岸的青年男女为了早日见对岸的恋人，南岸打柴青年砍来了六棵南山上的大树一剖为二，做成六顶吊桥，安放在六个堤孔上面。多数时间吊桥吊起，让里湖外湖船只通过堤孔，每当早市、午后和傍晚吊桥就放下来让两岸的行人通行，免却渡船的麻烦。每到晚饭后，六吊桥上两岸男女相会，那番"鹊桥相会"的情景，被两岸百姓赞为西湖上的奇景。到了九月，西湖构成一条贯穿南北的长达近六里的长堤。

不久，苏东坡在堤上修造了九亭六桥，堤畔遍植桃柳，又增添了"六桥烟柳"的景色。苏东坡对此举也很得意，赋诗以记其事："我在钱塘拓湖渌，大堤男女争昌丰。六桥横绝天汉上，北山始与南屏通。忽惊二十五万丈，老葑席卷苍烟空。"于是"西湖大展"，直到南宋，舟船可直抵西山之麓。后任知州林希颂其德，榜曰"苏公堤"，杭城人并"为轼立祠堤上"。苏堤将湖面分出了层次，主湖在东，次湖在西，一大一小，主次分明。这得益于苏东坡丰富的筑堤经验。早在修筑苏堤的十年前，即宋神宗熙宁十年（1077年）秋，苏东坡任徐州知州不久就修筑了一条被后人称为苏堤的防洪大堤。苏堤名闻天下，据说乾隆皇帝在策划修建北京清漪园时也着意模仿西湖苏堤六桥，在昆明湖上筑建了"西堤六桥"。

苏东坡实现了当时的想法：挖除葑草淤泥，浚深湖底，全面整治了西湖。"西湖复唐之旧，环三十里"，恢复了烟波浩渺的景观。更让他欣慰的是,这条长堤建成后,为西湖南北两岸的大龄青年创造了相爱的机会,成为西湖不可或缺的一条爱情堤。堤上男女争相斗艳形成一道亮丽景色。"我凿西湖还归观,一眼已尽西南碧""桥外飞花似郎情,桥边凉水是浓情"。千古盛事,受到人们的赞扬。清代查容咏苏堤诗云:"苏公当日曾筑此,不为游观为民耳。"

为永久保护西湖的环境,苏东坡在《申三省起请开湖六条状》中,又规定了四事:一是责令钱塘县成立开湖司,由负责治安的钱塘县尉专门负责整治与疏浚西湖,"如有荬葑不切除治,即申所属点检,申吏部理为遗阙"。二是"新开界上,立小石塔三五所,相望为界"。规定石塔以内水面不准种植或侵占,"如违,许人告,每丈支赏钱五贯文省,以犯人家财充"。后来,这三石碑就成了"西湖十景"之一的"三潭映月"。三是划出部分湖区招募农民种菱,用其收入作为修湖费用。四是原本上交杭州府公使钱,全部"尽送钱塘县尉司收管,谓之开湖司公使库",作为治湖专项经费。这样,从机制上有效解决了长期治理西湖淤塞的问题。此后整个北宋时期,再未见西湖堰塞的记载。

苏东坡的朋友、西湖著名诗僧参寥赋诗赞道:"伟人谋议不求多,事定纷纷自唯阿。尽放龟鱼还绿浦,肯容萧苇障前陂。一朝美事谁能记,百尺苍崖尚可磨。天上列星当亦喜,月明时下浴清波。"诗的大意是:像浚治西湖那样的工程,只要一项就够得上是伟绩了。这样的美事绝不是一支笔所能记载的,即使是镌刻在百尺苍崖上,也会随着时光流逝而被磨蚀掉。然而,浚治西湖的功劳是永远不会磨灭掉的,天上的列星也会因此事而满怀欣喜,在皓月当空之时,常常跳到粼粼泛波的西湖里尽情游乐。

惠洪在《冷斋夜话》中说:"东坡守钱塘,无日不在西湖。"他将杭州作为自己的第二故乡,留下了三百多首吟咏杭州西湖的诗词。这些诗词极大地丰富了西湖的诗性美,也为杭州文化增添了一份厚重。可以说,在苏东坡之后,西湖才真正成为一处名扬天下的风景名胜,所以后人认为"西湖初兴于白居易,形成于苏东坡"。苏东坡离开杭州后,百姓在苏堤修亭作祠以作纪念。西湖上两处三贤祠中都有苏公祠:一座是孤山竹阁,祭祀白居易、林逋、苏东坡;另一座在龙井寿圣院,祭祀赵抃、辩才和苏东坡。后来,人们又在葛岭上建祠纪念历史上对西湖有杰出贡献的人物:李泌、白居易、林逋、苏东坡。苏东坡曾做过杭州、颍州、惠州三州的地方官,而三处均有西湖。因此,南宋著名诗人杨万里曾写诗称赞苏东坡是"西湖长":"三处西湖一色秋,钱塘颍水更罗浮。东坡原是西湖长,不到罗浮那得休?"

眺望西湖　　胡伟民/摄

全国各地的西湖虽多,但杭州的西湖却以其风光美丽、古迹众多、文化璀璨而闻名中外。"天下西湖三十六,就中最好是杭州。"苏东坡是西湖的再造者,不仅因为他对西湖的疏浚开发之功,使西湖成为造福一方的宝地,更因为他笔下尽情展现了西湖之美。自从苏东坡"水光潋滟晴方好,山色空蒙雨亦奇。欲把西湖比西子,淡妆浓抹总相宜"的诗句问世以后,众口流传,美女西施就和西湖结下了不解之缘,以至人们艳称西湖为西子湖。在苏东坡之后,才有了更多吟咏西湖的诗文。阮元为西湖的苏文忠公祠撰写的对联可以说道出了杭州百姓的心声:"欲共水仙荐秋菊,长留学士住西湖。""西湖有幸来白苏,宋都无辜容秦贾。"白居易和苏东坡是西湖的灵魂人物,作为地方官,他们努力疏浚西湖、改进水利;作为诗人,他们以湖山为伴,登山泛舟,用丹青妙笔临摹出西湖山水的特色。周紫芝《苏堤》诗云:"翰林一去已经秋,犹有平堤绕碧流。谁向西洲还度曲,此翁零落已山丘。"像白居易一样,苏东坡虽然离开了西湖,离开了杭州,但苏堤的存在,某种意义上已是把苏东坡永久留在了杭州,留在了西湖。正如郁达夫《咏西子湖》一诗所说:"楼外楼头雨似酥,淡妆西子比西湖。江山也要文人捧,堤柳而今尚姓苏。"

东坡与杭州雨

对苏东坡来说,雨是一种心情。尤其是江南烟雨、杭州的雨,更让他神清气爽,如诗洋洋洒洒让人回味,如歌起起伏伏令人心动。苏东坡对雨情有独钟,出现雨的诗词多达百余首,频率高,含义丰富。

浴鹄湾雨景　　徐旭生/摄

先看看苏东坡在杭州创作的有关雨的诗歌,再来欣赏下苏东坡在诗词中对雨的钟爱,从另一个侧面来说说"爱山如爱色"的诗人情怀。

有关杭州雨的几首诗

熙宁五年(1072年),苏东坡来杭的第二年,一个淫雨霏霏的日子,他来到天竺灵隐观音院,虔诚地为百姓祈求风调雨顺,但想起钱塘百姓遭受淫雨的胁迫,"涕泪请救",但淫雨不止,苏东坡想到百姓的苦难,又有苛严的新法,不禁感愤至极,写下了一首类似古谣的诗篇《雨中游天竺灵感观音院》:"蚕欲老,麦半黄,山前山后水浪浪!农夫辍耒女废筐,白衣仙人在高堂。"诗中的"白衣仙人"明指观音,暗指官吏,讥刺他们深居豪宅,过着穷奢极欲的生活,不顾恤惜民间疾苦。

这首诗语言通俗，韵调和谐，很有民歌风味。最妙的是最后一句，讽刺意味含而不露，给读者以丰富的联想余地。纪昀评此诗说："刺当时之不恤民也，妙于不尽其词。"一般来说，宋朝在文字上的控制，比唐朝要严。因此，像杜甫、白居易等敢于针对时事而发的诗歌，在宋人中很难找到。苏东坡虽然是个敢于说话的人，也不能不有所顾虑，在表现形式上力求含蓄，言而不尽。但我们依然能从这首诗中体会到苏东坡的民本思想。

《吴中田妇叹》是他到杭州后写成的。诗中写到的雨应该是苦雨，雨造成了天灾，百姓的正常生活受到了严重威胁；这种与农业、农民息息相关的雨，一直是他念念不忘的关心事。

今年粳稻熟苦迟，庶见霜风来几时。霜风来时雨如泻，杷头出菌镰生衣。眼枯泪尽雨不尽，忍见黄穗卧青泥！茆苫一月垅上宿，天晴获稻随车归。汗流肩赪载入市，价贱乞与如糠粞。卖牛纳税拆屋炊，虑浅不及明年饥。官今要钱不要米，西北万里招羌儿。龚黄满朝人更苦，不如却作河伯妇！

以田妇的口吻说出了天灾的无情和官吏的冷酷，对变法中出现的黑暗面做出了如实的反映。在以写雨为主题的诗篇中，《吴中田妇叹》最为有名。此诗对现实的揭示和批判相当尖锐，足可管窥作者在政治上遇事则发的正直性格。这里的雨，是绝望的雨，夹杂着百姓绝望的心声，辛酸凄苦场面生动深刻，令人落泪。

熙宁六年（1073年），时任通判的苏东坡邀了几位朋友，请了个戏班子泛舟西湖游春。莺歌燕舞，赏景对酌、谈古说今，十分欢欣。俗话说"春天孩儿脸，一日变三变"，之前西湖上空还是晴空万里、春阳沁人，刹那间阴云密布、春雨霏霏、天水相连、茫茫无际。苏东坡望着急晴急雨的西湖，不觉诗兴大发，低声吟道："水光潋滟晴方好，山色空蒙雨亦奇。"吟完两句，一时搜尽枯肠，找不到合适的诗句。一边凝视着西湖的远山近水，一边陷入沉思。醉眼蒙眬中，一阵暖风吹过，碧蓝的湖水，波光粼粼，映出正在斟酒的王朝云那妩媚动人的容颜。微醉的苏东坡凝视着王朝云，脱口而出"欲把西湖比西子，淡妆浓抹总相宜"的千古佳句。西湖是天然美景，西施也是吴越之地孕育出来的美人，天生丽质是她们共同的特点，比喻巧妙贴切而又自然。不过，苏东坡的这支神来之笔，把六七平方公里的山水美景比喻成一个绝世美女，可以说达到了"喻人而不敢喻"的惊人高度，真是无人能及。这一出色的比喻，被宋人称为"道尽西湖好处"的佳句，以至"西子湖"成了西湖的别名。

熙宁六年（1073年）秋天，杭州久旱不雨，田地龟裂。苏东坡带了钱塘县令周邠和仁和县令徐畴到上天竺祷雨。晚上借宿在灵隐寺僧榻。他看着寺前如雪霜的月光，听着如琴筑的泉声，想到受旱灾威胁的钱塘人民，辗转不能眠。他仰观天河，奋然提笔写下了《立秋日祷雨宿灵隐寺同周徐二令》一诗：

百重堆案掣身闲，一叶秋声对榻眠。床下雪霜侵户月，枕中琴筑落阶泉。崎岖世味尝应遍，寂寞山栖老渐便。惟有悯农心尚在，起瞻云汉更茫然。

诗人把月色比作"雪霜"，表现其皎洁，把泉声比作"琴筑"之声，反衬夜晚的静谧。全诗塑造了一个勤政忧困、饱经沧桑、常萦胸怀的"悯农"诗官人形象。诗官人"百重堆案",忙于政务,欲抽闲而不得,为祈雨而宿山寺,闻秋声而思国事,这与他"吏民莫作长官看,我是识字耕田夫"的思想是相一致的。

熙宁六年(1073年)初秋的一天,苏东坡与几位好友在时任杭州知州梅挚所建的"有美堂"中畅怀酌饮。突然天气骤变,只见原来晴空万里的天空,大片大片的乌云就像随时要压下来。苏依山远眺,只见钱塘江面上波浪被狂风拍打得卷起很高。面对此情此景,苏东坡豪气冲冠,诗兴大发,于是写下了《有美堂暴雨》:

> 游人脚底一声雷,满座顽云拨不开。天外黑风吹海立,浙东飞雨过江来。十分潋滟金樽凸,千杖敲铿羯鼓催。唤起谪仙泉洒面,倒倾鲛室泻琼瑰。

暴雨谁都经历过,但只有诗人才能够将生活中这种常见的,但又稍纵即逝的景物赋予永恒的意义,从而显示出它的美。诗人以雄奇的笔调、新妙的语言,有声有色地摹写了骤然而至的急雨之景。苏东坡生性豁达爽朗,对暴风雨特别欣赏,写了多首诗进行描摹赞叹。这首诗由于是在吴山顶上的有美堂中所写的,气势更为雄伟壮大。诗的起首很突兀,直接入题写暴风雨来时,闷雷起自脚下,云雾绕座不散,突出了所处的地势很高,因而所见的暴雨,与平地所见不同,为下文铺垫。接下就别出蹊径,描绘了一幅壮阔异常的场面。风是看不见的,苏东坡却给它着色,说是黑风,以视觉代替感觉,很形象地表现了暴雨来时疾风挟着尘灰乌云的情况。"吹海立"是形容风的强烈。有美堂虽然很高,但不可能见到大海,"吹海立"是想象之词,下句写风带着暴雨从东面渐渐而来,便是实指。夏天的暴雨,区域很小,来势迅猛,通过"飞雨过江来"五字,将这一情况囊括殆尽。必须注意的是,苏东坡写的是一座近海城市上看到的景物,而不是在什么别的地方看到的,他特有想象和感受,使诗如写生画家即兴挥毫,临摹自然实景,展现大自然的壮丽雄伟之景。

熙宁七年(1074年)初夏,苏东坡与几个好友相约到涌金门码头上船游西湖,为亲如兄弟、情同手足的同僚杭州知州陈襄调任南都(河南)商丘送别。尽管依依不舍,而看到杭人哭送贤知州的情景,苏东坡为之动容。面对此情此景,东坡举杯豪饮。酒后带着八九分醉意,苏东坡登上了昭庆寺前的望湖楼。这时,风越刮越猛,雨越下越大。苏东坡站在望湖楼上被风一吹,酒醒了几分。他深深地被雷雨中的西湖景色吸引住了,不禁即景吟出了佳句:

黑云翻墨未遮山,白雨跳珠乱入船。卷地风来忽吹散,望湖楼下水如天。

顺着苏东坡醉酒后的思维来看,这风景就更有意思了,本来是乌云蔽日、暴雨如注的,一阵狂风之后,这些都卷走了,在我们眼前展现的是水天一色、湖光潋滟之美景。

元祐四年(1089年)七月,苏东坡以龙图阁大学士的身份出知杭州,与第一次来杭州时隔十五年。经历过仕途坎坷的苏东坡,看待官场的沉浮已经十分豁达,他专注于为百姓办事,闲时寄情山水游历西湖。一天,他与莫同年(时任两浙提刑官,与苏同年进士及第)等二三好友相邀同游西湖。从六公园码头上船,沿着湖滨、断桥、白堤一路游去,湖上小船三三两两,岸上游人如织，好一派湖山春光。天气好似小孩子的脸，说变就变，突然间稀里哗啦地下起了小雨。俗话说"晴湖不如雨湖"，面对此景，东坡他们也不急着避雨，既来之则安之。烟雨蒙蒙，湖上现出了不一样的朦胧美。面对湖面朦朦胧胧的细雨，东坡如看到当年的好同僚陈襄等人，他们调任的调任、辞官的辞官，留在朝中的友人也波涛不断、变化万千。于是他低头思忖片刻吟出："到处相逢是偶然，梦中相对各华颠。还来一醉西湖雨，不见跳珠十五年。"东坡把它起名为《与莫同年雨中饮湖上》。旧友在朦胧的雨中出现，如偶然相逢在梦中，悲喜交集。相对各自头上染霜，离别之悲更难过。再来一醉游西湖，是为忆旧。"不见跳珠十五年"，是感慨时光流逝太快。苏东坡在任杭州通判时写有《望湖楼醉书》，诗中有"白雨跳珠乱入船"之句。而此诗中也出现"跳珠"两字，可见苏东坡对"跳珠"两字的喜爱。此诗写久别重逢，亦喜亦悲，但诗中无悲喜二字，可谓高手段。

对雨的钟爱

雨是常见的，如人之影永相随。雨随心境，体现在苏东坡变为"随物赋形"的创作特点。雨在苏东坡的眼中变化万千，情长意深。总的来说，苏东坡对雨的钟爱，与他崇尚老庄乐天知命的人生哲学息息相关。"雨"这个词在苏东坡诗词中俯拾皆是，有的写雨的诗篇主题鲜明，有的单从题目就可以看出作者的拳拳爱民之心、忠君之义。在他的笔下，雨是活生生的，跳跃的，生动的。雨态有积雨："东风知我欲山行，吹断檐间积雨声"；有细雨："细雨足时茶户喜，乱山深处长官清"；有飞雨："天外黑风吹海立，浙东飞雨过江来"。有时他看到的是雨雹:"夜来雨雹如李梅,红残绿暗吁可哀";有时他看到的是雨露:"凄凉雨露三年后,仿佛尘埃数字余";有时他看到的是雨昏:"雨昏石砚寒云色,风动牙签乱叶声";有时他看到的是天雨:"醉中眼缬自斑斓,天雨曼陀照玉盘";有时他看到的是法雨:"神光出宝髻,法雨洗尘埃";有时他看到的是凄雨:"乱叶和凄雨,投空如散丝";有时他看到的是黄梅雨:"三旬已过黄梅雨,万里出来艇棹风";有时他看到的是怪雨:"蛮珍还错闻名久,怪雨腥风入坐寒";有时他看到的是苦雨:"参横斗转欲三更,苦雨终风也解晴"。凡所应有,无所不有。

　　苏东坡以雨为主题的诗词中,大部分是与祷雨有关的。当面临旱灾的时候,作为一个中华传统文化孕育出来的士子文人,苏东坡从儒家忠君爱民的思想出发,理所当然要对受灾地区表示关心和爱护。受当时科学水平和个人能力的限制,他能做到的最直接的援助方法是,运用传统的方法去祷告上天,求降甘霖。为此,产生了一批诗文,其中著名的有诗文《喜雨亭记》《真兴阁寺祷雨》。这些诗文基本都是用写实的手法完成的。虽然作者对雨的形象并没有过多的描述,但从作者对祷雨过程中种种细节的描述,字里行间流露出来对雨的渴求和对民生疾苦的忧惧具体而明朗。如,《真兴寺阁祷雨》叙述了苏东坡亲自为民请雨的情景:"太守亲从千骑祷,神翁远借一杯清。云阴黯黯将嘘遍,雨意昏昏欲酿成。已觉微风吹袂冷,不堪残日傍山明。今年秋熟君知否,应向江南饱食粳。"该诗写得很质朴,没有用新巧的典故和华丽的辞藻,只是就事论事,却让人感受到踏实。祷雨是否成功,对百姓的生存至关重要。这里的雨,寄托着作者一种善良的愿望,而打动人的,在于诗中的真情。

　　从苏东坡对雨千姿百态的细致描绘中,我们可以发现,首先,他是一个感觉敏锐、感受力丰富的诗人。他的观察细致入微,能以一种审美的态度、一种释放的心情去看待身边的一切,哪怕只是平常不过的雨。他的笔下,雨是有性格的,有单纯轻快的雨,有忧愁苦闷的雨,有缓慢沉稳的雨,也有清纯温柔的雨。最特别的是,与禅有关的雨,充满了佛性的智慧,可以涤荡受损的心灵,抚平忧伤,引导人走向平静和安详。如《乔太博见和复次韵答之》:"百年三万日,老病常居半。其间互忧乐,歌笑杂悲叹。颠倒不自知,直为神所玩。须臾便堪笑,万事风雨散。"仕途坎坷,老病交加,逆境接踵而至,诗人却没有一味消沉,只是笑对一切,把人生的挫折看作自然的风雨,坚信困难总会过去,就像风雨总会散逸一样。又如《是日宿水陆寺寄北山清顺僧二首》:"草没河堤雨暗村,寺藏修竹不知门。拾薪煮药怜僧病,扫地焚香净客魂……披榛觅路冲泥入,洗足关门听雨眠……"此处的雨纯粹是来自自然,摆脱了名缰利锁,僧人的生活虽然清苦,心中却是一片清凉。再比如《定风波》记述了创作该词的背景:三月七日,沙湖道中遇雨。雨具先去,同行皆狼狈,余独不觉。已而遂晴,故作此。"余独不觉"何等的自在逍遥、乐天知命、闲适恬淡。真要为苏大学士点赞。

东坡与钱江潮

浙江钱塘潮本是大自然的奇观,自唐以来,天下闻名。"钱江秋涛"作为钱塘十景之一,是天下一大奇观,独魁中外。"钱江秋涛"历史上曾经吸引过许多骚人墨客,成为诗人们吟咏不绝的胜景。宋代,江流尚未改道和变迁,涌潮由南大亹来,势盛力劲,直冲杭州之东南,使杭州江干一带成为观潮胜地,游览者可以在那里登山而观之。北宋时，凤凰山的望海楼、吴山的七宝峰和安济亭都是杭州城内观涛最好的地方，而尤以望海楼最为著名。苏东坡前后四次观涛都在此，留下十来首关于钱江秋涛的诗词。

催试官考较戏作

八月十五夜，月色随处好。不择茅檐与市楼，况我官居似蓬岛。凤咮堂前野橘香，剑潭桥畔秋荷老。八月十八潮，壮观天下无。鲲鹏水击三千里，组练长驱十万夫。红旗青盖互明灭，黑沙白浪相吞屠。人生会合古难必，此景此行那两得。愿君闻此添蜡烛，门外白袍如立鹄。

诗译为：八月十五的月色是这样的好，不需挑剔住在茅草屋还是楼房，我居住的地方就像蓬莱岛一样。凤咮堂前野生的橘花飘来香味，秋天来了剑潭桥旁的荷花也老了。

八月十八钱塘江汹涌的海潮是天下间最壮观的。这是观潮的好日子。钱塘江大潮就像传说中鹏鸟的翅膀拍击在水面上，激起三千里波涛，也像十万个人不停地向前奔驰，浩浩荡荡，形成一条巨大的白玉腰带。观潮人群的青色雨伞和周围的红旗相呼应，白色的浪花打在黑色的河岸上黑白颜色互相映衬。人生在世这么多人汇集于一个地方是多难啊，观看钱塘江大潮和考试这两件事不能同时进行。希望考官可以加夜班看试卷，门外未仕的士子伸着脖子、踮着脚盼望着发榜。

苏东坡这首杂言古诗意思为：催考官快点阅卷放榜，让学子们好早点去观看钱塘江大潮。其中"八月十八潮，壮观无下无"，这是苏东坡咏赞钱江秋涛的千古名句。千百年来，钱塘

钱塘潮　　徐萍 / 摄

江以其奇特卓绝的江潮，不知倾倒了多少游人看客。

本诗重点记叙的就是一次观潮盛况，写的是作者耳闻目睹的潮来前、潮来时、潮头过后的景象，描写了大潮由远而近、奔腾西去的全过程，描绘出江潮由风平浪静到奔腾咆哮再到恢复平静的动态变化，写出了大潮的奇特、雄伟、壮观。

宋时观潮，一般农历八月十一就开始，经过八月十五中秋节，到八月十八达到高潮。为了观潮，杭州十万人家，男女盛装，倾城而出。由巴蜀山水哺育成长的苏东坡，奇山奇水经历有多少！但面对奔腾而来的数丈高潮峰，耳闻震天霹雷似的涛声，也不能不魂魄激荡，感情澎湃，赞叹不已！

瑞鹧鸪 观潮

　　碧山影里小红旗，侬是江南踏浪儿。拍手欲嘲山简醉，齐声争唱浪婆词。西兴渡口帆初落，渔浦山头日未欹。侬欲送潮歌底曲？尊前还唱使君诗。

　　词译为：青山影里舞动着小红旗，我是江南踏浪弄潮的小伙子。拍手想笑我如山简酩酊醉，两岸观众齐唱浪婆词。西兴渡口赛舟的帆刚落，渔浦山头的太阳还没有偏移。我想送潮该唱哪一支曲？对酒还应高歌陈知州作的诗。

　　上半阕写弄潮儿在万顷波中自由、活泼的形象。词的第一句以高大的"碧山"来突出"小红旗"，这是一种衬托；而以"小红旗"来写人——弄潮儿，这又是一种衬托。试想脚踩怒涛，手执红旗，劈波斩浪，如履平地，这需要过硬的水上功夫。

　　下半阕写钱塘江退潮，弄潮儿唱起"使君诗"作为送潮曲。过片"西兴渡口"两句，一方面显示出时间的推移，暗示弄潮儿的水上表演已持续了数小时之久；一方面又暗写钱塘江已退潮，由下文"送潮"二字也可以明白地看出来。好比一场戏，只把布景显现出来，而戏中的情节却秘而不宣，留给观众去想象，这是词人用笔精练、含蓄的表现。结拍两句紧承前文，点明"送潮"，并顺便提及与己同游的知州陈襄，显得不卑不亢。

　　这首《瑞鹧鸪》从某种意义上说，是当时杭州文化习俗一个历史的记录。钱塘江有着悠长的弄潮文化，而如今的钱塘江冲浪则是弄潮文化的延伸。近些年钱塘江冲浪被列为钱塘江观潮节的固定表演项目。2015年，钱塘江上首次出现中国冲浪选手的身影，农历八月来钱塘江冲浪，成为中国"浪人"的惯例。如果苏东坡地下有知又作何感想？

《望海楼晚景五绝》，作于北宋熙宁五年（1072年），当时苏东坡在杭州还担任州试的监试。院试余暇，苏东坡得以到凤凰山上的钱塘江边望海楼闲坐。在望海楼上，从傍晚到晚上所看到的海天景色：江潮、雨电、秋风、雅客、江景，各具情韵。于是执笔写下吟咏波腾浪卷、喷玉溅珠、水月相映、海天无涯的不朽诗篇。

望海楼晚景五绝。

海上涛头一线来，楼前指顾雪成堆。从今潮上君须上，更看银山二十回。（其一）
横风吹雨入楼斜，壮观应须好句夸。雨过潮平江海碧，电光时掣紫金蛇。（其二）
青山断处塔层层，隔岸人家唤欲譍。江上秋风晚来急，为传钟鼓到西兴。（其三）
楼下谁家烧夜香，玉笙哀怨弄初凉。临风有客吟秋扇，拜月无人见晚妆。（其四）
沙河灯火照山红，歌鼓喧喧笑语中。为问少年心在否，角巾欹侧鬓如蓬。（其五）

第一首意为：当潮头从水天相连之处初起的时候，远看真像是一条白线似的向前推进，顷刻之间，白雪成堆，望海楼前波腾浪卷，喷玉溅珠，蔚为奇观。这是从涛形着笔。又从实转虚，暗寓理趣，潮水涨得快，涨得高，人要跑得更快，站得更高。意味着只有快、高，才能看得更远，才能赏遍人间壮观。

第二首开头，作者看到一阵横风横雨，直扑进望海楼来，很有一股气势，使他陡然产生要拿出好句来夸一夸这种"壮观"

的想法。不料,这场大雨,来得急,去得也块,一眨眼间,风已静了,雨也停了。雨过以后,向楼外一望,天色暗下来了,潮水慢慢向上涨,钱塘江浩阔如海,一望如碧玉似的颜色。远处还有几朵雨云未散,不时闪出电光,在天空里划着,就像时隐时现的紫金蛇。这首诗写的就是这样一幅景致。开头时气势很猛,好像很有一番热闹,转眼间却是雨收云散,海阔天空,变幻得使人目瞪口呆。其实不只自然界是这样,人世间的事情,往往也是如此的。

纵观五首诗,第一首写江潮来势很快,气势壮观;第二首写风雨入楼,气势很猛,转眼间却是雨阑云散,表现出一种壮美之景;第三首写江上的秋风隔岸传送人们的呼唤声和钟鼓声;第四首写傍晚时望海楼下的乐曲声和雅客和诗拜月的流风;第五首写夜晚江上的渔船灯火以及歌声笑语,让人如痴如醉。全诗用雪堆、银山、金蛇、青山、秋风、玉笙、船灯、歌鼓等意象来描绘钱塘晚潮以及海天闪电等江景,文字如行云流水般流畅,显示了作者高超的艺术功底。

苏东坡写下这组诗后的第二年,一天他游览有美堂,适逢暴雨,就立即写了一首七言律诗《有美堂暴雨》,奇句惊人,是一首名作。正可谓应了"壮观应须好句夸"这句话。

《八月十八日看潮五绝》,苏东坡作于宋神宗熙宁六年(1073年)中秋。每当农历八月十五至十八,潮势汹涌澎湃,比平时大潮更加奇特,潮头如万马奔腾,山飞云走,撼人心目。历代诗人,多有题咏。苏东坡这组七绝,是其中的名作。以下为其一:

定知玉兔十分圆,已作霜风九月寒。寄语重门休上钥,夜潮留向月中看。

这首咏观夜潮的诗,也很别致。只要有皓月当空,岂顾霜风之寒冷。多么想遣一个使者去传语帝阍,让九重门敞开,使钱塘江潮水在月光下畅通无阻。诗人的奇特想法表达得很巧妙,而观看月夜怒涛的愿望又跃然纸上。

> 万人鼓噪慑吴侬,犹似浮江老阿童。欲识潮头高几许?越山浑在浪花中。(其二)
> 江边身世两悠悠,久与沧波共白头。造物亦知人易老,故叫江水向西流。(其三)
> 吴儿生长狎涛渊,冒利轻生不自怜。东海若知明主意,应教斥卤变桑田。(其四)
> 江神河伯两醯鸡,海若东来气吐霓。安得夫差水犀手,三千强弩射潮低。(其五)

第五首中,作者再次抒发观潮所得的感想,纯从想象落笔。前两句:"江神河伯两醯鸡,海若东来气似霓。"诗人表示如以江河的潮水,和这样雄伟的海潮威势相比,那么江神河伯就像小小醯鸡(蛾蚋),是微不足道的。海若从东方驾潮而来,潮水喷吐,就像霓虹一样,映着中秋的月色,这怒潮就更为壮观。后两句:"安得夫差水犀手,三千强弩射潮低。"诗人感到如此威势巨大的潮水,要把它压低下来,使之为人民造福,是非常不易的。诗中说,倘若能得到当年夫差穿着水犀之甲的猛士,用上钱武肃王(钱镠)射潮的三千强弩,把它射服就范,兴许是个好事。

"安得"两字,表明诗人的愿望,也是诗人的想象。这两句把两个历史故事,巧妙地联系在一起,给人以强烈的印象。"水犀手"的故事,出自《国语·越语》:"今夫差衣水犀之甲者亿有三千。"因而战胜了越国,成为一时的霸主。射潮的故事,出自孙光宪《北梦琐言》的记载:吴越王钱镠,在建筑捍海塘的时候,为汹涌的怒潮所阻,版筑无成。后来钱王下令,造了三千劲箭,在叠雪楼命弓箭手猛射潮头,迫使潮水趋向西陵而去,终于建成了海塘。这故事虽近神话,但说明了"人定胜天"的道理。诗人把夫差水犀军和钱王射潮两件事融为一体,虽然引用上稍有出入,但设想是颇为神奇的。苏东坡自注云:"吴越王尝以弓弩射潮头,与海神战,自尔水不近城。"吴王夫差和武肃王钱镠射潮事,表达了苏东坡对制服潮患的愿望,三千支强弩射退潮头是一种夸张,但也说明苏东坡关怀民生、造福百姓的心愿。

这组看潮绝句,波澜壮阔,气象万千,有意到笔随之妙。在运笔方面,有实写,有虚写;有感慨,有议论;有想象,有愿望。淋漓恣肆,不落常轨,体现出苏东坡诗之豪迈特色。

庐山烟雨浙江潮

庐山烟雨浙江潮,未至千般恨不消。到得还来别无事,庐山烟雨浙江潮。

翻开苏东坡的诗集,描写庐山和杭州的诗篇可说不少,但是这一首《观潮》所流露的思想感情却很特别,极具禅味。就苏东坡的庐山诗而言,他写的"横看成岭侧成峰,远近高低各不同。不识庐山真面目,只缘身在此山中"就别开生面;他还写过《戏徐凝瀑布诗》:"帝遣银河一脉垂,古来唯有谪仙词。飞流溅沫知多少,不与徐凝洗恶诗。"前者哲理趣味极浓,说明如陷在里面跳不出来,就常被现象迷惑而看不到客观事物的真相。后者对李白诗的崇拜恰到好处。可是《观潮》一诗,就完全是另一种抒写,值得玩味。

这诗是苏东坡给小儿子苏过手书的一道偈子。苏东坡结束了长期流放的生活,从一个踌躇满志、一心从政报国的慷慨之士,慢慢变成一个从容面对、参透生活禅机的风烛老人。听说小儿子将去就任,便写下了此诗。对于此诗仅从字面解释是很简单的,但简单中又蕴含着不简单,不简单之处就在于本诗的第一句与最后一句是重复之句。而最后一句"庐山烟雨浙江潮"重复出现究竟何意也成了解读的热点。

从诗的命意看,可以看出诗人对庐山的风景和钱塘江潮慕名已久,常萦于梦寐。似乎如果不能身历庐山之境,一赏烟雨迷蒙之奇;如果不能目睹钱塘江潮,一看它万马奔腾,势撼山岳之壮,真是辜负此生,千般遗憾,难以消解。可是后来攀登庐山饱览了庐山的烟雨,出使杭州欣赏了一年一度的钱塘江潮后,反倒觉得客观的景物变得平淡无奇。烟雨的聚散飘忽,江潮的自来自去,似乎可以忘记了,烟雨、江潮也似有还无了。

以禅理入诗的诗人历代都有,唐代的王维可以说是代表,因为他追慕隐逸恬静,后来更是皈依佛门,所以很多诗表现了出尘的思想。如"独坐幽篁里,弹琴复长啸。深林人不知,明月来相照。""晚年惟好静,万事不关心。自顾无长策、空知返旧林。"都是例证。苏东坡在经历过宦海风涛,经历了人生道路上的许多坎坷之后,产生"及至到来无一事"的禅语,也是难免的。

苏东坡借《观潮》为题,抒写了一种消极、虚无的思想,有佛家的禅宗情调。苏东坡在诗中说的"到得还来别无事",就是把庐山烟雨、钱塘江潮淡化,淡到不过如此,细想这与苏东坡当初来时的千般期待、万分遗憾相比,显得很可笑了。

东坡与安乐坊

安乐坊是民间医院,《清波杂志》中有所记载:苏文忠公知杭州,以私帑金五十两助官缗,于城中置病坊一所,名'安乐',以僧主之。三年医愈千人。

元祐四年(1089年),苏东坡出任杭州知州。没想到刚一上任,就碰到疫病大流行,一时间,街头巷尾到处是声声病吟,尸横荒郊。苏东坡一边积极上奏朝廷汇报疫情,一边开仓赈灾救荒。与此同时,他又筹集钱款,开设安乐坊。为了开办病坊,苏东坡特拨钱两千贯,自己也拿出五十两黄金的积蓄。苏东坡又请来名医庞安时坐堂问诊,并将"圣散子"秘方传授给庞安时。苏东坡收纳贫穷病人,施舍粥、药。他在杭州近两年,共治好一千多名贫困病人。他还建立了奖惩制度,对于三年之内治愈千人以上的僧医,奏请朝廷赐给紫衣,以资奖励。安乐坊不仅平时开业看病,收留贫困患者,还向公众免费发放"圣散子",每帖药仅需一文钱,便于惠及普通民众服用。由于医院专门向广大贫苦农民开放,病坊常常是病人超员。

还是在黄州时,苏东坡从蜀中故人巢谷那里得到了一个秘方,名字叫"圣散子"。这个药方由高良姜、厚朴、半夏、甘草、草豆蔻、木猪苓、柴胡、藿香、石菖蒲等二十多种药材组成。这些药材,虽然廉价,却有惊人的功效,"至于救急,其验特异",重疾者"连饮数剂,即汗出气通,饮食稍进,神宇完复",即使健康人"平居无疾,能空腹一服,则饮食倍常,百疾不生"。这一秘方,让巢谷视若珍宝,连亲生儿子都不肯传授。苏东坡虽不是良医,但平日里阅读医书,收集天下奇方。一日与巢谷闲谈时得知这一秘方,就恳切乞求,经发誓绝不外传,才获得此药方。但为了杭州百姓他主动献出药方,苏东坡悲天悯人的情怀,在这里又一次得到了验证。

苏东坡离任杭州时,一位挚友送来黄金五两、白银一百五十两作为礼物。盛情难却,勤政廉洁的苏东坡就将这笔礼金转赠给安乐坊。而此时的安乐坊,每年以千斛租米作为基金,运转正常,故而苏东坡用礼金购买田地,获利后再添助安乐坊。

值得一提的是,安乐坊及其运作模式引起朝廷的极大关注。宋徽宗崇宁元年(1102年),朝廷开始在各地设置安乐坊,专为穷人治病。崇宁初年,安乐坊也改赐为安济坊,遂为官办。

苏东坡在杭创设安乐坊一事在其自述《与某宣德书》、苏辙《亡兄子瞻端明墓志铭》、周辉《清波别志》以及李焘《续资治通鉴长编》等史料中均有记载。

苏东坡在当时这种特定条件下,创办起来的"安乐坊",据考证是杭州最早的医院雏形。苏东坡平常除了写诗作文,还爱好医学研究,并和许多对中医药学造诣较深者结友探究有关医药知识。"安乐坊"就是从精通《伤寒论》的名中医庞安时那里得到启发创建的。苏东坡还亲自参与药剂的研制。他的稀粥药剂,就是把平时精研药理心得体会和搜集到的民间验方融会贯通,试制而成的。这种药剂给当时的贫苦百姓服用,既达到了治疗疾病的目的,又省却贫苦百姓无钱就医的烦恼。因此,这种保健药粥一直在民间广泛流传。此外,至今仍在沿用的

"苏合香丸",也是苏东坡研制首创的。

东坡与龙井茶

宋代杭州没有龙井旗枪。据唐代"茶圣"陆羽《茶经》中记载"钱塘天竺、灵隐二寺产茶"。而宋朝的《图经》也说:"杭州之茶、惟宝云、香林,白云所产入贡。"说明这三处名茶(白云即上天竺白云峰,香林即下天竺香林院,宝云即葛岭),当时已列入贡品。

熙宁四年(1071年),苏东坡被朝廷任命为杭州通判。这个通判是个诗人更是个茶痴,从而为杭州留下了许多传世佳话。这里要说的是有关苏东坡如何将白云峰的白云茶演变为杭州龙井茶的传说。

当时,上天竺白云峰下有天竺法喜寺,住持辩才是个得道高僧,已名扬天下。"辩才"的僧号也是仁宗皇帝赐封的。

相传苏东坡到任杭州通判没几日,就慕名去上天竺谒见辩才。不巧的是,当日辩才正好外出讲学,苏东坡在白云堂前的雪地里等了许久。眼看天色将暗,苏东坡只好怏怏而归。临走时,他挥笔在堂壁上写下七绝一首:"不辞清晓叩松扉,却值支公久不归。山鸟不鸣天欲雪,卷帘惟见白云飞。"后人为了纪念这段佳话,在苏东坡当时立雪处建造了一座"雪坡亭"。

第二年春日,苏东坡又去拜访高僧辩才。苏东坡十分敬仰辩才的道法学问,慕名虔诚多次上法喜寺,让辩才很感动。辩才奉上佳茗白云茶,两人品茗共研佛理,一见如故。对着眼前的白云茶,苏东坡诗兴大发,当即吟诗赞美道:

白云山下两旗新,腻绿长鲜谷雨春。
静试却如湖上雪,对尝兼忆剡中人。

苏东坡对杭州贡茶有研究,认为下天竺香林院的香林茶种是东晋谢灵运在下天竺翻译佛经时,从天台山带来的,是西湖最早的茶树。而苏东坡对白云峰下的白云茶更是情有独钟,对它的外形、茶味也有一定的认知。他对外形扁平光洁、尚匀整、叶端带嫩茎、色泽绿润,内质香气清爽、汤色嫩绿明亮、滋味醇正鲜和的白云茶,甚是喜欢。诗中所说的"两旗新"就是对白云茶的评价,也是西湖最早的"旗枪"名茶的雏形,同今天龙井茶一旗一枪、交错相映、芽芽直立、栩栩如生的外形十分相似。苏东坡的一番言论和诗句,让这位方外高僧十分高兴,两人秉烛夜谈,让辩才身边的小僧深感不惑,方丈怎么会如此兴奋、如此热情!

熙宁六年(1073年)初春,苏东坡因病告假,闲而无事游湖上净慈寺、南屏寺、白云寺、下天竺和香林院诸寺,晚上又带着香林茶和月桂峰的桂花到孤山谒惠勤禅师,与惠勤煎饮桂花茶,一日之中,饮浓茶数碗,不觉病已痊愈。便在惠勤禅师粉壁上题了七绝一首:《游诸佛舍,一日饮酽茶七盏,戏书勤师壁》:"示病维摩元不病,在家灵运已忘家。何须魏帝一丸药,且尽卢仝七碗茶。"诗中的魏帝即魏文帝曹丕,其《折杨柳行》诗云:"西山一何高,高高殊无极。上有两仙童,不饮亦不食。与我一丸药,光耀有五色。服药四五日,身体生羽翼。"意思是说,魏文帝游西山,得仙童丸药,服后身生羽翼。诗人用反问的语气表示不需要那样的丸药,还是如卢仝那样品饮七碗茶为好。下联中的卢仝是唐代诗人,其《走笔谢孟谏议寄新茶》

老龙井　　徐萍/摄

诗云:"一碗喉吻润,二碗破孤闷。三碗搜枯肠,惟有文字五千卷。四碗发轻汗,平生不平事,尽向毛孔散。五碗肌骨清,六碗通仙灵。七碗吃不得也,唯觉两腋习习清风生。"

诗传到辩才手上,辩才连声说:"知茶者,苏老弟也。"从此在辩才心中留下了深深烙印,苏东坡是个"佳茗似佳人"的茶痴。

元丰二年(1079年),年届古稀的辩才法师因为不堪承受繁忙的交接事务,决意从上天竺退居西湖南山龙井寿圣院。辩才入山之初,条件十分艰苦,策杖独往,"以茅竹自覆"。经过寺僧的努力,以后逐渐建有寂室、照阁、讷斋、潮音堂、方圆庵、归隐桥、龙井亭等著名建筑。辩才法师和寺僧在旁边的狮峰山麓开山种茶,辩才还特意种下从白云峰下带来的白云茶种子。因为他知道他的至交苏东坡一定会来探望他,并与他在这里煮茶论道、吟诗作赋的。在寿圣院这方风景佳绝之地,辩才讲经说法,谈古论经,传播佛理,结交名流,过着风雅、娴静、充满诗意的晚年生活。而这里也被后人看作是绿茶极品西湖龙井的发祥地。

元祐四年(1089年),苏东坡离开杭州十五年后,又出任杭州知州。两人相见时,辩才用龙井泉沏了在龙井山上采摘的白云茶,请东坡品茗,并把面前的佳茗种植过程娓娓道来。东坡听后更是感慨万千,连声说道:好茶好茶,真是佳茗似佳人,白云茶在法师手里变为龙井山上一款新茶,真是功德无量!从那日后,辩才的寿圣院常常能看到苏知州的身影,他们或者相对终日默悟佛道,或者煮茶品茗,或者听泉幽读清坐闭目。对

梅家坞　　林鸣/摄

于饱经仕途忧患的苏东坡来说，此时此地才让他感到摆脱世俗，洗却凡心。苏东坡说："杭有辩才，道俗所共依仰，盖一时盛事。此来时得从辩才游，老病昏塞，颇有所警发。"

辩才在龙井寿圣院边辛勤播种下白云山的白云茶种，随着时间的变迁逐渐成为龙井茶，而辩才也成为龙井茶的鼻祖，这是苏东坡始料不及的。

龙井茶美名传天下，从它孕育成长的过程中不难看到苏东坡这位茶痴的身影，而龙井茶也为后人留下了名僧与清官的一段千古佳话。

杭州的逸事

东坡路的由来

在杭州的西湖边有一条东坡路，人人皆知。北宋初期，它还是一条无名路，后因大学士苏东坡的一件小事而闻名。当时这条小路，因西湖淤塞水愈来愈浅，周边百姓很少来此处游玩。小路边的一间草屋里，住着一个白发苍苍的老奶奶，以卖凉茶为生。七月的一天骄阳似火，一位老者来到茶摊旁。老奶奶见他衣着简朴，举止言谈彬彬有礼，连忙移过一张方凳，说："老爷请坐。"老者落座后，看到身边的凉茶，问道："老人家，你这凉茶可是卖的？"老奶奶笑眯眯地答道："可说是卖，也可说是送。""此话怎讲？""因为西湖淤泥越来越多，到西湖边来游玩的人越来越少，难得见到客人。若是挑脚行走、佣工童仆来喝茶，手头有不便，不付钱也无妨。像你这样有风度的老爷，那就一个铜板一碗。"老者又问道："怎么到西湖边来玩的人越来越少了呢?""客官,你是真的不知还是假的不知?十多年前,这条小路还是熙熙攘攘人很多,游人买点零食、看看西湖、坐个小船游西湖惬意得很;现在湖面长满葑草,水流不出去,像一潭死水,真不知几年后有没有西湖。到时我的茶摊也只好关门走人了。"老者见老奶奶心直口快、言语朴实,就点点头拿起了桌上一碗凉茶,才喝了一口,顿觉精神一爽,连声说:"好茶好茶"。喝完茶,准备付钱,哪知当日出门竟未带散钱,于是取出一块碎银递给老奶奶。老奶奶一时之间兑换不开银两,就对老者说:"老爷既然不便,这碗茶权当老身请了。"老者感到过意不去,便说:"老人家,这次就当是我赊欠的,下次路过,定当奉还。"他向老奶奶拱手相谢,转身而去。

过了一个多月,老者再次路过这里,猛然想起上次未付的茶钱,一摸口袋却又忘了带散钱。心中感到不安,急忙向老奶奶道歉。老奶奶见这位老爷对一个铜板的事情如此认真,心中甚是欣慰,又特意端上一碗凉茶,请他坐下歇息。老者见她如

曲院风荷望西湖　　林鸣/摄

此殷勤招待，更觉不好意思，说道："老人家，我身边不带零钱已成习惯，两次赊欠实在抱歉，说不定下次来又会忘记。我看老人家你备些纸笔，倘若我再忘记带钱，就给你画一幅画当作茶钱吧！"老奶奶见老者言语落落大方，想必也是有才之人，于是点头答应了。

转眼到了十月的一天，老者来到茶摊前，很有礼貌地问道："老奶奶，你还记得我吗？可有备纸墨？"老奶奶一看，正是前两次来喝茶的老者，乐呵呵地说："我知道你是正人君子，在你走后的第二天，我就备了纸墨。"老者一听，笑着对老奶奶说："看来今天我的茶钱和上两次的茶钱，只有用画来支付了。"老者喝完茶水，嘴上说着好好好，欣然提笔画了一幅山水西湖泼墨画，题名"江南春色"落款"东坡"。老者笑着对老奶奶说："不知此画能否当得三次茶钱？"老奶奶虽然年纪大了，但也见多识广，一看落款才知道这位衣着简朴的老者竟是文才盖世的苏大学生，连忙躬身说道："老身有眼无珠，大人的字画千金难买，能得到大人的墨宝是老身前世修来的福分。"

苏东坡赠画抵茶钱的事情很快就传开了，大家都知道苏东坡经常便服外出，而且身上不带零钱。为了一睹苏大人的风采，纷纷来到这里摆起小摊，做点小生意，希望有一天能让苏东坡光顾。再加上西湖经过疏浚后，西湖的水清澈了，小路一侧的湖边也筑起了石堤，四方的游客开始络绎不绝地前来游西湖，就这样这条小路越来越热闹了。后来苏东坡离任外任，人们为了纪念他，于是就把这条小路叫作"东坡路"。

东坡躲婆弄

苏东坡画扇判案，为制扇手工业者张二还债的传闻，一传十,十传百,像春风吹遍杭州扇子巷。

扇子巷里有位老婆婆也以制扇、卖扇为生。这年春寒多雨,积有不少白绢团扇卖不出去,并有点发霉,生活有些困难。她想,苏东坡如此心地善良,为隔壁张二画扇还债,我老婆婆也抱一簇白绢团扇去请他画画,好发个利市。

一天,老婆婆起了个大早,抱着一簇白绢团扇等在苏东坡居所与州府衙门之间的路上。这天,天气很冷。苏东坡公务多,天黑才带着书童回家。走到这个头发花白的老婆婆身边,看到她冷得发抖,嘴上还自言自语说:"要是再没人买扇,家里的孩子怎么办啊?"苏东坡听了此话后很怜悯她,走上前去,问老婆婆:"天这么冷你抱着团扇,哪个要买啊?!"老婆婆不认识苏东坡,回答说:"是啊!天冷团扇无人要,可家里要靠卖团扇的钱生活啊。"苏东坡一听,让书童向旁边店家借了一支笔,站在路边,在一把把团扇上都画上几笔,有竹、有兰、有字。老婆婆见了,着急道:"你这个人怎么乱涂啊?!"苏东坡安慰说:"我学的苏东坡字画十分相似,你拿去卖卖看吧。"哪晓得这时路上已经挤满了看热闹的人。正巧张二带着女儿玲珑路过,玲珑跑上前去拉拉老婆婆的衣角,轻轻地说:"他就是苏东坡啊!"

大家一看是苏东坡画的扇,人人争着买,有的抛下一碇银子拿扇就走,扇子一下子卖完了。老婆婆数着比原来卖扇高出几十倍的钱,高兴极了。急急忙忙赶回家里,连夜赶制了几十把团扇,第二天又站在路边想再请苏东坡画扇。苏东坡从州府回来,远远看见老婆婆又抱着一大簇团扇在路边东张西望地好像在等他,带着书童忙走进一条小弄堂溜走。老婆婆等到夜深人静不见苏东坡出现,形单影只地回家了。一连三四天老婆婆都在原地等苏东坡。苏东坡一看到,就从那条小弄堂溜走。第五天苏东坡从州府回家,走到接近老婆婆卖扇处,远远望去没看到老婆婆,只见张二女儿玲珑站在那里,就要往前走。忽然玲珑对着他们举起手来指指店铺,还做了个抱东西的手势,书童见此情况立刻告诉苏老爷说:那老婆婆在店铺里等着你。苏东坡又带着书童溜进了小弄堂走了。书童好奇地问:"老爷,为什么要躲着老婆婆?"苏东坡说:"我只做雪中送炭之事。"

现在杭州人把当年苏东坡每天从州府回来的路叫作东坡路,那条小弄堂叫作"躲婆弄"。因为绍兴有条王羲之"躲婆弄",杭州这条就成为"东坡躲婆弄"。可惜,杭州"东坡躲婆弄"在旧城改造中消失了。

落帆亭

落帆亭位于嘉兴市城北隅、杉青闸路西侧,是古代杉青闸旁的一处园林。

北宋年间,杉青闸是古代大运河上的著名水闸,亦称"杉青第一闸"。杉青闸于隋唐时设置,由朝廷直接派官员管理。杉青闸边上有座施王庙,庙里的当家和尚十分厉害,故意把庙的正梁造得比孔庙大成殿正梁还要高三尺。当时秀才们不服,一起拥进庙门找和尚评理,要和尚拆低正梁。和尚说:"要我拆低庙的正梁可以。我出一上联,请你们对下联,期限七天。"和尚念出的上联是:"木马三脚两个头。"

众秀才几经聚会应对,可是六天过去了,仍是对不出。第七天他们又到杉青闸上的亭子里聚会,可依然无计可施。

这时,忽见运河里驶来了一艘官船,原来是苏东坡到杭州任知州,经过这里。众人纷纷走出亭子来迎接,苏东坡见了,忙挥手命船工落帆停船上岸。东坡见众秀才双眉紧皱,个个像有满腹心事,不禁发问:"诸位,何时忧愁?"众人齐说:"被一和尚的对联难倒了。"东坡问明原因,颇有兴趣地说:"这木马是指木匠锯木头的锯子架,上有两个头,下有三只脚。"接着,他又斜视了一下横在运河滩上的大铁锚,脱口念道:"铁猫(锚)四爪一条腿。"众人一听都拍手称妙,于是大家欢欢喜喜地请苏东坡到亭子里喝酒。

第二天,施王庙里的当家和尚一听下联,大吃一惊。一打听是皇帝的老师苏大学士帮秀才对出下联,只得将施王庙的正梁降到比孔子大成殿低三尺。

为了纪念苏东坡杉青闸下船巧对下联,便把这座始建时代当更早的亭子于北宋神宗熙宁元年(1068年)初重建,并改为落帆亭。亭畔有"浓绿暗宫柳,肥红绽野梅"槛联。此后落帆亭成为官吏和过闸客商游憩之所,以后历经修建,更驰名远近。现代人编写的《江南园林志》也将它列为名园。落帆亭于清光绪六年(1880年)重建,增筑太白亭,祀李白,旁有花神及闸神像。民国十年(1921年),嘉兴酒业公所出资再修。落帆亭为嘉兴主要风景点之一。园林内有玲珑的假山,幽雅的亭轩,苍翠的树木,特别是亭前池中遍植荷花,幽香四溢,是人们纳凉消夏的胜处。

悟前世佛缘

民间传说,苏东坡的前生前世曾经是个修行人,但他修得不够扎实,因执着于儿女私情而导致自己的修行前功尽弃,抱憾而死。

有一天,苏东坡与当地僧人道潜禅师一起到杭州葛岭西湖寿星寺院去拜访住持。刚走入寿星寺,苏东坡看看四周景物,便若有所悟地对道潜禅师说:"我生平并未到过这里,但这里的一切景物好像很熟悉,就好像曾经在这里住过一样。"道潜禅师意味深长地对他微笑点头,说:"你再仔细想想!"苏东坡顿了一顿又说:"从这里走到忏堂,应该有九十二个台阶。"于是众人按阶数去,果然如此!众人称奇,都说苏东坡前世定在这里修行过,唯有那道潜禅师似乎心知肚明,连声说"善哉善哉"。

自在杭州葛岭寿星寺里忆起前生后,苏东坡觉得寿星寺特别亲近,时不时便到这座寺院里来,在花木丛生的后院静坐读经,或在竹林阴凉的地方小憩纳凉。在《答陈师仲书》中说:"在杭州尝游寿星院,入门便悟曾到,能言其院后堂殿山石处,故诗中尝有'前生已到'之语。"在《南华寺》中写道:"我本修行人,三世积精炼。中间一念失,受此百年谴。"在《和张子野见寄》三绝中的一首《过旧游》中又说:"前生我已到杭州,到处长如到旧游。"苏东坡曾多次提到前生到过杭州,把杭州当成自己的故乡。

诗词人生

苏东坡面对生活的态度，他的生活方式，是中国式审美生活的图腾，是宋朝极简主义生活美学的集中体现，更是一切追求有为有味有趣生活的文人的典范。在苏东坡看来：人生固然可以不美好，但是心情不能不美好；人生固然可以愁云惨淡，但是也可以活出天高云淡。人来到世界上，不是来悲悲切切的，而是兴高采烈的。可以把挫折揉碎了，化成美酒佳茗，化成赤壁的涛声、承天寺的月光，化成香喷喷的东坡肉、甘甜的荔枝，化成朋友间的嬉笑，化成对爱人彻骨的思念。他把失意化成"人间有味是清欢"的极简主义美学，化成"老夫聊发少年狂"的豪放，化成"人生如逆旅，我亦是行人"的洒脱，化成"门前流水尚能西"的自信，化成"也无风雨也无晴"的旷达……

"生活不止眼前的苟且，还有远方和诗"，一个热爱生活的人即使身陷泥潭，也会把眼前的苟且过成诗。苏东坡就是这样的诗人，尤其是苏东坡在被贬期间，穷困潦倒，日子过得艰难，但一次次被贬中，他并未对生活持消极的态度，而是用无数散碎而具体的快乐把它化为无形。也就是，不论生活给他什么，他都能够安然笑纳，自寻乐趣。在苏东坡身上，有儒家的积极进取，有道家的顺应自然，有佛家的放下和解脱。苏东坡的人生态度，用他自己的话说，就是"胜固欣然，败亦可喜"。在诗的方面，他被公认称为"诗神"，在词的方面，他又是"豪放词派"的代表人物。苏东坡的诗词据统计大约有三千四百首。在这浩如烟海的诗词中，诗词故事道不完说不尽。为了让读者便于记忆那些老少皆宜、耳熟能详、代代相传、超群绝伦的好诗词，我选出四首里程碑式的、六首生活常态化的、八首忧伤悲愤悟道的，用这十八首诗词记住苏东坡人生经历和人生感悟。

四首让人膜拜的里程碑式的诗词

苏东坡的作品,流露出他的本性,亦庄亦谐,生动有力。他是北宋诗文革新运动的重要成员,其诗不受成规束缚,形成"以文为诗""以才学为诗"的富有理趣的"东坡体";其词突破了传统词的题材限制,扩大了词境,他以诗为词,开创了宋词的新时代。因其一生经历坎坷,思想复杂,感情丰富,故其诗词作内容广泛,风格多样:豪爽旷放者有之,婉约蕴藉者有之,清透淡逸者有之,古雅峭拔者有之,清丽回转者有之,绮丽绝艳者有之,其诗词既是感情的表述又是人生的写照。

《饮湖上初晴后雨》《水调歌头》《江城子·密州出猎》《念奴娇·赤壁怀古》是其代表作。苏的诗词一直滋养和影响着后世的文化人。

饮湖上初晴后雨

水光潋滟晴方好,山色空蒙雨亦奇。欲把西湖比西子,淡妆浓抹总相宜。

苏东坡任杭州通判期间,曾写过大量歌咏西湖景物的诗,此篇是最脍炙人口的一首。诗的题目《饮湖上初晴后雨》短短七个字,给我们交代了许多信息:苏东坡这次泛舟湖上,正在饮酒,而这天的天气情况先是天晴,然后就下雨了。

潋滟,指波光粼粼的样子;空蒙,指迷迷茫茫的样子。从"好"和"奇"可以看出,作者的心情很好。诗的前两句用了互文的修辞手法:"水光潋滟晴方好"这句省略了"雨亦奇",而"山色空蒙雨亦奇"这句省略了"晴方好",所以这两句的意思是西湖的山水不管是天晴还是下雨,都是令人心旷神怡的好风景。不能拆开理解为西湖的水只有晴天好,西湖的山只有雨天好。诗人这一空灵之笔"遂成为西湖定评"。(陈衍《宋诗精华录》)。正如《新白娘子传奇》里船夫唱到的:"西湖美景三月天嘞,春雨如酒柳如烟嘞。"区别在于,苏东坡这次游西湖是夏天,不是春天。船夫是唱出了西湖之美,苏东坡是写出了西湖之美。不管是船夫还是苏东坡,殊途同归的便是西湖的美,足以让人流连忘返。"水"和"山","晴"和"雨"相对出现,独立成画,构画成了"东边日出西边雨"的美景。苏东坡不愧为绘画高手,不仅给人写出西湖美景,还给人画出西湖美景。诗歌的后两句历来为人所称道。如果前文的"山""水""晴""雨"只是西湖的外貌,那么"欲把西湖比西子,淡妆浓抹总相宜",这两句就是西湖景色的神髓了。这两句用了比喻手法,将西湖比喻成西施,同时,这两句也用了拟人手法,赋予了西湖人格化的形象,增加西湖的灵动感,更是"喻人而不敢喻,道人之所未能道"。西湖的美是自然的,西施的美是天然的,不是所谓的"人靠衣装"的美,就算西施穿上粗衣敝屣、不施粉黛,那也是西施。就像王维所说:"艳色天下重,西施宁久微?"苏东坡在这里有意将西湖与西施等同,其实是想告诉我们,西湖美景不仅有外在的美,也是如同西施那样,也有内在的美。西施如果代表了吴越文化中的人文,那西湖就蕴含了吴越文化的地理。而这内在、神髓之美往往是我们所容易忽视的。而这一出色的比喻,被宋人称为"道尽西湖好处"的佳句,以至"西子湖"成了西湖的别名。

苏东坡的这首诗,没有从一处之景、一时之景描写西湖,而是从整体角度概括地介绍了西湖的外在美和内涵。这首诗被称为"前无古人，后无来者"的咏西湖名篇佳作，也难怪后来的诗人为之搁笔："除却淡妆浓抹句，更将何语比西湖？"（宋人武衍《正月二日泛舟湖上》）。

此诗还有一说法：是送给当时的舞妓王朝云的。苏东坡邀请了几位好友泛舟于湖上，并请一戏班子助兴，王是台柱，饮酒歌舞见美女"美如春园，目如晨曦，天上摩女"，有感而作。本人从小长在西湖边对家乡的美景如数家珍，说起西湖：晴西湖不如雨西湖，雨西湖不如雾西湖，雾西湖不如雪西湖，雪西湖不如诗西湖。可以这样认为，诗中的西湖那是人间天堂，西湖给我们的感觉是什么？就是整个杭州是西湖，整个浙江是西湖。对于外国人来讲，整个中国也许就像一个西湖，那种感觉非常奇妙，它成为中国人的一个象征。

苏东坡本人对这一首诗显然是相当得意的。这首诗中的一些词语，苏东坡在后来的诗歌中反复使用。例如：《次韵仲殊游西湖》：水光潋滟犹浮碧，山色空蒙已敛昏。《次韵刘景文登介亭》：西湖真西子。《次韵答马中玉》：只有西湖似西子。《再次韵德麟新开西湖》：西湖虽小亦西子。

苏东坡醉中所作的这首《饮湖上初晴后雨》诗，唱尽西湖晴雨丰姿，成为历代万千赞美西湖诗词中的绝唱，就连伟大诗人毛泽东平生四十一次来西湖，工作人员请他老人家为西湖留下点墨宝。主席说，有苏东坡的此诗，"不敢造次"。

水调歌头

丙辰中秋，欢饮达旦，大醉。作此篇兼怀子由。

明月几时有，把酒问青天。不知天上宫阙，今夕是何年? 我欲乘风归去,又恐琼楼玉宇,高处不胜寒。起舞弄清影,何似在人间!

转朱阁,低绮户,照无眠。不应有恨,何事长向别时圆?人有悲欢离合,月有阴晴圆缺,此事古难全。但愿人长久,千里共婵娟。

这首词是宋神宗熙宁九年(1076年)中秋,作者在密州时所作的。他曾经要求调任到离苏辙较近的地方为官,以求兄弟多多聚会。到密州后,这一愿望仍无法实现。这一年的中秋,皓月当空,银辉遍地,与胞弟苏辙分别之后,转眼已七年未得团聚了。此刻,词人面对一轮明月,心潮起伏,于是乘酒兴正酣,挥笔写下了这首名篇。词前的小序交代了写词的过程:"丙辰中秋,欢饮达旦,大醉。作此篇兼怀子由。"

在大自然的景物中,月亮是很有浪漫色彩的,她很容易启发人们的艺术联想。一钩新月,可联想到初生的萌芽事物;一轮满月,可联想到美好的团圆生活;月亮的皎洁,让人联想到光明磊落的人格。在月亮这一意象上集中了人类多少美好的憧憬与理想啊!苏东坡是一位性格豪放、气质浪漫的诗人,当他抬头遥望中秋明月时,其思想情感犹如长上了翅膀,天上人间自由翱翔。

上半阕写中秋赏月,因月而引发出对天上仙境的奇想,主要是抒发自己对政治的感慨。起句奇崛异常,词人用李白"青天有月来几时,我今停杯一问之"(《把酒问月》)诗意,用一问句把读者引入时间、空间这一带有哲理意味的广阔世界。作者之所以要化用李白诗意,一是李白的咏月诗流传甚广,二是苏东坡经常以李白自比,这里也暗含此意。李诗语气比较舒缓，苏词改成设问句以后，便显得峭拔突兀。苏东坡将青天作为朋友，把酒相问，显示了豪放的性格与不凡的气魄。"不知"二句承前设疑，引导人们对宇宙人生这一类大问题进行思考。"天上宫阙"承"明月"，"今夕是何年"承"几时有"，针线细密。继续设疑，也将对明月的赞美向往之情推进了一层。设问、思考而又不得其解，于是又产生了"我欲乘风归去"的遐想。词人至此突发奇想，打算回到"天上"老家，一探这时空千古奥秘。苏东坡生平自视甚高，以"谪仙"自居，所以他当然能御风回家，看看人间"今夕"又是天上的何年？仙境是否胜过人间？词人之所以有这种脱离人世、超越自然的奇想，一方面来自他对宇宙奥秘的好奇，另一方面更主要的是来自对现实人间的不满。人世间有如此多的不称心、不满意之事，迫使词人幻想摆脱这烦恼人世，到琼楼玉宇中去过逍遥自在的神仙生活。然而，在词中这仅仅是一种打算，未及展开，便被另一种相反的想法打断："又恐琼楼玉宇，高处不胜寒。"这两句急转直下，天上的"琼楼玉宇"虽然富丽堂皇，美好非凡，但那里高寒难耐，不可久居。词人故意找出天上的美中不足，来坚定自己留在人间的决心。一正一反，更表露出词人对人间生活的热爱。同时，这里依然在写中秋月景，读者可以体会到月亮的美好，以及月光的寒气逼人。这一转折，写出词人既留恋人间又向往天上的矛盾心理。这种矛盾能够更深刻地说明词人留恋人世、热爱生活的思想感情，显示了词人开阔的心胸与超远的志向，因此为宋词带来一种旷达的作风。"高处不胜寒"并非作者不愿归去的根本原因，"起舞弄清影，何似在人间"才是根本之所在。与其飞往高寒的月宫，还不如留在人间，在月光下起舞，最起码还可以与自己的清影为伴。从"我欲"到"又恐至"何似"的心理转折开阖中,展示了苏东坡情感的波澜起伏。他终于从幻觉回到现实,在出世与入世的矛盾纠葛中,入世思想最终占了上风。

下半阕写望月怀人,即兼怀子由,同时感念人生的离合无常,从中秋的圆月联想到人间的离别。夜深月移,月光穿过"朱阁",照进"绮户",照到了房中迟迟未能入睡之人。这里既指自己怀念弟弟的深情,又可以泛指那些中秋佳节因不能与亲人团圆以至难以入眠的一切离人。月圆人不圆是多么令人遗憾啊!词人便无理埋怨圆月:"不应有恨,何事长向别时圆?"相形之下,更加重了离人的愁苦。无理的语气进一步衬托出词人思念胞弟的手足深情,同时又含蓄地表示了对不幸离人的同情。词人毕竟是旷达的,他随即想到月亮也是无辜的,便转而为明月开脱:"人有悲欢离合,月有阴晴圆缺,此事古难全。"既然如此,又何必为暂时的离别而忧伤呢?这三句从人到月、从古到今做了高度的概括。从语气上,好像是代明月回答前面的提问;从结构上,又是推开一层,从人、月对立过渡到人、月融合。为月亮开脱,实质上还是为了强调对人事的达观,同时寄托对未来的希望。因为月有圆时,人也有相聚之时。故结尾"但愿"便推出了美好的祝愿。"但愿人长久"是要突破时间的局限,"千里共婵娟"是要突破空间的阻隔,让对明月共同的爱把彼此分离的人结合在一起。这两句并非一般的自慰和共勉,而是表现了作者处理时间、空间以及人生这样一些重大问题所持的态度,充分显示出词人精神境界的丰富博大。张九龄《望月怀远》说:"海上生明月,天涯共此时。"许浑《秋霁寄远》说:"唯应待明月,千里与君同。"苏东坡就是把前人的诗意化解到自己的作品中,熔铸成对天下离人的共同美好祝愿。

全词设景清丽雄阔，如月光下广袤的清寒世界，天上、人间来回驰骋的开阔空间。将此背景与词人超越一己之喜乐哀愁的豁达胸襟、乐观情调相结合，便典型地体现出苏词清雄旷达的风格。胡仔《苕溪渔隐丛话》评价为：中秋词自东坡《水调歌头》一出，余词尽废。

苏东坡《水调歌头》影响力有多大，我没深入探究过，但我只知《水浒传》三十回写："八月十五日可唱个中秋对月对景的曲儿。""唱得就是这一支东坡学士水调歌头"。而现代歌手王菲的《水调歌头》很受众人追捧。

江城子　密州出猎

老夫聊发少年狂，左牵黄，右擎苍。锦帽貂裘，千骑卷平冈。为报倾城随太守，亲射虎，看孙郎。

酒酣胸胆尚开张，鬓微霜，又何妨！持节云中，何日遣冯唐？会挽雕弓如满月，西北望，射天狼。

苏东坡这首词突出了五个"狂"字。而这五"狂"体现如下：

虽然年近四十已快不惑，却要和年轻人一样张狂；穿戴行装相当狂；追随者甚众，而且全城相送，人多势众阵势狂；要在众人面前，亲自射杀猛虎，显示豪迈气势狂；祈盼朝廷的重用，驰骋疆场，上阵杀敌精神狂。

尤其是最后一狂，苏东坡希望上阵杀敌，报效祖国，这是古代文人的最高理想。古往今来，很多文人都希望能有一天报效祖国。魏晋曹植在《白马篇》当中表达："捐躯赴国难，视死忽如归。"我愿意为了解决国家危难而捐躯，就算是死了，也像回老家一样的坦然。唐朝李贺也表达过这样的思想感情,他在《雁门太守行》一诗中说:报君黄金台上意,提携玉龙为君死。意思是为了报答君王的知遇之恩,我提上宝剑,万死不辞。李白《经乱离后天恩流夜郎忆旧游书怀赠江夏韦太守良宰》中说:"中夜四五叹,常为大国忧。"意思是每天半夜我都会醒来好几次,为国家而感到忧虑。宋朝文天祥《过零丁洋》当中说:"人生自古谁无死,留取丹心照汗青。"意思是人难免一死,但我希望我虽然身死,但我的忠心会被记载于史册之上。

所以,今天我们说到豪放词的代表作,肯定是苏东坡《江城子·密州出猎》。豪放词的鼻祖苏辛,苏东坡是排在辛弃疾前面的。

这首词作于宋神宗熙宁八年(1075年)十月。当时苏东坡四十岁,在密州(今山东诸城)知州任上。这年冬天,因为当地大旱,他带领随从去密州附近的常山祭天求雨。回来的途中,与同僚"习射放鹰",会猎于一个叫铁沟的地方。这次会猎,触发了长时间蓄积在他胸中的报国情怀,于是豪情满怀,作此抒怀之壮词。

苏东坡因此词有别于"柳七郎(柳永)风味"而颇为得意。他曾致书鲜于子骏表达这种自喜:"近却颇作小词,虽无柳七郎风味,亦自是一家,数日前猎于郊外,所获颇多。作得一阕,令东州壮士抵掌顿足而歌之,吹笛击鼓以为节,颇壮观也。"这首词通过对郊外打猎热烈场面的描绘,抒发作者希望能得到重用以实现杀敌报国的雄心壮志,而这一切,又都是围绕作者自我形象的塑造来实现的。词的基本脉络,就是从外在形象写到内心情怀。上半阕以叙为主,着力描述了太守即作者自己出猎的飒爽雄姿和猎场的盛况。"老夫聊发少年狂"总领全词,一

"狂"字,确定了词的基调,同时也为"老夫"的行动和要求做了很好的铺垫。

接着,写"老夫"的五个"狂"态,自我形象渐渐显现出来了:左手牵着猎犬,右臂擎着苍鹰,戴着锦帽,穿着裘服,带着大批人马席卷平坦的山冈。场面声势,逐层展开。"为报倾城随太守,亲射虎,看孙郎",作者的心声得到了最完全的体现,是自我形象的突现:告知全城的百姓都随我身后,亲眼看一看我像当年孙权射虎一样,显示出来的非凡身手吧!这里恰到好处地运用了孙权射虎的典故,把作者的"狂"态进一步具体化、形象化了。说明自己不只是一个文官,也能率领千军万马杀敌报国。这就为下半阕的请缨沙场埋下了伏笔。

词的下半阕,则以议为主,尽情地吐露了猎后的胸臆,陈述壮志。"酒酣胸胆尚开张"三句,紧承上阕的"狂"态,引起下面的议论和述志。这三句可谓作者内心的剖白:我开怀畅饮,胸胆高壮,正欲报效国家,即使头发白了些,那又有什么妨碍呢?雄心不输于风华正茂的青年。因而,他不禁发问:"持节云中,何日遣冯唐?"这句的意思是:什么时候,皇帝才能派遣冯唐那样的使节,手持符节,像赦免魏尚一样起用我呢?这里用的"冯唐赦魏尚"史事,显示了盼望起用的急切心态。最后三句,是作者自我特写,意即只要朝廷一声令下,我将把弓拉得像月一样圆,到西北边境去,狠狠打击入侵的豺狼。"天狼"本指天狼星,在古代被认为是天上的恶星,主侵掠。这里指辽和西夏。当时,这两个异族政权经常骚扰宋的边境。在这里,作者的情感如天风海雨一般,逼人而来,完成了自我形象的塑造,也点明了词旨。全词从出猎到抒怀,一气呵成,上下两部分浑然一体,由叙事而抒情,高亢激越,气势雄伟,一气贯注,给人以整体的美感。

《江城子·密州出猎》作为苏东坡最早的一首豪放词,堪称"直造古人不到处"的典范之作。就题材而言,他把打猎题材放进词里,是一次重大的创新,使词不再仅仅描写"小园香径"的闲情逸致和偎翠倚红的享乐生活,富有开拓意义。在艺术上,突破了前人的束缚,另辟新路,自成一家,刷新了词的意境和风格。言情沁人心脾,写景豁人耳目。辞脱口而出,无娇柔妆束之态。这首词的问世,使词坛风气为之一变,为宋词的发展开辟了一条新路。

念奴娇 赤壁怀古

大江东去,浪淘尽,千古风流人物。故垒西边,人道是,三国周郎赤壁。乱石穿空,惊涛拍岸,卷起千堆雪。江山如画,一时多少豪杰!

遥想公瑾当年,小乔初嫁了,雄姿英发。羽扇纶巾,谈笑间,樯橹灰飞烟灭。故国神游,多情应笑我,早生华发。人生如梦,一樽还酹江月。

这首词一开篇,可以说是气势如虹。古人对于江水,别有一番情意。《论语》有云:"子在川上曰:'逝者如斯夫!不舍昼夜。'"从孔子开始,流水便象征着时间,象征着历史,古诗词中,常用流水来隐喻永不停息的变化。到了苏东坡这里,他用极简的语言,将人们对流水的感慨浓缩出来,一句"大江东去,浪淘尽,千古风流人物",便囊括了人们对于时间、对于历史、对于人生功业的感慨,成为千古绝唱。

苏东坡望着波涛滚滚的长江,想到自古以来那些才华出众的人物都已随同时间流逝而消失，犹如被源源而来的浪涛从历史上冲洗掉了一样。于是，他用"浪淘尽"三个字，把眼前的长江和历史上的人物巧妙地联系起来，在这种自然而又形象的联想中，表现他对历史人物的怀念。大江即长江。这里用"大江"，除去由于声韵的要求外，也显得更有气魄。"千古"，指久远的年代。《三国演义》电视剧片头的歌词中的"滚滚长江东逝水，浪花淘尽英雄"一句，便是从苏东坡的这一句中来的，但气势明显比不上苏东坡的这一句。

苏东坡一开始就以豪迈澎湃的气势开头，描写了赤壁的江边月色：大江、海浪、古战场、乱石等景色，以雄浑壮阔的意象来映衬自己心中的三国风流人物。苏东坡望着眼前的景象，仿佛历史上的赤壁风云历历在目，引起了自己对时空的无限感慨。苏东坡借助苍穹有力、豪迈激越的笔触，让人莫名地心生一种历史的悲怆之感，久久不能释怀！

苏东坡在词中着重抒发了对赤壁之战的中心人物周瑜的歌颂。其实是对他少年得志、名震天下的向往。在苏东坡的笔下，残酷的赤壁之战宛然不见了。苏东坡在这里将周瑜的雄姿飒爽和怡然自得表现得淋漓尽致，充满了对周瑜文韬武略的溢美之情。尤其是"羽扇纶巾"写出了周瑜的神态，"谈笑间"突出了他的自信和才略，"樯橹灰飞烟灭"，六个字再现了一场历史性的大战。寥寥几笔，显示了作者艺术概括的才能，字里行间，倾注了作者对周瑜的由衷赞赏。

而天亮了，梦终究要醒。重游赤壁故地的苏东坡，感慨着时光的飞逝、少年不复存在的现实，以至于已经有了白头发，却还是无所成就，漂泊世间。"人生如梦，一樽还酹江月。"苏东坡多少是带有一丝凄怨在其中的。作者在词中表现了对历史英雄人物的感慨，对他们功成名就的向往，更是表达了自己的一种怀才不遇的愤慨，充满了对历史以及人生的总结与感慨。全词朗朗上口，读来令人感到慷慨悲阔，澎湃激扬。该词是豪放词派中的上乘之作！宋代两万多首词，最出名的非《念奴娇·赤壁怀古》莫属。胡仔《苕溪渔隐丛话》中赞颂说："语意高妙，今古绝唱。"

六首生活自然常态化的诗词

人生不简单也要简单过，生活不美满也要快乐过。

苏东坡热爱生活，能在每一天平凡自然的生活中活出精彩纷呈；也能在满目疮痍的日子里挑出快乐，在枯燥无味的路途中点出色彩。

人生最重要的能力，是无论生活多难，也能让自己快乐。所以，苏东坡让自己开心，也顺便取悦了世界。

望江南　超然台作

春未老，风细柳斜斜。试上超然台上看，半壕春水一城花。烟雨暗千家。

寒食后，酒醒却咨嗟。休对故人思故国，且将新火试新茶。诗酒趁年华。

熙宁七年（1074年），苏东坡被调往密州。他来到密州时，密州正处在"蝗旱相仍，盗贼渐炽"的紧张局势里。一年后，他把这里治理得井井有条，重修城北旧台，命名为"超然台"。这首豪迈与婉约相兼的词，通过春日景象和作者感情、神态的复杂变化，表达了词人豁达超脱的襟怀和"用之则行，舍之则藏"的人生态度，有伤感，似妥协，更像释然。

词的上半阕写登台时所见暮春时节的郊外景色。句首以春柳在春风中的姿态——"风细柳斜斜"，点明当时的季节特征：春已暮而未老。"试上"二句，直说登临远眺，而"半壕春水一城花"，在句中设对，以春水、春花，将眼前图景铺排开来。然后，以"烟雨暗千家"作结，居高临下，说烟雨笼罩着千家万户。于是，满城风光，尽收眼底。作者写景，注意色彩上的强烈对比作用，把春日里不同时空的色彩变幻，用明暗相衬的手法传神地传达出来。

下半阕写情，乃触景生情，与上半阕所写之景，关系紧密。"寒食后，酒醒却咨嗟"，进一步将登临的时间点明。寒食，在清明前二日，相传为纪念晋国介子推，从这一天起，禁火三天；寒食过后，重新点火，称为"新火"。此处点明"寒食后"，一是说，寒食过后，可以另起"新火"；二是说，寒食过后，正是清明节，应当返乡扫墓。但是，此时却欲归而归不得。以上两句，词情荡漾，曲折有致，寄寓了作者对故国、故人不绝如缕的思念之情。"休对故人思故国，且将新火试新茶"写作者为摆脱思乡之苦，借煮茶来自我排遣对故国的思念之情，既隐含着词人难以解脱的苦闷，又表达出词人解脱苦闷的自我心理调适。

"诗酒趁年华"，进一步申明：必须超然物外，忘却尘世间一切，而抓紧时机，借诗酒以自娱。"年华"，指好时光，与开头所说"春未老"相应合。全词所写，紧紧围绕着"超然"二字，至此，进入了"超然"的最高境界。这一境界，有伤感。诗人看似豁达无比，可以饮酒作诗、煮茶忘忧，但是他所做的一切归根结底都是在苦中作乐罢了，欢乐过后的寂静，将会带来更深的思念和痛苦。但是，此词之中，除了伤感，也有妥协和释怀。词人道，既然所有的一切都是徒劳，故乡难回、思念之情难抒，它们不会因为你时刻想着就消失，那么不妨带着它们，不辜负大好时光，该饮酒便饮，该煮茶便煮，该写诗就写诗，这便是苏东坡在密州时期心境与词境的具体体现。

这首词情由景发，情景交融。词中浑然一体的斜柳、楼台、春水、城花、烟雨等暮春景象，以及烧新火、试新茶的细节，细腻、生动地表现了作者细微而复杂的内心活动，表达了游子炽烈的思乡之情。作者将写异乡之景与抒思乡之情结合得如此天衣无缝，足见其艺术功力之深。

江城子
乙卯正月二十日夜记梦

十年生死两茫茫，不思量，自难忘。千里孤坟，无处话凄凉。纵使相逢应不识，尘满面，鬓如霜。

夜来幽梦忽还乡，小轩窗，正梳妆。相顾无言，惟有泪千行。料得年年肠断处，明月夜，短松冈。

在这首词中，读不到一句令人感觉"矫情"的词语。词语的运用简练凝重。每一个音节的连接都有冷涩凝绝之感，犹如声声咽泣，压抑沉重的气氛就在这"幽咽泉流"中弥散开来，让人难以呼吸，又难以逃避。

中国文学史上，从《诗经》开始，就已经出现"悼亡诗"。从悼亡诗出现一直到清末，悼亡诗写得最有名的有西晋的潘岳、中唐的元稹、晚唐的李商隐、南宋的陆游，还有清代的纳兰性德。他们的作品悲切感人：或写爱侣去后，处孤室而凄怆，睹遗物而伤神；或写作者既富且贵，追忆往昔，慨叹世事乖舛、天命无常；或将自己深沉博大的思念和追忆之情，用恍惚迷离的文字和色彩抒发出来，读之令人心痛。而用词写悼亡，是苏东坡的首创。

苏东坡的这首悼亡之作与前人相比，它的表现艺术却另具特色。题中"乙卯"年指的是熙宁八年（1075年），其时苏东坡任密州知州。这首"记梦"词，实际上除了下半阕五句记叙梦境，其他都是抒情文字。开头三句，排空而下，真情直语，感人至深。"十年生死两茫茫"生死相隔，死者对人世是茫然无知，而活着的人对逝者，也是同样的。恩爱夫妻，撒手永诀，时间倏忽，转瞬十年。"不思量，自难忘"，人虽亡，而过去美好的情景"自难忘"怀。王弗去世转瞬十年了，想当初年方十六的王弗嫁给了十九岁的苏东坡，少年夫妻情深意重自不必说，更难得的是她蕙质兰心，明事理。这十年间，东坡因反对王安石的新法，颇受压制，心境悲愤；到密州后，又逢凶年，忙于处理政务，生活困苦到食杞菊以维持的地步，而且继室王闰之及儿子均在身旁，故不能年年月月、朝朝暮暮都把去世的妻子挂在心间。不是经常想念，但绝不是已经忘却。这种深深地埋在心底的感情，是难以消除的。因为作者时至中年，那种共担忧患的夫妻感情，久而弥笃，是一时一刻都不能消除的。作者将"不思量"与"自难忘"并举，利用这两组看似矛盾的心态之间的张力，真实而深刻地揭示自己内心的情感。十年忌辰，触动人心的日子里，他不能"不思量"那聪慧明理的贤内助。往事蓦然来到心间，久蓄的情感潜流，忽如闸门大开，奔腾澎湃难以遏止。于是乎有梦，是真实而又自然的。"千里孤坟，无处话凄凉。"想到爱妻华年早逝，感慨万千，远隔千里，无处可以话凄凉，话说得极为沉痛。其实，即便坟墓近在身边，隔着生死，也是不能话凄凉的。这是抹杀了生死界限的痴语、情语，极大程度上表达了作者孤独寂寞、凄凉无助而又急于向人诉说的情感，格外感人。接着，"纵使相逢应不识，尘满面，鬓如霜。"这三个长短句，又把现实与梦幻混同了起来，把死别后的个人种种忧愤，包括容颜的苍老、形体的衰败都一一道出。明明她辞别人世已经十年，却要"纵使相逢"，这是一种绝望的、不可能的假设，感情是深沉、悲痛，而又无奈的，表现了作者对爱侣的深切怀念，也把个人在密州的情况做了形象的描绘，有"山雨欲来风满楼"的感觉，从而使这首词的意义更加深了一层。

  苏东坡曾在《亡妻王氏墓志铭》记述了"妇从汝于艰难，不可忘也"的父训。而此词写得如梦如幻，似真非真，其间真情恐怕不是仅仅依从父命，感于身世吧。作者索于心、托于梦的，确实是一份"不思量，自难忘"的患难深情。

  下半阕的头五句，才开始"记梦"。"夜来幽梦忽还乡"，是记叙，写自己在梦中忽然回到了时在念中的故乡，在那个两人曾共度甜蜜岁月的地方相聚、重逢。"小轩窗，正梳妆。"那小室，亲切而又熟悉，她情态容貌，依稀当年，正在梳妆打扮。这犹如结婚不久的少妇，形象很美，带出苏东坡当年的闺房之乐。作者以这样一个常见而难忘的场景表达了爱侣在自己心目中的永恒的印象。夫妻相见，没有出现久别重逢、卿卿我我的亲昵，而是"相顾无言，唯有泪千行！"这正是东坡笔力奇崛之处，妙绝千古。正唯"无言"，方显沉痛；正唯"无言"，才胜过了万语千言；正唯"无言"，才使这个梦境令人感到无限凄凉。"此时无声胜有声",无声之胜,全在于此。"此时有声当彻天,此时有泪当彻泉。"别后种种从何说起,只有任凭泪水倾盈。一个梦,把过去拉了回来,但当年的美好情景,并不存在。这是把现实的感受融入了梦中,使这个梦也令人感到无限凄凉。结尾三句,又从梦境落回到现实上来。"料得年年肠断处,明月夜,短松冈。"料想长眠地下的爱侣,在年年伤逝的这个日子,为了眷恋人世、难舍亲人,而柔肠寸断。推己至人,作者设想此时亡妻一个人在凄冷幽独的"明月"之夜的心境,可谓用心良苦。在这里作者设想死者的痛苦,以寓自己的悼念之情。这种表现手法,有点像杜甫的名作《月夜》,不说自己如何,反说对方如何,使得诗词意味,更加蕴蓄。东坡此词最后这三句,意深,痛巨,余音袅袅,让人回味无穷。特别是"明月夜,短松冈"二句,凄清幽独,黯然魂销。这番痴情苦心实可感天动地。词的最后三句还有另一种解释,是回忆起那初恋的场景。在苏东坡少年读书的岷山书院后面有短松冈,苏东坡与王弗月夜长相会与此。不管何种说法,都让人有"天长地久有时尽,此恨绵绵无绝期"之痛。

这首词运用分合顿挫、虚实结合以及叙述白描等多种艺术的表现方法,来表达作者怀念亡妻的思想感情。在对亡妻的哀思中,作者又糅进自己的身世感慨,因而将夫妻之间的情感表达得深情而执着,使人读后无不为之动情而感叹哀婉。

洗儿诗

人间养子望聪明,我被聪明误一生。惟愿孩儿愚且鲁,无灾无难到公卿。

在黄州期间，侍妾王朝云为苏东坡生下一个男孩儿苏遁，《洗儿诗》即为此男孩儿而作。可惜，苏遁出生不久即病夭。

苏东坡是诗词文俱佳的大文豪，他的作品讲究炼词炼意，这首七绝也是如此。一个"望"字，写尽了人们对孩子的期待；一个"误"字，道尽了自己一生的遭遇。诗中几处转折，情味全在其中。愚鲁的人该无所作为，但却能"无灾无难到公卿"，苏东坡的牢骚全在这些转折中。

苏东坡《洗儿诗》短短四句，语气戏谑，基调反讽，实乃事出有因。"人皆养子望聪明"，人心所向，众望所归，只是苏东坡本人仕途受大挫，痛定思痛。"我被聪明误一生"也是实情。苏东坡因反对王安石新法，又在诗文中讥讽"新进"，被对方构陷入狱。一场"乌台诗案"，震惊朝野，幸有元老重臣营救，苏东坡才免得一死，贬谪黄州。刚刚经历一场大磨难，诗人"惟愿孩儿愚且鲁，无灾无难到公卿"，一点不难理解。"公卿"还是要当的，只是希望"无灾无难"而已；"愚且鲁"不过是件外套，大智若愚才是内核。苏东坡此愿，实在是有感而发，绝非无病呻吟。

猪肉颂

净洗铛，少著水，柴头罨烟焰不起。待他自熟莫催他，火候足时他自美。黄州好猪肉，价贱如泥土，贵者不肯吃，贫人不解煮。早晨起来打两碗，饱得自家君莫管。

宋代宫廷规定："饮食不贵异味，御厨止用羊肉。"一般的士庶贫寒，只有在逢年过节或是宴请贵客的时候，才能咬咬牙买来羊肉尝尝鲜。猪肉因为寄生虫和味道的原因，不受大家的喜欢，只有下层劳苦民众才会买来吃。

　　苏东坡在京城时，无论是皇家的赏赐，还是宾客宴请，吃的都是上好的羊肉。在黄州，苏东坡是罪人又甚贫穷，根本没羊肉分配且又买不起羊肉，没办法，他只能选择吃猪肉。"黄州好猪肉，价贱如泥土。贵者不肯吃，贫者不解煮。"人生的精彩往往就在平淡的日常生活当中。像猪肉这司空见惯的食物，人们并不觉得里边有什么奥秘可寻；像炖煮猪肉这样的家常之事，人们也容易忽略探讨其中精益求精的可能性。苏东坡的叹息，除了猪肉本身之外，另有一种可供联想的可惜之意——人们在面对生活中种种事物时，或不肯，或不愿意去深入了解并挖掘其潜力。人们应该从他的叹息中，理解猪肉之情以外的深意——真善美就在我们每日每时的生活当中，发现、创造美，乃是我们大有潜力可挖的人生使命与快乐。联想到苏东坡在《答毕仲举书》里把吃猪肉比为修养身心的象征，将那虚无缥缈的"龙肉"（佛学）之类的玄谈加以摈弃的哲理思考，我们或许能更深层地理解"黄州好猪肉"这四句诗歌的另一番味道。苏东坡打了一个比喻：他把佛学称为"龙肉"，把自己借鉴佛学而为我所用的实践态度比为"猪肉"。龙肉虽美，但谁也没见过，吃过；而猪肉可能滋味不如龙肉美，然而却是看得见，尝得着的。不难得知，苏东坡这段话已经把猪肉作为一种人生修养、自我超越的象征，形成了他自己独特的"猪肉观"。

　　理解了这一点，再重新欣赏他的《猪肉颂》。"净洗铛"，虽然是说做好烹调的准备，其实这正是做事或修养身心时虔诚、认真态度的体现。煮肉如此，做一切事情，均须如此。读者可以从这小心翼翼的"净洗铛"中，窥见苏东坡平时修养身心之严谨、真诚。"少著水,慢著火"——水放得不多不少,火要不大不小,这样煨炖,才能将肉烹得又烂又有滋味。苏东坡告诉我们,具体实践中,每个环节都要做得稳妥、仔细,来不得半点儿马虎。透过这一丝不苟的准备与实际操作,我们看到的,不只是烹调本身,而是对待人生、修炼自身的一种兢兢业业的精神。

"待他自熟莫催他,火候足时他自美。"煮猪肉,只要方法得当,缓缓煨炖,到了时候,它自然滋味醇厚,美不可言。这两句,说的是煮肉,而当我们联想到人生的时候,不是正好发现,它切中了那种急功近利的社会人生弊端吗?人生的成熟感悟,是需要时间的。好大喜功、心浮气躁,一时可能会"成功",但最终定会失败的。

"早晨起来打两碗,饱得自家君莫管。"正因为对亲自创造的烹调艺术,十分满意,所以作者竟吃了"两碗"。"两碗",不但写出了胃口的满足,更写出了心灵的惬意。作者仿佛早就料到了他人的议论与惊诧,他风趣地说,我吃猪肉,腹满心惬,如鱼饮水,冷暖自知,外界对我的褒贬,尽可置之度外。了解佛学的读者,知道佛家最讲"心安",强调看轻外物(包括他人的议论)、重视内心的安定。因此,可以说,东坡的这一"饱得自家君莫管"之平淡结尾,其实是展现了他的佛学修养,蕴含着深刻的人生感悟。

值得说明的是,在吟《猪肉颂》之时,苏东坡并没有对他的"猪肉观"的人生思考做刻意的诠释、解说,而全在一片笔墨神行之间,有意无意透露着他的佛学修养与对佛学的借鉴、改造,这一点是需要补充说明的。

苏东坡的这首题为《猪肉颂》的诗,看似滑稽,实际上是幽默中蕴含着严肃的主题。作者的颂，当然包括了在味觉方面的享受，对自身烹调创新方面的自得；但是当我们了解了苏东坡当时的艰难处境后，就会在诗人享受味觉美味的后面，朦胧看到一个不屈的灵魂，一个在为人处世方面永远追求更高远深刻的情味、在日常生活与理性思考方面达到"知行合一"理想的哲人。尤其是作者将烹调艺术与人生超越的理想有机结合为一体，为我们树立了典范。

浣溪沙

细雨斜风作晓寒，淡烟疏柳媚晴滩。入淮清洛渐漫漫。
雪沫乳花浮午盏，蓼茸蒿笋试春盘。人间有味是清欢。

元丰七年（1084年），苏东坡去汝州上任的途中经过泗州。受泗州友人刘倩叔所约，两人同游泗州南山。午间，两人在山间水畔煮茶，采摘鲜嫩蔬果野菜作茶食，聆听大自然的声音。无酒无肉，也无丝竹歌舞，但却让苏东坡感到了人间真正的味道。

上半阕写早春景象：清晨时分，风斜雨细，还有些瑟瑟微寒，雨慢慢收住，烟云疏柳一片朦胧之美。下半阕写游玩：清茶野餐，春蔬野果，和朋友把臂同欢。

细观整首词，除了对春景的赞美和与朋友相聚的快乐之外，全篇没有一个字表现出埋怨或者不甘的情绪，哪怕是在被贬黜调任的时候，苏东坡仍在欣赏和赞美沿途的景色，这也正应了他所说的那句"人间有味是清欢"。

我很喜欢"清欢"这两字。其实人生大部分事情都如此。如果一次性得到的欢乐太多，那么下次得不到的时候也许会失落，不如每天都有清清淡淡的欢乐，不要太多。

我不知道苏东坡是如何做到的？顺其自然，与人为善，方得清欢。一蔬一饭，一草一木，一花一山，一朝一夕在苏东坡眼里都是美的，苏东坡用平淡无奇、朴质清淡、空灵隽秀或大气磅礴、奔腾豪放的文字表达出来，从而表现出苏东坡旷达超脱的胸襟，寄寓着超凡脱俗的人生理想。大部分人对苏东坡的认知都来自教科书里，来自可以脱口而出的那句"但愿人长久"或者"十年生死两茫茫"，这首《浣溪沙》却鲜有人提起。但在我看来，这句"人间有味是清欢"才是苏东坡一生的写照。

定风波

　　三月七日，沙湖道中遇雨。雨具先去，同行皆狼狈，余独不觉。已而遂晴，故作此。

　　莫听穿林打叶声，何妨吟啸且徐行。竹杖芒鞋轻胜马，谁怕？一蓑烟雨任平生。

　　料峭春风吹酒醒，微冷，山头斜照却相迎。回首向来萧瑟处，归去，也无风雨也无晴。

这首记事抒怀之词作于元丰五年（1082年）春，苏东坡贬谪团练副使的第三个春天。词人与朋友春日出游，风雨忽至，朋友深感狼狈，词人却毫不在乎，泰然处之，吟咏自若，缓步而行。

首句"莫听穿林打叶声"，一方面渲染出雨骤风狂，另一方面又以"莫听"二字点明外物不足萦怀之意。"何妨吟啸且徐行"，是前一句的延伸。在雨中照常舒徐行步，呼应小序"同

墨竹图　　俞国海/书画

行皆狼狈,余独不觉",又引出下文"谁怕"即不怕来。徐行而又吟啸,是加倍写;"何妨"二字透出一点俏皮,更增加挑战色彩。首两句是全篇枢纽,以下词情都是由此生发。

"竹杖芒鞋轻胜马",写词人竹杖芒鞋,顶风冲雨,从容前行,以"轻胜马"的自我感受,传达出一种搏击风雨、笑傲人生的轻松、喜悦和豪迈之情。"一蓑烟雨任平生",此句更进一步,由眼前风雨推及整个人生,有力地强化了作者面对人生的风风雨雨而我行我素、不畏坎坷的超然情怀。

"山头斜照却相迎"三句,是写雨过天晴的景象。这几句既与上半阕所写风雨对应,又为下半阕所发人生感慨作铺垫。

结尾"回首向来萧瑟处,归去,也无风雨也无晴。"这饱含人生哲理意味的点睛之笔,道出了词人在大自然微妙的一瞬所获得的顿悟和启示:既然自然界的雨晴属寻常,毫无差别,那么社会人生中的政治风云、荣辱得失又何足挂齿?句中"萧瑟"二字,意谓风雨之声,与上半阕"穿林打叶声"相应和。"风雨"二字,一语双关,既指野外途中所遇风雨,又暗指几乎置他于死地的政治"风雨"和人生险途。

此词通过野外途中偶遇风雨这一生活中的小事,于简朴中见深意,于寻常处生奇景,表现出旷达超脱的胸襟,寄寓着超凡脱俗的人生理想。上半阕着眼于雨中,下半阕着眼于雨后,全词体现出一个正直文人在坎坷人生中力求解脱之道。这首词篇幅虽短,但意境深邃,内蕴丰富,诠释着作者的人生信念,展现着作者的精神追求。

著名学者王国维先生曾指出,"一切景语皆情语也"。苏东坡的这首《定风波》就是如此。"莫听"两字劈头而来,便将那些风风雨雨全部抛在一边。"何妨""徐行"二词似在劝别人,实际是在劝自己:这样的小风小雨又算得了什么呢,它不但不值得逃避,反而可以让人好好地享受一下。真是不一样的襟怀,不一样的感受啊!不曾经历大风大雨,焉能如此?"谁怕?"以反问句出之,干脆利落,掷地有声。什么样的苦都吃过了,还怕什么?"微冷"一词则准确地传达出词人此时的感受——这些风雨是轻微的,不但不令人害怕,反倒可作欣赏。最后,全篇的情感都归结到"归去,也无风雨也无晴"一句上。这一句是众口流传的佳句,词人巧用双关,以"晴"谐音"情",巧妙地将自然之景和心中之情结合起来,了无痕迹。而"无"字在一句之内的重复使用,不仅音韵铿锵,更是将词人那种无牵无挂、无欲无求、恬淡平和之情充分地表露出来。虚词和动词的巧妙结合使用,有效地传达出词人内心的平静与恬淡。人生必须有坚定的信念与坚韧的意志,要相信骤雨急风后定会有山头斜照迎。尤其在处于人生逆境之中时,更要有坦然、超然、安然的态度。当然,"也无风雨也无晴"之中也透露出佛教泯灭有无、超然得失、不牵忧乐、不著于怀的出世思想,但正是在这种思想和任运自在的人生态度的支撑下,苏东坡才安然地度过黄州时期的贬谪生涯。也正是由于达观、豪放与超然的人生态度,使得苏东坡的词能经常超越一己之得失和现实之困境,从更高更远以及更主动的层次上提升人生的意义,让晦暗的生命变得一片澄明。

苏东坡的这首《定风波》之所以妙绝千古,受到无数读者的喜爱,就在于词人表面上写的是日常生活中的风雨阴晴,但实际上却在写他所遭遇到的政治上的磨难,并从中寄寓着深刻的人生哲理:人生历程中总会遇上坎坎坷坷,遭遇些挫折与磨难,但只要能够坦然面对,保持乐观的情绪,就没有过不去的难关,又何必过于在意人生路上的风风雨雨,坎坎坷坷呢?

八首忧伤悲愤悟道的诗词

苏东坡尝遍了人间的冷暖,他没骂这人间,只是悄然来到某个他喜欢的地方，喝一壶酒，吟一首诗，就已经很开心了。

如同所有伟大思想的诞生一般，苏东坡也用诗文凝练出了人生哲学。"天道何常之有，应物而矣。"若从事物易变一面来看，天地万物时刻都在变化；若从事物不变的角度看，万物与我都是永恒不变的。变与不变的辩证，我应安然自若，我就是我。让苏东坡真正意识到：所有的困苦都将逝去，永恒的是自己的初心。

他用诗给予自己安慰，也不小心安慰了后世的我们。

醉睡者
有道难行不如醉，有口难言不如睡。
先生醉卧此石间，万古无人知此意。

这首诗表达了苏东坡的无奈和忧虑。苏东坡这首诗借醉睡者，来写自心怀抱，怀才不遇的寂寞和感慨，无人理解，不如醉睡去：既然有路难行，不如大醉一回；既然有口难言，不如大睡一场；不论是昏醉或是沉睡，都不必为路的难走与话的难说而烦忧。作者怀才不遇的痛苦无人了解，于是便在伤心寂寞之余，写下了这首诗来抒发心志。睡去固然可以忘忧，可是醒来却更加无奈，这与"借酒浇愁愁更愁"的道理是相同的。本来希望能得到暂时的解脱，可是内心却更加的空虚寂寞。

古人写"愁"，有直抒胸臆的、有借景抒情的、有强颜欢笑的、有欲说还休的，而苏东坡的"愁"却是"有口难言"的，是说不出的！"有道难行""有口难言"，竟愁至难以言表，愁到极致，愁到无路可行。东坡实在是个忧虑之人。愁虽极致，但苏东坡从来不是绝望的，豁达洒脱才是他的性情。难行，索性醉；难言，索性睡！醉睡之间，愁奈我何！好一句"先生醉卧此石间"，其中放任性情、洒脱不羁的乐观姿态，尽数呈现！

渴望入世一展抱负，却坎坷颠簸只能追求出世超然物外，这就是苏东坡的醉睡之意！苏东坡学通儒、释、道。林语堂先生说东坡以儒学正视人生、以道学简化人生、以佛学否定人生，在心灵识见中产生了他混合的人生观！这首《醉睡者》可以说就是他人生观的一个集中体现。

蝶恋花

花褪残红青杏小。燕子飞时，绿水人家绕。枝上柳绵吹又少，天涯何处无芳草！

墙里秋千墙外道。墙外行人，墙里佳人笑。笑渐不闻声渐悄，多情却被无情恼。

全词表达了苏东坡对春光易逝的叹息，以及他自己多情却遭到无情对待的伤感。

词的开篇，苏东坡便为我们展现了一幅暮春景色图。杏花在这时候已经凋谢，剩余不多的红色也渐渐褪去，树上开始长出了幼小的青杏。自古以来诗人大多有伤春悲秋之感，这首词也可以看作是苏东坡目睹暮春景色，抒发伤春之情。只是不同的是，苏东坡在这里更多了一些旷达，有凋谢自然就有新生，言语中便冲淡了浓郁的伤春之情。紧接着苏东坡的目光便从眼前的杏树转移到更加开阔的地方，只见那燕子掠着水面低飞，绿水环绕着人家的墙院。寥寥几笔，便刻画出一幅绝美的乡村图景。

"枝上柳绵吹又少，天涯何处无芳草！"这是苏东坡这首词中最为人所熟知的两句。大意是，枝头上的柳絮随风远去，愈来愈少,但这天下,哪里没有青青芳草呢。除却这层表面上的意思外,这两句其实还蕴含着苏东坡的辛酸和悲哀。

据《林下词谈》记载:"子瞻在惠州,与朝云闲坐。时青女初至,落木萧萧,凄然有悲秋之意,命朝云把大白,唱'花褪残红'。朝云歌喉将啭,泪满衣襟。子瞻诘其故,答曰:'奴所不能歌,是枝上柳绵吹又少,天涯何处无芳草也。'"而那时候的苏东坡正被贬在万里之遥的岭南,并且人到晚年,再回头看故乡,这境遇和随风远去的柳絮何其相似!

"墙里秋千墙外道。墙外行人,墙里佳人笑。"一墙之隔却是完全不一样的生活状态。墙里是年轻而富有朝气的佳人,墙外却是如苏东坡这样漂泊在外的路人。至于路人是什么样的一种心境和神态,就需要我们去想象了。这里可见苏东坡在艺术手法十分讲究藏与露的关系。

结尾两句:"笑渐不闻声渐悄,多情却被无情恼。"当墙里佳人的笑声已去,四周仿佛顿时安静下来,内心的那颗多情的心却怎么也平静不下来了。这里的"多情"看起来像是爱情,却是苏东坡自己的人生写照。有着苏东坡自己的惜春迟暮之情,有感怀身世之情,有思乡之情,有对年轻生命的向往之情,有报国之情等,而这些都是需要阅历的,那墙内的年轻人单纯、无忧无虑,便是"无情"。

其中"天涯何处无芳草"一句最为人们所熟悉,并且后世常引用为男女之间没有必要死守一方,可以爱的人或值得爱的人很多。但这首词中暗含的意思还是值得寻味一番。其实真正意思被我们误会了千年,更准确地应该说我们所了解到的意思过于单一。当然,苏东坡也并未言明,留下了丰富的空白,我们可以尽情地去品味,去想象,这也正是古诗词的魅力所在。

所以，从上半阕写"绿水人家"，充满期待，到下半阕写多情被恼，无可奈何，情景结合，脉络畅达，不仅读来深情无限，而且境界上也别开生面，让人浮想联翩。

临江仙　送钱穆父

一别都门三改火，天涯踏尽红尘。依然一笑作春温。无波真古井，有节是秋筠。

惆怅孤帆连夜发，送行淡月微云。尊前不用翠眉颦。人生如逆旅，我亦是行人。

这是一首送别词，送的是他的好友钱勰（字穆父）。元祐三年（1088年），钱穆父因坐奏开封府狱空不实，出知越州（今浙江绍兴）。元祐五年（1090年），又徙知瀛洲（治所在今河北河间）。元祐六年（1091年）春，钱穆父赴任途中经过杭州，苏东坡作此词以送。

词的前三句写苏东坡与好友一别三年，天涯各自奔忙，相逢一笑，依然像春天一样温暖。"无波真古井，有节是秋筠。"这一句是称赞好友的品德，说好友的心如古井一样不起波澜，高风亮节就像秋天的竹子。

"惆怅孤帆连夜发，送行淡月微云。"令人惆怅的是，好友连夜就要离开，词人只能在淡月微云中送别好友。"尊前不用翠眉颦"，翠眉，借指酒宴上的陪酒的歌妓，在这离别的酒宴上，陪酒的歌妓们不用皱着眉头。"人生如逆旅，我亦是行人。"逆旅，旅馆。人生就像住在旅馆，我也是其中的一个行人。

这首送别词，一改以往送别词的缠绵感伤，全词旷达洒脱，不过，这洒脱中有些许苍凉的意味，特别是最后一句，"人生如逆旅，我亦是行人"。在词中是对友人的慰勉和开释胸怀，却道出了人生漂泊无依的处境。人生这趟旅行的起点我们不能选择，而终点我们不能阻止出现，过程却是在我们自己脚下。自出生那一刻起，就开始了漫漫的人生旅程。没有一条路是没有风雨没有坎坷的，也没有一条路始终是黑暗没有光亮的。不管是阳光灿烂还是风雨交加，随着时间的流逝，都将成为旅程中的一部分回忆。既然选择了就得走下去，要想走得好，那么只有随时保持足够的信心和勇气，才能不断前进，寻找到更多更美好的风景。

苏东坡一生虽积极入世，具有鲜明的政治理想和政治主张，但另一方面又受老庄及佛家思想影响颇深，每当官场失意、处境艰难时，他总能"游于物之外""无所往而不乐"，以一种恬淡自安、闲雅自适的态度来应对外界的纷纷扰扰，表现出超然物外、随遇而安的旷达、洒脱情怀。保持一份平和，一份清醒，身居朝堂闹市而自辟宁静，固守自我而品尝喧嚣，在人生无论长或短的旅程中，全然切断时间的概念，享受悠闲，享受过程，才算不虚此生、不虚此行！这首送别词中的"一笑作春温""樽前不用翠眉颦。人生如逆旅，我亦是行人"等句，是苏东坡这种豪放性格、达观态度的具体体现。

卜算子
黄州定慧院寓居作

缺月挂疏桐，漏断人初静。谁见幽人独往来，缥缈孤鸿影。

惊起却回头，有恨无人省。拣尽寒枝不肯栖，寂寞沙洲冷。

这首词作于黄州期间。词人的月夜感想，衬托出了词作者孤高自许的心境。其中名句"缺月挂疏桐""寂寞沙洲冷"被歌词直接引用，当真是"格奇而语隽"。

上半阕写词人所看到的月夜景色。"缺月挂疏桐，漏断人初静"，写词人在夜里看到月亮，而此时多数人都已经休息了。如此时间，是词人抒怀的最好时机。"时见幽人独往来，缥缈孤鸿影"，即在这个无人的夜晚，词人一人孤高地行走徘徊。又有谁会发现自己的身影呢？恐怕只有高处飞翔的大雁。词人以"孤鸿"自许，清高孤傲的心态一览无余。

下半阕词人把鸿与人一同来写。"惊起却回头，有恨无人省。"写大雁的孤单飞翔，也写自己的孤独。世间人事茫茫，又有谁会理解我内心的真正孤独呢？世间没有知音，没有人愿意听我的心声，如此孤苦，实在难耐。所以引出最后的词句："拣尽寒枝不肯栖，寂寞沙洲冷。"孤雁因为遭遇变故，不肯安歇，落宿于寂寞荒冷的沙洲；而词人自己，不也是在被贬的职位上有同样的境遇吗？

这首词的整体格调，不可谓不悲凉，不可谓不悲苦。悲苦的背后，是词人孤傲的内心，更有词人难以言说的孤独。此词境界高远脱俗，具有很高的艺术价值。后人评价为"似非吃烟火食人语"，历来被广为传颂。

在所有的苏东坡作品中，这首词中蕴藏着最深的孤独。读词毕，整个世界都仿佛静止了、凝固了。不过，这种深邃的孤独，并非消极避世的孤独，而是一种高洁的、具有高度思想性的孤独。一切伟大的文人，一切伟大的思想家，一切伟大的智者都有这种深邃的孤独。在这种孤独中，与自己的灵魂对语，才能深刻认识自我，认识外境，从而最终成为一个伟大的文人，一个伟大的思想家,一个伟大的智者。

行香子

　　清夜无尘,月色如银。斟酒时须满十分。浮名浮利,虚苦劳神。叹隙中驹,石中火,梦中身。
　　虽抱文章,开口谁亲。且陶陶乐尽天真。几时归去,作个闲人。对一张琴,一壶酒,一溪云。

　　诗的大意是:夜气清新,尘滓皆无,月光皎洁如银。值此良辰美景,把酒对月,须尽情享受。名利都如浮云变幻无常,徒然劳神费力。人的一生只不过像快马驰过缝隙,像击石迸出一闪即灭的火花,像在梦境中瞬息即逝的经历一样短暂。

　　虽有满腹才学,却不被重用,无所施展。姑且借现实中的欢乐,忘掉人生的种种烦恼。何时能归隐田园,不为国事操劳,有琴可弹,有酒可饮,赏玩山水,就足够了。

　　人生苦短,怀才不遇,建功无望,入仕之时亦生退隐之心,这是古代文人普遍的矛盾。于是有花间的沉沦,有避世的归隐,而苏东坡是豪放达观之人,"且陶陶乐尽天真",似乎忘掉了人生的烦恼。此词虽在一定程度上流露出了作者的苦闷、消极情绪,但"且陶陶乐尽天真"的主题,基调却是开朗明快的。而词中语言的畅达、音韵的和谐,正好与这一基调一致,形式与内容完美地融合起来。

　　苏东坡真不愧为唐宋八大家之一。上半阕里令人敬佩地集中使用三个表示人生虚无的词语"隙中驹,石中火,梦中身",构成博喻,而且都有出处,分别是出自庄子、古乐府诗还有白居易的诗。厉害吧,可见东坡是读书万卷,深思熟虑!

典故出来了，酒也喝得尽兴了，自然就引入下半阕的思考。苏东坡接着说，虽有满腹才学，却不被重用，无所施展。姑且借现实中的欢乐，忘掉人生的种种烦恼。何时能归隐田园，不为国事操劳，有琴可弹，有酒可饮，赏玩山水，就足够了。

按照正常人的思考，本来以为这位大才子会大发牢骚，感慨万端。但居士可是特殊材料做成的，岂能等闲视之。"一张琴，一壶酒，一溪云"，这连续的三个"一"充分地表达了他要归隐山林，做个闲人的思想。尤其是"乐尽天真"更是把这种念想表现得一览无遗。

但是再仔细回味，其实我们是被他骗了，这也许只是他在心情苦闷之时，寻求自我解脱的高超方法。善于从困扰、纷争和痛苦中自我解脱，豪放达观，这正是苏东坡的生活态度。

曾写过"问世间情为何物"的元好问是这样评价东坡先生的。他说：自东坡一出，情性之外，不知有文字，真有"一洗万古凡马空"气象。言外之意是说，苏东坡的诗词不是凡人用心雕琢能够得到的，那是一种天性，是生活的灵感，是坎坷后的真言，是重压下的释怀。

和子由渑池怀旧

人生到处知何似，应似飞鸿踏雪泥。泥上偶然留指爪，鸿飞那复计东西。老僧已死成新塔，坏壁无由见旧题。往日崎岖还记否，路长人困蹇驴嘶。

嘉祐六年（1061年），苏东坡仕途正式开启。事事顺遂，似乎一抬眼就能看到金灿灿的未来。

此诗前四句一气贯串，自由舒卷，超逸绝伦，散中有整，行文自然。首联两句,以雪泥鸿爪比喻人生。一开始就发出感喟,有发人深思、引人入胜的作用,并挑起下联的议论。次联两句又以"泥""鸿"领起,用顶针格就"飞鸿踏雪泥"发挥。鸿爪留印属偶然,鸿飞东西乃自然。偶然故无常,人生如此,世事亦如此。他用巧妙的比喻,把人生看作漫长的征途,所到之处,诸如曾在渑池住宿、题壁之类,就像万里飞鸿为了谋生,东奔西走,偶然脚爪会落在泥雪上也会很快消失,不必为它过分伤感,前程远大,这里并非终点,则当以顺适自然的态度去对待人生。果能如此,怀旧便可少些感伤,处世亦可少些烦恼。苏东坡的人生观如此,其劝勉爱弟的深意亦如此。此种亦庄亦禅的人生哲学,符合古代士大夫的普遍命运,亦能宽解古代士大夫的共同烦恼,所以流布广泛而久远。

后四句照应"怀旧"诗题,以叙事之笔,深化雪泥鸿爪的感触。五、六句言僧死壁坏,故人不可见,旧题无处觅,见出人事无常,是"雪泥""指爪"感慨的具体化。尾联是针对苏辙原诗"遥想独游佳味少,无方骓马但鸣嘶"而引发的往事追溯。回忆当年旅途艰辛,有珍惜现在勉励未来之意,因为人生的无常,更显人生的可贵。艰难的往昔,化为温情的回忆,而如今兄弟俩都中了进士,前途光明,更要珍重如今的每一时每一事了。

新塔、旧壁,人生多变且不可预知。面对看似平坦的人生大道,苏东坡稳住了心神,并未膨胀自大。老话说:"天欲祸人,先以微福骄之。"人在得意时很容易飘起来,变得自大自夸,从而失去正确的方向。只有时刻保持危机感,不断学习,学会反思,看到自己的不足,才能进步。

在这首早期作品中,诗人内心强大、达观的人生底蕴已经得到了展示。全诗悲凉中有达观,低沉中有昂扬,读完并不觉得人生空幻,反有一种眷恋之情荡漾心中,犹如冬夜微火。于"怀旧"中展望未来,意境阔远。诗中既有对人生来去无定的怅惘,又有对前尘往事的深情眷念。

题西林壁

横看成岭侧成峰,远近高低各不同。不识庐山真面目,只缘身在此山中。

元丰七年(1084年),苏东坡奉调汝州。在路过九江时,与佛印、参寥一起游览庐山,写下若干首诗,而这一首是最后的总结。身处庐山之中,看到的一切峰峦和流水都只是庐山的一部分,而非整体。也就是说,当我们处在一件事物当中的时候,我们看到的是非对错其实并非真正的是非对错,因为我们的眼界会被事物本身所遮挡,同时,又会被自己的好恶所左右。所谓,当局者迷。

当时写庐山的已经有一首流传特别广,那就是李白的代表作《望庐山瀑布》:"日照香炉生紫烟,遥看瀑布挂前川。飞流直下三千尺,疑是银河落九天。"苏东坡也去游庐山,很多人就等着看热闹,你不是牛嘛,你写得过李白吗?而且东坡的粉丝还特别多,一听说他来庐山,好多庙里的僧人,鞋都不穿就跑出来了。

盛情难却,东坡就随便写了一首。"可怪深山里,人人识故侯。",挺自恋啊,但一看就不在状态。但是东坡还是很执着的,他在山里待了一段时间看了一会景色,又写了一首:"如今不是梦,真个是庐山。"哈哈,也就这水平?

最后游西林寺的时候，东坡终于找到感觉了。他写完《题西林壁》搁下笔，仰天长啸，说庐山的诗到此为止了！"横看成岭侧成峰，远近高低各不同。不识庐山真面目，只缘身在此山中。"这首如雷贯耳的名诗，描写了庐山变化多姿的面貌，并借景说理，指出观察问题应客观全面，如果主观片面，就得不出正确的结论。

开头两句"横看成岭侧成峰，远近高低各不同"，实写游山所见。庐山是座丘壑纵横、峰峦起伏的大山，游人所处的位置不同，看到的景物也各不相同。这两句概括而形象地写出了移步换形、千姿万态的庐山风景。

结尾两句"不识庐山真面目，只缘身在此山中"，是即景说理，谈游山的体会。之所以不能辨认庐山的真实面目，是因为身在庐山之中，视野为庐山的峰峦所局限，看到的只是庐山的一峰一岭一丘一壑，局部而已，这必然带有片面性。这两句奇思妙发，整个意境浑然托出，为读者提供了一个回味经验、驰骋想象的空间。游山所见如此，观察世上事物也常如此。这两句诗有着丰富的内涵，说明一个哲理——由于人们所处的地位不同，看问题的出发点不同，对客观事物的认识难免有一定的片面性；要认识事物的真相与全貌，必须超越狭小的范围，摆脱主观成见。

仁者见仁，智者见智。一首小诗激起人们无限的回味和深思。所以，《题西林壁》不单单是诗人歌咏庐山的奇景伟观，也是苏东坡以哲人的眼光从中得出的真理性的认识，同时又使富含哲理的山水诗有理趣。

如果说宋以前的诗歌传统是以言志、言情为特点的话，那么到了宋朝尤其是苏东坡，则出现了以言理为特色的新诗风。

这种诗风是宋人在唐诗之后另辟的一条蹊径,用苏东坡的话来说,便是"出新意于法度之中,寄妙理于豪放之外"。形成这类诗的特点是:语浅意深,因物寓理,寄至味于淡泊。《题西林壁》就是这样的一首好诗。说的是山,又不是山;指明了认识事物的局限,也点破了突破局限的办法:只有跳出狭隘的视角,我们才有可能对自己、对周边有更清醒的认识。它形象地道出了生活中"当局者迷,旁观者清"这一深刻哲理,使之成为千古传诵的名句。

自题金山画像

心似已灰之木,身如不系之舟。问汝平生功业,黄州惠州儋州。

苏东坡去世前两个月写了这首诗。作者已年逾花甲,堪称走到了生命的尽头。回首自己的一生,几起几落,失意坎坷,纵然有忠义填骨髓的浩瀚之气,也不得不化为壮志未酬的长长叹息。作者只能慷慨悲歌,自叹飘零。接下来的"身如不系之舟"指自己晚年生活的漂泊不定,抒写羁旅漂泊的忧伤情怀。如果仅限于入乎其内地抒写人生的苦闷,苏东坡也就是人们敬仰的"东坡老"。他不会,也不屑在哀愁中沉沦。且看后两句"问汝平生功业,黄州惠州儋州",一反忧伤情调,以久于世事的旷达来取代人生失意的哀愁,自我解脱力是惊人的。苏东坡认为自己一生的功业,不在做礼部尚书或翰林院知制诰时,更不在杭州、徐州、密州,恰恰在被贬谪的黄州、惠州、儋州三州。真是"满纸荒唐言"。然而,这位"东坡老"最能够"白首忘机"。失意也罢,坎坷也罢,他却丝毫不减豪放本色,真是不可救药的浪漫。末两句，语带诙谐，有自我调侃的意味，却也深刻地传达了作者此刻的微妙心情。

黄州、惠州、儋州，比起当时中原发达地区，一个比一个偏远荒芜。惠州在岭南，当时是未教化之地。儋州更远在海南，这里是蛮荒之地，语言不通，气候潮湿，物产贫瘠。要是换了别人，一定带着郁结怨恨，身体和精神都无法承受其重。但苏东坡不一样，苏东坡直面挫折，坦然豁达。他走到哪里，就把那里当故乡、把那里的人当朋友。

在黄州时，他不畏艰苦，躬耕自足，与僧人办育婴院，写下《前赤壁赋》《后赤壁赋》《念奴娇·赤壁怀古》等一批不朽的杰作。他的一首《定风波》，写出了他对困难挫折的淡定从容。

在惠州时，主动与程子才和好，为百姓行走方便建新华桥，把蒲涧山（白云山）的泉水用毛竹引入城中供百姓取用，疏浚惠州西湖，还写下"日啖荔枝三百颗，不辞长作岭南人"的诗句。

在儋州时，劝告汉黎和睦共处，教导百姓垦荒种植，发展农业，力争改变妇女劳动男人闲游的旧陋习俗。这一时期，苏东坡自然而然地扮演了文化使者的角色，办学堂传授文化，他曾为海南培养了有史以来的第一位进士姜唐佐。

去读苏东坡的一生，会发现他这六十六年里其实充满了不幸；但去读苏东坡的诗文，又仿佛他的生活里尽是逍遥。为什么？正如斯宾诺莎所说："心灵理解到万物的必然性。理解的范围有多大，它就在多大的范围内有更大的力量控制后果，而不为它们所苦。"

人文雅事

想到苏东坡,脑海中最先浮现的就是"早晨起来打两碗,饱得自家君莫管"的"东坡肉"而非他坎坷多舛、颠沛流离的命运,这是现代人对先生随遇而安、洒脱豪放独特个性的崇拜。

苏东坡的生活方式为后人提供了富有启迪意义的审美范式,他以宽广的审美眼光,去拥抱大千世界,所以凡物皆有可观,到处都能发现美丽的存在。这种范式在题材内容和表现手法两方面,为后人开辟了新的世界。苏东坡的生活美学,对我们抵抗命运的挫折,把失意的生活变为称心,大有裨益。无论是人间天上,游走官场,风花雪月,对于苏东坡来说均是"外部世界",可欣赏可品味,但最后的归宿只能是自己的"内心世界",或许我们能从他的书画、饮食中找寻到逍遥自在走天下"也无风雨也无晴"和"小舟从此逝,江海寄余生"的苏东坡。

东坡书画

苏东坡在中国的书画史上有厚重的一笔,在中国美术史上有着不可抹杀的功绩。书法为北宋"苏黄米蔡"之首,《黄州寒食帖》为"天下第三行书";画为"文人画"的倡导者,又是画竹的"鼻祖",但其所留传至今的画作极为稀少。世传苏东坡书画真迹:画有《枯木怪石图》《潇湘竹石图》和《墨竹》。书法有近六十件,早中期作品以《治平帖》为最,至中期名作较多,如楷书《前赤壁赋》和《祭黄几道文》,行书《杜甫桤木诗》《黄州寒食帖》和《新岁展庆,人来得书二帖》,晚年作品相对较少,以《答谢民师帖》《渡海帖》《江上帖》等最知名。时至今日苏东坡的字画在拍卖市场,价高无货。有两件拍卖成功的苏东坡作品足以证明苏大学士的东西有多珍贵。苏东坡写的《功甫帖》，全篇只有"苏轼谨奉别功甫奉议"九个字，在2013年苏富比拍卖会上竟然拍卖到了五千多万元！《枯木怪石图》在2018年佳士得香港秋季拍卖中被藏家以四亿多港元买走！

苏东坡书法笔墨特点为用墨丰腴，结字扁平，左低右高，笔画恣意，落字错落，率意天真。苏东坡善写楷书、行书，早年取法王羲之，后期融入颜真卿、杨凝式等人的风格。苏东坡在谈到自己的书法时说，"我书意造本无法，点画信手烦推求"。正是这种追求意趣的书法风格取向，注重书法的表现形式，努力丰富各种对比关系的做法，影响了他身后的每一代人。苏东坡书法中所说的"意"体现最全的是在《黄州寒食帖》中。通篇书法起伏跌宕，光彩照人，气势奔放，而无荒率之笔。《黄州寒食帖》在书法史上影响很大，被称为"天下第三行书"，也是苏东坡书法作品中的上乘之作。（天下第一行书《兰亭序》，是在王羲之微醉且很高兴的情况下所写。天下第二行书《祭侄文稿》是颜真卿在自己侄儿被安禄山杀害后，看着他的首级，悲痛交加而写。）

《黄州寒食帖》是苏东坡在"乌台诗案"后，连续被贬，人生从巅峰到谷底，遭遇巨大打击后，内心孤苦凄凉为抒发苦闷所写的。由此可见，书法是人抒发感情的途径，是表达孤独苦闷的一种手段，好的书法作品一定是有感而发的。而从书法中我们也可以看到，苏东坡当时内心的复杂与矛盾。《黄州寒食帖》共计一百二十九个字。元丰五年（1082年）四月初四，这天是寒食节。这一天，黄州下了一场雨。这是一场进入书法史的雨。这场雨下了很久。西风一枕，梦里衾寒，苏东坡在宿醉中醒来，凝望着窗外的雨丝，突然间有了写字的冲动，拿起笔，伏在案头，写下了行书——《黄州寒食帖》。

　　自我来黄州，已过三寒食。年年欲惜春，春去不容惜。今年又苦雨，两月秋萧瑟。卧闻海棠花，泥污燕支雪。暗中偷负去，夜半真有力。何殊病少年，病起头已白。春江欲入户，雨势来不已。小屋如渔舟，濛濛水云里。空庖煮寒菜，破灶烧湿苇。那知是寒食，但见乌衔纸。君门深九重，坟墓在万里。也拟哭途穷，死灰吹不起。

　　这张帖，乍看上去，字形并不漂亮，大小不均、粗细不一，字的行间疏密变化无穷，很随意，很随性，正是苏东坡书法的特点。"卧闻海棠花，泥污燕支雪"两句中的"花"与"泥"两字，是彼此牵动，一气呵成的。而由美艳的"花"转入泥土，正映照着苏东坡由高贵转入卑微的生命历程。眼前的海棠花，红如胭脂，白如雪，让苏东坡想起自己青年时代的春风得意，但转眼之间，风雨忽至，把鲜花打入泥土。而在此时的苏东坡看来，那泥土也不再肮脏和卑微，落红不是无情物，化作春泥更护花。花变成泥土，再变成养分，去滋养花的生命。从这个意义上说，貌似朴素的泥土，也是不凡的。从这两句里，可以看出苏东坡的内心已经从痛苦的挣扎中解脱出来，走向宽阔与平静。饱经忧患的苏东坡，在四十六岁时忽然领悟：艺术之美的极境，竟是繁华剥蚀净尽以后，那毫无伪饰的一个赤裸裸的自己。艺术之难，不是难在技巧，而是难在不粉饰，不卖弄，难在能够自由而准确地表达一个人的内心处境。苏东坡在这里，将宋代书法与强调法度的唐代书法绝然两途。蒋勋先生在《汉字书法之美》中说："'楷书'的'楷'本来就有'楷模''典范'的意思。"唐代的这份执守在宋代化解，在苏大学士平淡随意、素净空灵的"以我手写我心、以我心吐真情"的手札书简中，唐代楷书纪念碑般的端正庄严被取代了。端详《黄州寒食帖》，它有些近乎平淡，但经得起反复看。《黄州寒食帖》里，苏东坡的个性，挥洒得那么酣畅淋漓，无拘无束。苏东坡说："吾书虽不甚佳，然自出新意，不践古人，是快也。"即使写错字，他也并不在意。"何殊病少年，病起头已白。"这里他写错了一个字，就点上四点，告诉大家，写错字了。"破灶烧湿苇"的"苇"字的最后的竖笔，中间的停顿显露无遗，流露悲伤、愤慨和无奈。又比如"但见乌衔纸"的那个"纸"字，"氏"下的"巾"字，竖笔拉得很长，仿佛音乐中突然拉长的音符，这显然受到颜体字横轻竖重的影响，但苏东坡表现得那么随性夸张，毫无顾忌。这字，不是为纪念碑而写的，不见伟大的野心，却正因这份兴之所至、文心剔透而伟大。更奇葩的是，《黄州寒食帖》的首尾两字"自""首"是首尾呼应的，这种独运匠心、臻微入妙的书法手笔，可以说天真烂漫到了极点。苏东坡在第一个字"自"的起笔撇时有点软，一改撇起笔如刀切，又把"自"的横折做粗提高（苏的惯用笔法左低右高），让撇的起点和横折的转弯处成半圆形。而最后一个字"首"的竖的收笔时成半圆形，如此一来，可以说苏东坡在书法史上创造一件首尾两字成圆形的佳作。

据载，苏东坡在绘画方面天赋异禀。他擅画松木竹石，也擅画人物、佛像。他画的蟹，琐屑毛介，曲隈芒缕，无不具备，显示了较高的写实能力。所以，对于造型难度较高的物象，苏东坡非不能也，乃不为也。苏东坡选取松木竹石入画，最根本的原因是他"尚简""尚写"及"审丑"的文人画美学趣味。尚简,历来被认为是文人画最突出的审美趣味,最能代表这一趣味的言论不外是倪瓒所谓的"仆之所谓画者,不过逸毛草草,不求形似,聊以自娱耳"。文人画意义上的"简",实际上是从苏东坡开始的。苏东坡不但在理论上倡导"简",所谓"发纤于简古,寄至味于淡泊",而且还在自己的创作中亲自进行实践,他的画作,是体现文人画尚简趣味最好的范本。苏东坡认为,绘画艺术应该成为一种表达艺术家情感的方式,艺术家的绘画之所以能够有诗意,其根本的原因就在于艺术家。他本人就具有一定的诗歌训练和滋养,而绘画中是否有非以绘画形式表达出来的情感的波澜,就在于艺术家他是否有这方面的艺术训练。松木竹石,就其构形来讲,是画家极易掌握的。这些构形简单的事物,使画家即使有高超的写实功夫,也无多少用武之地,远不像人物、花鸟、山水、楼阁、宫苑那样,能为画家充分展示自己的写实还原能力提供广阔的空间。然而,就是这些构形简单的物象,在苏东坡那里也仍然不是一成不变地进入画面的。从苏东坡常画的木、竹、石这三种形象来看,木在苏东坡画面上并非枝繁叶茂、郁郁葱葱的树木,而是只存躯干和枝条的枯木;竹也并非常见的青青翠竹,而是墨竹;石也并非繁多重叠的山石,常见的往往是形态丑怪的一块奇石。苏东坡的画在当时很有名气,有"枯木竹石,万金争售"的景象。在《枯木怪石图》中,画面仅存寥寥的几个形象:怪石、枯木、三两撮细竹和衰草。怪石、枯木占去画面绝大部分空间,成为主要形象,除去三两撮细竹和衰草外空无一物。这种极端简化的处理,使苏东坡的绘画一开始就把人们的注意力引向物象的"物质性"之外,去关注它们所蕴含的生命意味。难怪黄山谷题苏东坡所作《墨竹》时赞叹道:"因知幻化出无象,问取人间老斫轮。"

苏东坡写竹画竹，受文与可启发极多。对比我国台湾台北故宫博物院所藏的文与可存世《墨竹图》，且不说图式与文同有差距，也不说轼曾自云"尽得与可之法"，只说笔墨间的英风劲气，以苏东坡人格与笔墨修养，自然是不让文同的。苏东坡写文同画竹有一文《文与可画篔筜谷偃竹记》，其中记有："……故画竹必先得成竹于胸中，执笔熟视，乃见其所欲画者，急起从之，振笔直遂，以追其所见，如兔起鹘落，少纵则逝矣。"汉语中"胸有成竹"这一成语即源于苏东坡此文。竹在中国绘画题材中备受青睐，久盛不衰，有"画竹一生"之说。苏东坡也偏爱"竹"题材，有墨竹、朱砂竹记载。"见竹不见人……其身与竹化，无穷出清新。"即指心情坦然，物我两忘，整个身心都融入绘画中。苏东坡画的竹叶逼真，长短阔狭浑然天成，叶尖既尖锐又鲜活，楚楚有生气。所画卷折的叶子用笔圆转翻跳，一气呵成。竹竿则以楷书及行书撇、捺、竖、横等笔法写就，笔笔到位，"用笔秀嫩，风韵高标，绝无画家气味，显然为文人之笔"。用苏东坡的诗来形容"借得妙意写篔筜"，"写"字入墨三分。苏东坡画竹用淡墨所画之叶为数不少，而用浓墨画出的叶子会作无规律的穿插，而为了整体的连贯性，遂在叶间增加许多小枝。小枝的墨色很深，透过叶面仍可看到。所画之末端翻卷的竹叶，墨色全然如一，并未因翻出背面而有浓淡之别，总觉苏东坡所画的竹叶全用正锋，气韵如墨竹挥翰成风。

说到苏东坡的墨竹，不得不说最富特色的咏竹诗是《於潜僧绿筠轩》，此诗可谓咏竹诗之绝唱。好诗共赏："可使食无肉，不可居无竹。无肉令人瘦，无竹令人俗。人瘦尚可肥，俗士不可医。旁人笑此言，似高还似痴？若对此君仍大嚼，世间那有扬州鹤！"此诗出语精警，议论精辟，发人深省。

朱砂竹　　俞国海/书画

东坡饮食

大文豪苏东坡不但是一位文学家、诗人、书画家,而且还是个著名的美食家。他对美食很有研究,善于用普通的食物创成鲜美可口的菜肴,其饮食文化已成为宝贵遗产,博大精深。

虽说苏东坡的一生颠沛流离,并非过着大鱼大肉的生活,而是沦落到"门生馈薪米,救我厨无烟"的境地。然而丰富的人生经验以及过人的学识涵养,让他吃得犹如美食一般,或许可以这样认为:先生从美食中寻找、唤起、享受生活的真谛。他走遍大江南北也尝遍了天下美食,不管是别人创造的,还是自己发明的,经他的口舌,便成经典。所以相传与他有直接关系的名馔不少,用其名字命名的菜肴更多。他不仅仅爱吃,也会吃。在品尝美食时,还将喜爱的美食写进了诗里。吃猪肉时,写下了《猪肉颂》;吃鸡肉时,写下了《食雉》;吃鱼肉时,写下了《鳊鱼》;吃竹更有《竹》诗。他还是一位骨灰级的茶人,深谙品茶、烹茶、种茶等茶事,对茶史、茶功及茶的药用效果也颇有研究,写过近百首咏茶诗词。当然,还有他的"把酒问青天",在苏东坡丰富的文化遗存中,酒文化给后人留下的印象也非常深刻。

人活世间,不论贫穷富贵,唯有美食不可辜负,会吃的人才是会享受生活的人。

作为中国历史上最伟大、最有才华的文人之一,苏东坡除了为后世贡献了无数拍案叫绝的诗词,他还自诩老饕。如果他在现代的话,那一定是吃货中的吃货了!因为"东坡肉""东坡肘子""东坡豆腐""东坡墨鲤""东坡饼""东坡酥"等全是他创制的啊!苏东坡真的什么都吃:猪肉、蚝、蛤蟆、羊蝎子、河豚、鸭肉、斑鸠、羊肉、野菜、竹笋……总之,他肚子饿时,碰到什么吃什么,通通不放过,从不忌讳,而且吃东西,还属于那种碰到喜欢的东西就往死里吃的人。更让人称奇的是,一经苏东坡吃过就成为佳肴留名传世。苏东坡是个美食家,宋人笔记小说有许多苏东坡创制美食的记载。在古今食谱之中,能以人名来命名的菜肴本就不多,而能以一个人名来命名多种菜肴的,恐怕就只有苏东坡一人了。今天,笔者就"东坡系"菜肴做一次"满汉大席"。

东坡肉

说到苏东坡与美食的渊源,当然首推家喻户晓的"东坡肉"。而东坡肉起源于徐州,成名于黄州,扬名于杭州。

北宋神宗熙宁十年(1077年)秋,黄河决口,七十余日大水未退。徐州知州苏东坡亲率全城吏民抗洪,终于战胜洪水,并于次年修筑"苏堤"。百姓感谢苏东坡为民造福,纷纷杀猪宰羊,担酒携菜送至州府感谢苏公。苏公推辞不掉,将这些肉加工成熟后再回赠百姓。有一本叫《大彭烹事录》的书,就专门记载了回赠肉:"狂涛淫雨侵彭楼,昼夜辛劳苏知州。敬献三牲黎之意,东坡烹来回赠肉。"

东坡肉　　胡伟民/摄

元丰二年（1079年），苏东坡被贬黄州团练副使行走市井，自耕自足过着农耕生活，自号"东坡居士"。爱妾王朝云买来价贱物美的五花肉烹调给苏东坡补身子。苏东坡吃着鲜香醇厚、油而不腻的肉，赋诗《猪肉颂》："净洗铛，少著水，柴火罨烟焰不起。待他自熟莫催他，火候足时他自美。……早晨起来打两碗，饱得自家君莫管。"

元祐四年（1089年），苏东坡任杭州知州，启动二十万军民疏浚西湖，百姓踊跃参与，送来酒肉。苏东坡命人把五花肉切成大块，加葱、姜、酱油、料酒，慢火细焖，煨制成酥香味美、肥而不腻的红烧肉，分与疏浚现场众人和城内居民吃，获得了很大声誉，人人齐赞"东坡肉"。"东坡肉"的名声在杭州西湖大堤上，在杭城大街小巷响彻云霄。从此"东坡肉"成为杭城名菜。

苏东坡在徐州除回赠肉外，还有金蟾戏珠、五关鸡、醉青虾三道菜。后人将这四道菜称为"东坡四珍"。金蟾戏珠是中国典故名菜。北宋时期，在汴泗交流的徐州，盛产鱼、虾。苏知州，却偏好野味"青蛙"，因其肉味如鸡，故称田鸡、水鸡。相传苏东坡用田鸡做成菜。此菜不但命名新颖，制作别具一格。因蛙形似神话中的"金蟾"，配以青蛙肉制成珠丸，故此得名。

东坡鱼

据说苏东坡平生最爱吃鱼，只要是鱼类，他几乎来者不拒，吃过鲤鱼、鳊鱼、黑头鱼、墨鱼、鳜鱼、鲈鱼、鲍鱼等，甚至连剧毒的河豚也敢吃。总之，凡是水里游的，他一样都不落下，吃嗨了还作诗，完全是一个吃货的本色演出："姜芽紫醋炙鲥鱼，雪碗擎来二尺余。尚有桃花春气在，此中风味胜莼鲈。"

当年他吃鱼常常是自己动手烹制。他在《鱼蛮子》一诗中记述了他做鲤鱼的方法:"擘水取鲂鲤,易如拾诸途。破釜不著盐,雪鳞芼青蔬。"苏东坡在黄州时,曾写有《煮鱼法》一文。"在黄州,好自煮鱼,其法:以鲜鲫鱼或鲤鱼治斫,冷水下。入盐如常法,以菘菜心芼之,仍入浑葱白数茎,不得搅。半熟,入生姜、萝卜汁及酒各少许,三物相等,调匀乃下。临熟,入橘皮线,乃食之。"现在饭店里的各种"东坡鱼"的做法,应该是在苏东坡的做法的基础上发展来的。

四川乐山一带的岷江中,出产一种黑头鱼。苏东坡和其弟苏辙曾用香油、豆瓣、葱、姜、蒜等调料,以炸、烹、收汁之法制作"东坡墨鱼",其味"芳香妙无匹"。苏东坡曾在《过新息留示乡人任师中》中写道:"怪君便尔忘故乡,稻熟鱼肥信清美。"他在著名的《后赤壁赋》中记述了将"巨口细鳞,状如松江之鲈"的鳜鱼烹煮以佐酒的故事。在《浣溪沙》中写了"西塞山边白鹭飞,散花州外片帆微,桃花流水鳜鱼肥"的美好诗句。他在任登州知州时吃了鲍鱼,赞不绝口,说:"膳夫善治荐华堂,坐令雕俎生辉光。肉芝石耳不足数,醋芼鱼皮真倚墙。"

东坡肘子

相传,东坡肘子其实并非苏东坡之功,而是其妻子王弗的妙作。一次,王弗在炖肘子时因一时疏忽,肘子焦黄粘锅,她连忙加上各种配料细细烹煮,以掩饰焦味。不料这么做出来的肘子味道却出乎意料的好,顿时乐坏了苏东坡。苏东坡素有美食家之名,不仅自己反复炮制,还向亲友大力推广,于是,这"王弗肘子"便以东坡肘子之名流传开了。

面炕鸡

据记载，苏东坡谪居黄州，有官无职，有名无实，反倒落得清闲，时常游览于淮水两岸。一日闲游到了蔡州境内（今息县、淮滨），苏东坡被一路的北国江南风光所吸引，流连忘返，竟误了归程。于是苏东坡便找了一户人家歇息。

这户人家，主人姓黄。黄老汉素闻苏东坡才情，又为官清正，难得一见，一心想要好好款待一番，然而家中清贫，只有自己养的两只鸡和一些白面。黄老汉急中生智，将两只小鸡宰杀，切成块，并和上面粉，放在锅里炕了起来。炕得鸡肉两面金黄，肉香和着面香，香气四溢。而后，加水炖了满满一锅，足够苏东坡一行数人食用。这道菜，肉质酥嫩鲜香，汤味甘醇味美。苏东坡品尝后，赞不绝口，赞之为"乡野之味，大雅之美！"之后这道菜，就随着苏东坡一生宦海沉浮，足迹遍布大江南北。绍圣元年（1094年），苏东坡再次被贬至惠州期间，待到惠州西湖长堤修建完工之日，也不忘让厨师做出自己珍藏已久且念念不忘的美食，以犒劳筑堤将士军民，其中就有这道"面炕鸡"。将士军民，美食美酒，三日不绝！后来苏东坡有诗云"父老喜云集，箪壶无空携，三日饮不散，杀尽村西鸡"，以纪念过往与民同建、与民同乐、与民同享的日子。

"面炕鸡"这道菜的做法，此后，经由黄家后人及当地百姓一代代传承发展，逐渐成为一道有信阳地域特色的名菜。但它又不仅仅是一道美味，更是这方水土的人，对一代文豪苏东坡跨越千年的追思与仰望！

对于苏东坡而言，无论人生如何颠沛流离，唯民心、唯诗情、唯美食，不可辜负！

东坡豆腐

豆腐洁白如玉,柔软细嫩,清爽适口,是我国素食菜肴的主要原料,历来受到人们的欢迎。苏东坡曾为豆腐写下"煮豆为乳脂为酥"的诗句,以精练的语言把制作豆腐形象化,用准确的字眼道出豆腐"为乳""为酥",为食品之精粹。

苏东坡到江苏镇江时,与金山寺的僧友佛印和尚,经常在一起开怀畅饮。苏东坡在一次和佛印和尚的佛经PK赛中败下阵来,只得下厨做素斋给佛印吃,于是创制了这道东坡豆腐。之后他到了浙江杭州,后又被贬到了广东惠州,但无论他走到哪里,他的"东坡豆腐"就到那里并广为流传。这道菜以黄州豆腐为主料,将豆腐裹入面粉、鸡蛋、盐等制成的糊中,再放入五成热的油锅里炸制后捞出来;然后在锅内放油、笋片、香菇和各种调味料,最后放入沥过油的豆腐,煮至入味出锅即成。东坡豆腐外形酱红,质嫩色艳,鲜香味醇,营养丰富,是素食中的精品。相传,清代时广东惠州知府伊秉绶回到故乡福建,特意带去"东坡豆腐"的制作技术,"东坡豆腐"逐渐在那里成为家喻户晓的名菜。

东坡饼

在黄州期间,苏东坡经常到黄州安国寺的继莲大和尚处去礼佛,并和那里的和尚唠嗑。有时一坐往往过午,伙僧送来的面条时间久了便凉了,伙僧时不常将面端去热一热再送给东坡吃。有一次,苏东坡对伙僧说:这面不要热了,把面捞出来用油炸炸给我吃吧!省得你们麻烦了。苏东坡喜欢吃油酥类的食品,所以和尚就用油炸了下,结果油炸的面变为一层又一层的油酥饼状，苏东坡喜之又喜，众和尚尝后也夸之又夸。从此，这种饼慢慢地传开了。后人为纪念苏东坡将这种饼命名为东坡饼。后经世人多次改良现成为：饼用上等细面粉做成蟠龙状，和麻油煎炸，片片如薄丝条，然后撒上雪花白糖，香甜酥脆，落口消融，风味不同凡响，现在已经是湖北当地的一道名小吃了。

东坡羹

在宋朝，富人吃肉羹，平常人家就将萝卜、大头菜、芥菜等蔬菜和豆粉混在一起熬煮成菜羹。苏东坡被贬官到黄州时，正逢经济困难，苏东坡开发了那道在饮食史上流芳千古的美食：东坡羹。严格来说，这东坡羹既不是菜，也不是饭，更不是汤，乃是将菜与饭同时炮制的一种烹调方式。

《东坡羹颂》云：

> 东坡羹，盖东坡居士所煮菜羹也，不用鱼肉，五味有自然之甘。其法：以菘，若蔓菁，若芦菔，若荠，皆揉洗数过，去辛苦汁，先以生油少许涂釜缘及瓷碗，下菜汤中，入生米为糁及少生姜，以油碗覆之，不得触，触则生油气，至熟不除。

翻译成白话是：第一步，将大白菜、大头菜、大萝卜、野荠菜反复揉洗干净，意在除去菜蔬中的苦汁儿；第二步，在大锅四壁、大瓷碗上涂抹生油；第三步，将切碎的白菜、萝卜、荠菜及少许生姜放入锅中煮菜羹，用油碗覆盖但不触碰菜羹，否则会有生油味；第四步，将盛满米的蒸屉放在锅上，等到菜完全煮熟后再盖上屉盖。煮东坡羹的诀窍在于:菜羹煮沸时必然上溢,但因锅四壁涂有生油,又有油碗覆盖,因此不会溢上蒸屉。但是蒸汽上达蒸屉,米饭也就煮熟了。这样一来,锅中的菜羹以及蒸屉中的米饭都一次加工而成,方便实惠,价廉饭美,有点儿类似于现在的快餐"盖浇饭",做到菜饭合一,简便易食。苏东坡曾将它介绍给一些道士、和尚朋友,很受欢迎。因为在油和火候上掌握得很好,所以这道羹不仅美味,而且营养价值很高,受到人们的普遍欢迎。也难怪苏东坡会自豪地在《东坡志林》中写道:"予在黄州,尝亲执枪匕煮鱼羹以设客,客未尝不称善。"

烤羊蝎子

"吏民惊怪坐何事,父老相携迎此翁。"(《十月二日初到惠州》)这是苏东坡被贬谪到惠州时写下的诗句。惠州的民众,没有因为东坡是被贬谪的罪臣而漠视、欺负他,而是热烈地欢迎他,接纳他。惠州当地的官吏也厚待他,给他酒饭,给他不少帮助。苏东坡在《二月十九日携白酒鲈鱼过詹使君食槐叶冷淘》一诗里写道:"枇杷已熟粲金珠,桑落初尝滟玉蛆。暂借垂莲十分盏,一浇空腹五车书。青浮卵碗槐芽饼,红点冰盘藿叶鱼。醉饱高眠真事业,此生有味在三余。"这詹使君是谁?他就是时任惠州最高长官、惠州知州詹范。关于詹范,东坡诗文里有记述:"詹使君,仁厚君子也。极蒙他照管,仍不辍携具来相就。"有酒有美食,还有好友,能够喝酒对谈,醉饱后高枕而眠,这小日子能说过得很差?!

惠州市的肉市贸易虽然不繁华,但是,每天也要宰杀一两只羊售卖,肥美的羊肉被当地有钱有势的人家买走了,剩下的没有多少肉的羊脊梁骨没人要。于是，苏东坡就悄悄嘱咐屠户给他留着羊脊骨。羊脊骨买回家，先放锅里煮熟了，控控水，在酒里浸润下，撒上点盐粒，在火上炙烤得冒出微微的焦香，就可以趁热、趁鲜香美美地享用啦！

创制了这么美味的烤羊蝎子，当然要写信给亲爱的弟弟子由，炫耀炫耀：

> 惠州市井寥落，然犹日杀一羊，不敢与仕者争。买时，嘱屠者买其脊骨耳。骨间亦有微肉，熟煮热漉出。不乘热出，则抱水不干。渍酒中，点薄盐炙微燋食之。终日抉剔，得铢两于肯綮之间，意甚喜之，如食蟹螯。

美食的制作法子写得这么详细，是告诉这几年日子过得也不富裕的弟弟，你也买些，照我的法子试试，保准好吃。

惠州属于热带雨林气候，惠州的水果是多得不得了，好吃得不得了，这不，苏东坡就爱上了岭南的荔枝，守在荔枝树下随时都能吃到鲜荔枝了，还热情地赋诗《惠州一绝·食荔枝》赞美："罗浮山下四时春，卢橘黄梅次第新。日啖荔枝三百颗，不妨长作岭南人。"

生蚝

对苏东坡来说，除了诗和远方，还有吃吃吃。开心了要吃，不开心了也要吃，肚子饿了更要吃。这世界上没有什么事情是吃解决不了的，如果一顿不行，那就两顿吧。

苏东坡不仅会吃，还会变着花样吃！从苏东坡的人生来看，他的一生可谓辉煌灿烂又坎坷曲折，但他总能在每一次被贬时，趁机发掘当地美食并加以创造。

贬官到海南的时候,苏东坡又迷恋上了当地的蚝,吃完还告诫自己的儿子,不要让京城的官员知道蚝的美味,否则他们就会到海南来跟他抢美食了。

"东坡在海南,食蚝而美,贻书叔党(苏叔党,东坡第三子)曰:无令中朝士大夫,知,恐争谋南徙,以分此味。"儿啊!你爹我发现这里的牡蛎太好吃了!你千万别告诉其他人,免得他们跑海南来跟我抢。但其实当时的海南饮食状况十分糟糕,完全吃不到肉,这可把他急坏了,总不能天天吃蚝吧?于是苏东坡带领海南民众新开发了蜜柚、咸鱼粽、椰子粽等食品,大受当地人的喜欢。

烤芋头

绍圣三年(1096年)十二月二十七日,被贬到惠州的苏东坡写了一篇《煨芋帖》:

> 惠州富产芋,人食者多瘴。子野谓轼曰:"此非芋之罪也。芋当去皮,湿纸煨之火中,过熟,乃热啖之,则松而腻,乃能益气充饥。今惠人皆和皮水煮冷啖,坚顽少味,其发瘴固宜。"遂于除夕前两日夜间,亲煨芋两枚以啖东坡。

帖中子野,即"潮州八贤"之一吴复古的字。吴复古与苏东坡是好友,他深谙养生之道,又是"稹食"的潮州人,所以能将"煨芋法"传给东坡。

苏东坡是一位出名的美食家。善于烹饪之道的苏东坡,却不知道山芋有多种食法。难怪他在尝了煨芋后忍不住又写下《除夕，访子野食烧芋戏作》诗："松风溜溜作春寒，伴我饥肠响夜阑。牛粪火中烧芋子，山人更吃懒残残。"名士不解食芋法，"富产芋"的惠州也只知"和皮水煮冷啖"，当时人们通过苏东坡的煨芋诗帖，学会了烤芋吃法，煨芋头成为惠州百姓果腹之物并为潮州名菜。

苏东坡是个好吃的人，他也自谑自己为"老饕"。饕餮在古代传说本是一种贪吃的野兽，他把自己比作"老饕"，就是说自己是个爱吃、贪吃之人。也因为他的首创，"老饕"一词也最终成为中国饮食文化中的独具特色的一个术语。"开门七件事，柴米油盐酱醋茶"，对老百姓来说，吃绝对是头等大事。苏东坡是个地道的吃货，在苏东坡流传下来的诗文中，不仅对猪肉、鱼肉等肉食的独特烹制有记载，而且对各种蔬菜的做法也多有记载。他写过三种菜：一是"蔓菁"，又叫"芜菁"，可以鲜食或盐腌。苏东坡的《狄韶州煮蔓菁芦菔羹》诗云："我昔在田间，寒庖有珍烹。常支折脚鼎，自煮花蔓菁。中年失此味，想像如隔生。谁知南岳老，解作东坡羹。中有芦菔根，尚含晓露清。勿语贵公子，从渠醉膻腥。"二是"香荠"就是荠菜，荠菜蒸白鱼。三是"青蒿"，又叫"香蒿"，可以入药，与面制成"青蒿凉饼"，香滑可口。东坡曾写过"东坡豆苗"：把豆苗嫩叶择洗干净，用香油炒熟，放盐、酱、橙皮、姜和葱花，便是下酒的好菜。

还有许多美食经苏东坡品尝后，由他妙笔生花地点评，以他的名字作为菜名而名扬千古。

苏东坡不管是任上还是被贬发现的美食实在太多，我们无法一一举例。不过，他一生宦海沉浮，经历坎坷，但始终豁达自如、洒脱率真，或许是美食的力量吧！才高八斗的苏东坡为后人留下了他是怎么吃的。

"敲冰煮鹿最可乐，我虽不饮强倒卮。"你看野味是东坡先生的最爱啊。

"麻叶层层苘叶光，谁家煮茧一村香。"野味虽好，农家乐也不错。

"雪沫乳花浮午盏，蓼茸蒿笋试春盘。人间有味是清欢。"飞禽走兽吃完，来点青菜清清口，补一下维生素也是极好的。

"一年好景君须记，正是橙黄橘绿时。"同僚们啊，橘子什么时候熟千万要烂记心中，要比音律还清楚，必须信手拈来。

"自笑平生为口忙，老来事业转荒唐。长江绕郭知鱼美，好竹连山觉笋香。"东坡先生都被自己吃货的嘴逗乐了，但是闻到鱼味和笋香，又没出息地想吃。

"蒌蒿满地芦芽短，正是河豚欲上时。"万物复苏的春天来了，河豚可以吃了，想想都幸福。

东坡与茶

茶，是大自然给人类的最好的馈赠。"柴米油盐酱醋茶"，说的是茶的生活化，平民化。"琴棋书画诗酒茶"，说的是茶的艺术化，文人化。茶就是这样可俗可雅，雅俗共赏。茶堪称"和谐饮品"。而把茶与诗乃至人生演绎出奇情异致，让人美不胜收之人唯有苏东坡。

苏东坡的真实性格和无人能比的才华，千余年来，让他成为人人喜爱、敬佩的文人。不过，您未必知道，他老人家还是一位伟大的茶人、茶痴、茶作家呢！苏东坡的一生，足迹遍及

九溪茶园采茶　　徐旭生/摄

各地,从峨眉之巅到钱塘之滨,从宋辽边陲到岭南海滨。长期的贬谪生活,为他提供了品尝各地名茶的机会,也让他在沉苦之时保有一腔向上飞扬的胸襟,在贬谪之境不失敏锐乐观的人生态度,正因如此,他的生命之茶才能不间断地泡出诗意的芳香。他一生写过近百首咏茶诗词,其中近五十首是专门咏茶的。这些茶诗篇篇是绝品!

苏东坡天才地把品茶与观赏美女联系在一起,他宣称"从来佳茗似佳人",他对茶的要求几乎达到了固执的地步:用水讲究,因为"精品厌凡泉";火候讲究,"活水还需活火烹,自临钓石取深清";茶具讲究,宜兴提梁式紫砂壶。这样一杯茶下去,"两腋清风起,我欲上蓬莱",什么艰难困苦,全在九霄云外。

可以这么说,苏东坡其实不是什么大文豪,他只是个爱茶如命的茶君子。您看看——他夜晚办事要喝茶:"簿书鞭扑昼填委,煮茗烧栗宜宵征"(《次韵僧潜见赠》);创作诗文要喝茶:"皓色生瓯面,堪称雪见羞;东坡调诗腹,今夜睡应休"(《赠包静安先生茶三首其一》);睡前睡起也要喝茶:"沐罢巾冠快晚凉,睡余齿颊带茶香"(《留别金山宝觉圆通二长老》)"春浓睡足午窗明,想见新茶如泼乳"(《越州张中舍寿乐堂》)。更有一首《水调歌头·尝问大冶乞桃花茶》,记咏了采茶、制茶、点茶、品茶,绘声绘色,情趣盎然。词云:

已过几番雨,前夜一声雷。旗枪争战,建溪春色占先魁。采取枝头雀舌,带露和烟捣碎,结就紫云堆。轻动黄金碾,飞起绿尘埃。老龙团,真凤髓,点将来。兔毫盏里,霎时滋味舌头回。唤醒青州从事,战退睡魔百万,梦不到阳台。两腋清风起,我欲上蓬莱。

全词从采茶加工,到用盏的感受,刻画得非常仔细,也将诗人的潇洒豪迈表现得淋漓尽致。把玩着手中精致的小盏,品一口上等新鲜的好茶,一下子就能忘却了遭遇贬官的不快。饮后唇齿留香,飘飘乎若遗世而独立,像是得了仙人之气,飞升蓬莱仙境!

苏东坡对于茶,那可是无所不用其极。他写过一首至今为人津津乐道的《次韵曹辅寄壑源试焙新芽》:

仙人灵草湿行云,洗尽香肌粉未匀。明月来投玉川子,春风吹破武林春。要知冰雪心肠好,不是膏油首面新。戏作小诗君勿笑,从来佳茗似佳人。

这诗怎么样？绝了！"佳茗"即"佳人"！您想想，假如每天都有这么一位美人相伴，出水芙蓉似的出浴美人，她周围环绕的片片白云，徐徐吹动着她的衣襟，恰如要纵身飞去。云色缥缈中，好生了得，没有一个前人敢这么写，也不会这么写。因为他们都没有苏东坡那两下子。

但他喝茶，太讲究。东坡谪居宜兴蜀山讲学的时候，他有"饮茶三绝"之说：即茶美、水美、壶美，须得三者兼备，少一样都不行。对水：精品厌凡泉。"水为茶之母，壶是茶之父。"对饮茶非常之苛刻。东坡认为，好茶还须好水配，"活水还须活火烹"，最好用烧红的石头烧水。东坡对烹茶用具也很讲究，说"铜腥铁涩不宜泉"，后来他还亲自设计了一种提梁式的紫砂壶，作"松风竹炉，提壶相呼"之诗，烹茶审味，怡然自得。后人也将这种壶命名为"东坡壶"。

苏东坡是一个正宗茶人。他不仅品茶、写茶、烹茶，还会自己种茶、煎茶。别的不说，苏东坡对烹茶煮水时的水温都十分讲究，不能有些许差池。他在《试院煎茶》诗中说：

蟹眼已过鱼眼生，飕飕欲作松风鸣。蒙茸出磨细珠落，眩转绕瓯飞雪轻。银瓶泻汤夸第二，未识古人煎水意。君不见，昔时李生好客手自煎，贵从活火发新泉。

他的经验是煮水以初沸时泛起如蟹眼鱼目状小气泡，发出似松涛之声时为适度，最能引发茶香。煮沸过度则谓"老"，失去鲜馥。所以煮时须静候水的消息。宋人曾有"候汤最难"之说。《茶经》解：凡汤有三沸，如"鱼眼"为一沸；缘边如涌泉连珠，为二沸；腾波鼓浪为三沸，则汤老。

苏东坡的另一首煎茶诗《汲江煎茶》则是茶人解释茶文化的入门诗：

活水还须活火烹，自临钓石取深清。大瓢贮月归春瓮，小杓分江入夜瓶。雪乳已翻煎处脚，松风忽作泻时声。枯肠未易禁三碗，坐听荒城长短更。

这首诗是苏东坡于元符三年（1100年）谪居儋州时所作，而这一年，正逢东坡老人已过甲子。虽再遭贬谪儋州之厄运，他却依旧笑对人生，一方面用释道思想开谴自己"九死南荒吾不悔，兹游奇绝冠平生"；另一方面，又用他那善于发掘美的眼光在孤悬海外、远离中原文明的异乡情调中寻找美。终于，他找到了。煎茶成了他抚平创伤、依然笑语南风的最佳武器。诗人为了煮好茶，不辞辛苦地以老迈之躯到江边取得活水；等到茶水煮开，只见云脚乱翻、乳浪飞漩；茶水泻到碗里时，声响如同松涛阵阵。自是涌起"俱怀逸兴壮思飞，欲上青天揽明月"之情怀，再饮上他三大碗，腹中一肚子不合时宜的绝代文采泉涌而至，以致久久不得入眠。其中，最瑰丽的两句却是"大瓢贮月归春瓮，小杓分江入夜瓶"，以月色为茶饮，注江水入瓶，想象之奇特，胸怀之豪放，不由得使人想起几百年前那位邀月共饮的青莲居士了。可这时的苏东坡却是白发苍苍，却依旧豁达得出类超群，难怪南宋的胡仔会惊叹："此诗奇甚，道尽烹茶之妙。"另一位杰出诗人杨万里则更是赞不绝口："七言八句，一篇之中，句句皆奇，古今作者皆难之。"

这首诗还反映了茶已融为苏东坡生命与情感中的重要部分，对茶的依恋已深入东坡老人生命的深处，表达了苏东坡对生活中有茶即很满足的一种心态,说明了烹茶品茶的美妙滋味已深融于他的骨髓。能把烹茶的过程描述得如此精妙生动,比喻如此贴切,至今尚无第二人。除了苏东坡个人超人的文学才华之外,如果不是对茶有着发自生命深处的喜爱,可能难以写出如此令人神往的茶诗。

现代学者刘学忠先生评论说:"宋代饮茶人生的典型代表是苏东坡。茶的面目、精神在白居易那里还是朦胧的,到苏东坡这里便明朗清晰起来了。白居易还是'留一半清醒留一半醉'的酒茶互补人生,苏东坡则纯乎是茶的人生……饮茶,体现了宋代文人风格独具的生活世相与生活哲学。茶较诸酒,质地纯任自然平和,故能圆融调和三教,化解一切矛盾,使身心归于平静安宁。茶味轻甘,适宜于表现恬适轻松的生活,能使人'在不完全的现世享受一点美与和谐'(周作人《喝茶》),'乳瓯十分满,人世真局促。意爽飘欲仙,头轻快如沐。'(《寄周安孺茶》)'享受自己,也是装点自己。'(阿英《吃茶文学论》)饮茶,也使宋代文人的'近世相'化为文雅而又清致。茶性阴寒,清火敛气,它能使人具有平静而冷峻的内在克制意志,苏东坡即通过饮茶达到了这种境界:'唯能剩啜任腹冷,幸免酩酊冠弁斜。'如果说酒人胸中是火山,则茶人腹中是冷库——其中强大的冷源即来自对社会人生的深刻空漠感。这种使内劲对人生忧患进行清醒的冷处理,说明宋人的心理制衡机制更成熟了。"

苏东坡不仅爱喝茶,而且他还自创了一种饮茶法:每用餐之后,以浓茶漱口,则口中的烦腻质感既去,而牙齿也能日渐坚密。他在《仇池笔记》中写道:"除烦去腻,不可缺茶,然暗中损人不少。吾有一法,每食已,以浓茶漱口,烦腻既出而脾胃不知。肉在齿间,消缩脱去,不烦挑刺,而齿性便若缘此渐坚密。率皆用中下茶,其上者亦不常有,数日一啜不为害也。此大有理。"认为"除烦去腻,不可缺茶",但是"暗中损人不少"。苏东坡通过自己的实践,总结了一条好经验:"每食已,以浓茶漱口"。他创造了一套"浓茶固齿法":用中下茶泡得浓浓的,这样残留在齿缝里的肉屑便会"不觉脱去",不需要再剔牙,而"齿性便若缘此渐坚密"。"渐"字说明需要养成习惯,长期坚持,牙齿就会渐渐变得坚密了。他归纳这样做的好处是:"一是烦腻既出,而脾胃不知;二是肉在齿间,消缩脱去,不烦挑剔"。

东坡种茶,品茶,论茶,以茶入味人生。一路高歌一路诗,一首诗出一盏茶。喝过东坡茶,才算读懂苏东坡。

东坡与酒

苏东坡是酿酒大师,在酒缸中沉浮多年的苏东坡,发明了万家春、罗浮春、真一酒等品牌美酒,可以说,苏东坡的作品,洋溢着笑容和美酒的芳香。

在徐州时,苏东坡和张师厚及王姓二少年,于月夜中、杏花下,饮酒时作了《月夜与客饮酒杏花下》:

杏花飞帘散余春,明月入户寻幽人。褰(qiān)衣步月踏花影,炯如流水涵青苹。花间置酒清香发,争挽长条落香雪。山城薄酒不堪饮,劝君且吸杯中月。洞箫声断月明中,惟忧月落酒杯空。明朝卷地春风恶,但见绿叶栖残红。

可以想象：明月当空，月的光晕照亮了缓行的云，在这静谧的苍穹之下，偶有微风起伏，将杏花的花瓣和芳香吹向人面上、酒杯间。洞箫声中，友人谈笑风生，品鉴佳酿，多么惬意、多么高雅！

苏东坡，这位对中国酒食文化影响颇大的文化大家，不仅仅创造了我们耳熟能详、口味绝佳的"东坡肉"，并把茶演绎出奇情异致、出水芙蓉"似佳人"，更对中国酒文化和酒品给予了极大丰富。而苏东坡本身，也在"酒"这一方面造诣极高。在苏东坡的作品中随处可见关于"酒"的内容，有学者统计，在《东坡全集》一书中共出现"酒"字九百余次。文人与酒，在历史看来，并没有什么值得惊讶的，因为二者相互融合、相互促进、相互成就的例子太多了，比如曹植、王羲之等。但是苏东坡却又不同，这位老兄，不仅写酒、饮酒，在《书东皋子传后》中更说苏东坡"尤喜酿酒"。林语堂先生在《苏东坡传序言》中称苏东坡是"造酒试验家"。那么，苏东坡是怎么研究酿酒的？又做了哪些让人们津津乐道的美酒佳酿？今天给大家说一说。

苏东坡一生造过的酒还真是不少，这体现出苏东坡对于酒的热爱程度之深，不仅仅停留在饮的层面，更深入到酿的层面。蜜酒、真一酒、天门冬酒、桂酒、万家春酒、酴酸酒、罗浮春酒等这些耳熟能详的酒种都有过苏东坡的"手笔"，其中"东坡蜜酒""真一酒"更是流传广泛。

有传说称"东坡蜜酒"，是苏东坡得西蜀道人杨世昌酿酒的秘方之后，用糯米、蜂蜜为原料酿制而来，拥有"开瓮香满城"的美誉。不仅如此，苏东坡还把酿造蜜酒的发酵状态用文人的笔法，以《蜜酒歌》的形式记载了下来，让空乏枯燥的酿酒过程,变得津津有味。《蜜酒歌》这样描述:"一日小沸鱼吐沫,二日眩转清光活。三日开瓮香满城,快泻银瓶不须拨。百钱一斗浓无声,甘露微浊醍醐清。"此文对于酿酒过程的记录精确、科学,而且还不乏优美与想象,可见苏东坡的大家才气以及对酿酒的热爱之情!

据古籍记载,苏东坡在常州期间,将本地的酿酒技艺加以改进,起名为红友酒。后来,苏东坡把红友酒制作秘方传给了好友杨时。杨家将东坡红友酒的技艺代代相传。

东坡红友酒属甜型黄酒,口感醇稠如蜜,酒性中和,芳香馥郁。更神奇的是,这酒虽然有四十五度,但即便喝醉了也头不疼口不干,"不仅味美,还有补气强身的功效"。东坡红友酒由纯天然草本植物药曲发酵而成,酒曲的制作就需要一天一夜,做好后要晒干才能用。

苏东坡有篇杂文《黍麦说》,其中这样记载:

> 北方之稻不足于阴,南方之麦不足于阳,故南方无嘉酒者,以曲麦杂阴气也,又况南海无麦而用米作曲耶?吾尝在京师,载麦百斛至钱塘以踏曲,是岁官酒比京酝。而北方造酒皆用南米,故当有善酒。吾昔在高密,用土米作酒,皆无味。今在海南,取舶上面作曲,则酒亦绝佳。以此知其验也。

苏东坡在干什么?他竟然在验证南方米、麦与北方米、麦作酒不同的道理和原理,更为可贵的是,他还用实践得出结论:只有以北麦为曲、南米为莫才能酿出善酒。

说到这里,有人就有疑问了,你说苏东坡是个文人,只知道他在诗词书画的造诣颇高,做过不少官,但苏东坡的酿酒技术是怎么练就的呢?

其实,这个问题两面看,第一,酿酒这个事,本来就是饮食文化中的一部分,和平时做饭一样,比如湖南、湖北、浙江某些地方,家家户户都酿酒,老太太酿酒孙子喝的情况有的是,所以用现在话说酿酒的"技术门槛"并不高。第二,苏东坡的酿酒技术也不都是他发明的,所以林语堂先生说苏东坡是"造酒试验家",而不是"实验家",苏东坡酿酒更多的在于"试",在别人的基础上去创新。比如,除了上面提到的蜜酒的酿造方式源自杨世昌之外,桂酒的酿造方式来自岭南隐者。但苏东坡有这样一个优点,基于对酒的喜爱,他会去使用这些酿酒的方法,根据方法把酒造出来,并根据方法再进一步改进,达到炉火纯青的境界。

苏东坡有这样的酿酒精神,也有迹可循。苏东坡认为酿酒的过程是充满"理"的过程,他在《浊醪有妙理赋》中写道:"失忧心于昨梦,信妙理之疑神。浑盎盎以无声,始从味入;杳冥冥其似道,径得天真……稻米无知,岂解穷理;麴蘖有毒,安能发性。乃知神物之自然,盖与天工而相并。"他把酿酒当成了得知真理的途径。徐州的酒薄,不如官酿,便随手将一位朋友的顺口溜写成《薄薄酒》:"薄薄酒,胜茶汤;粗粗布,胜无裳;丑妻恶妾胜空房。""聊胜于无"毕竟也是一种"有",稻草虽弱却亦能救命。

从实践中总结真理,从继承中开拓创新,苏东坡不仅喝酒、酿酒,还把酿酒的经验著书立作,《东坡酒经》便是苏东坡对于酿酒经验的凝练和升华,对于后人在酒品创新和工艺改进方面给予了极大的思路。

东坡饮酒趣事多多。苏东坡堪称史上杰出的小酒量大诗人。他曾经说过,自己平生有三样事情不如别人:著棋、吃酒、唱曲(宋·彭乘《墨客挥犀》卷四)。至少可以肯定地说,苏东坡的酒量确实不怎么好,年轻的时候也不是很喜欢饮酒。他自己曾在诗文里多次申明这一点。"我本畏酒人,临觞未尝诉","少年多病怯杯觞,老去方知此味长"(《次韵乐著作送酒》)。说明他年轻时因为身体原因不能饮酒,但是后来还是渐渐喜欢上饮酒了。"我虽不解饮,把盏欢意足",而每每酒上头时,好诗好词好文接连不断,让人拍案叫绝,如东坡醉草《念奴娇·赤壁怀古》,大醉的《水调歌头》,还有《望湖楼醉书》等。

趣闻逸事

苏东坡风趣幽默讨人喜欢。林语堂形容他有十八种性格，但这还不是他的全部，"苏东坡比中国其他的诗人更具有多面性，天才的丰富感、变化感和幽默感，智能优异，心灵却像天真的小孩——这种混合等于耶稣所谓蛇的智慧加上鸽子的温文。"以下通过一些小小的奇闻逸事，我们看看苏东坡是个怎样的"奇人"！

发明"东坡笠""子瞻帽"

如果北宋时代有《时尚》（vogue）或《瑞丽》这样的时尚杂志，估计咱们的苏东坡肯定隔三岔五会上个封面，因为他完全就是一枚引领潮流的潮人。绍圣四年（1097年），贬谪海南之后，苏东坡创制了潮爆了的海南竹笠。爆款的"东坡笠"流传了近千年。二十世纪六十年代，芭蕾舞剧《红色娘子军》让头戴竹笠的海南妇女形象深入人心；2005年9月，娘子军的故乡——琼海市申报的"东坡笠"成功入选海南省首批"非物质文化遗产代表作保护名录"。这竹笠不仅是海南独具特色的一个文化符号，而且也注定会载入人类时尚史。

如同英国的制帽大师斯蒂芬·琼斯（Stephen Jones）那样，苏东坡对服饰有着非同一般的时尚嗅觉。他早在元祐年间于京师为官时，就觉得衣着穿戴方便、宽松舒适将会成为潮流，于是他经常内穿和尚的衲衣，外套长袍与朋友谈诗论文。

性格豪放、不拘小节的苏东坡，还为自己设计了一种筒高檐短、脱戴方便的高帽子，人称"子瞻帽"。由于自身的人格和气质魅力，他的这种穿戴方式，以一种自然高雅的学士文人的风度之美，引人注目，人皆欣赏。于是上至京师王公贵人，下至各地官绅之士，群起仿效谓之"子瞻样"（东坡帽）。后来，苏东坡在海南发明"东坡笠"的同时亦灵感迸发，和儿子苏过仿海南当地人习惯，以椰子壳作帽，父子二人都作了《椰子冠》诗，苏东坡甚至又想起了当年"子瞻样"流行京师的往事，慨然曰："更著短檐高屋帽，东坡何事不违时。"

"秦始皇并六国"

相传，在苏东坡、苏辙去京城参加礼部考试前，有六位贡士不服苏东坡的名声，想杀杀他的威风。一天，六位贡士决定请苏东坡吃饭。入席后，筷子未动，酒令先行，要求每个人列举历史故事，与桌上摆放的菜直接对应，所说即所得。排序时，他们故意将苏东坡排在第七位，桌上却只有六道菜，摆明了，他们要联手拿下苏东坡，让他没菜可吃，没台阶可下。

第一位贡士说："姜子牙渭水钓鱼！"说完他就捧走了那盆鲈鱼。第二位贡士说："秦叔宝长安卖马！"说完他就捧走了那盆马肉。第三位贡士说："苏子卿北海牧羊！"说完他就捧走了那盆羊肉。第四位贡士说："张翼德涿县杀猪！"说完他就捧走了那盆猪肉。第五位贡士说："关云长荆州刮骨！"说完他就捧走了那盆排骨。第六位贡士说："诸葛亮隆中种菜！"说完他就捧走了那盆青菜。他们原以为苏东坡会一筹莫展，自动认输。不料，苏东坡胸有成竹，从容不迫地说："秦始皇吞并六国！"说完，他就把那六盆菜悉数收缴回来，放回原处，大大方方地吆喝道："恭请诸位兄台开怀畅饮，大快朵颐！"

对联退敌

北宋时期,宋人屡遭辽邦侵犯。朝廷一心求和,请辽议和。但辽邦使者却心怀叵测,出上联要宋人答对:三光日月星。如对出下联,则撤兵议和,否则强兵压境。此联看似简单,实不易对。出句的数字恰与后面的事物相符,而对句所选数字对应事物都会多于三或少于三。恰逢回京述职的苏东坡,大笔一挥,巧妙对上下联:四诗风雅颂。该对联妙在"四诗"只有"风雅颂"三个名称,因为《诗经》中有"大雅""小雅",合称为"雅"。加之"国风""颂诗"共四部分,故《诗经》亦称"四诗"。对句妙语天成,辽使佩服至极,随即议和撤兵。

坦然面对

苏东坡上书的《湖州谢上表》,有人断章取义选取了"愚不适时,难以追陪新进;老不生事或能牧养小民"的词句拿给宋神宗看,并说这是苏东坡对宋神宗的不敬,讽刺皇帝的变法!宋神宗非常地生气,就把苏东坡抓了起来,投进了大狱!这就是宋朝非常著名的"乌台诗案"。这起案件可以说是对苏东坡的一次重大打击。

原本苏东坡是要被宋神宗处死的,但朝中有人力保苏东坡,如高太后、吴充、王安石、章惇等人。这就让宋神宗非常地为难,因为如果得罪了这些人,那么他的变法将会很难以推进。宋神宗经过深思熟虑,决定试探一下苏东坡。他派遣自己身边最为信任的宦官去狱中装成犯人入狱和东坡同室,试探他有没有仇恨天子之意，如发现他心虚，那么就将他处死。

白天吃饭时，宦官用言语挑逗他，苏东坡牢饭吃得津津有味，答说："任凭天公雷闪，我心岿然不动！"夜里，他倒头睡，宦官又撩拨道："苏学士睡这等床，岂不可叹？"苏东坡不理不会，用鼾声回答。宦官看见苏东坡在狱中吃得香睡得着，仿佛根本就没有身处大牢当中，完全没有一点的心虚。宦官就如实地将苏东坡的情况告诉了宋神宗，宋神宗就没有把苏东坡给处死，而是把他贬为黄州团练副使。

两首"绝命诗"

苏东坡下狱后未卜生死，一日数惊。在等待最后判决的时候，其子苏迈每天去监狱给他送饭。由于父子不能见面，所以早在暗中约好：平时只送蔬菜和肉食，如果有死刑判决的坏消息，就改送鱼，以便心里早做准备。一日，苏迈因银钱用尽，需出京去借，便将为苏东坡送饭一事委托朋友代劳，却忘记告诉朋友暗中约定之事。偏巧那个朋友那天送饭时，给苏东坡送去了一条熏鱼。苏东坡一见大惊，以为自己凶多吉少，便以极度悲伤之心，为弟苏辙写下诀别诗两首。

圣主如天万物春，小臣愚暗自亡身。百年未满先偿债，十口无归更累人。是处青山可藏骨，他年夜雨独伤神。与君今世为兄弟，更结来生未了因。（其一）

柏台霜气夜凄凄，风动琅珰月向低。梦绕云山心似鹿，魂飞汤火命如鸡。额中犀角真君子，身后牛衣愧老妻。百岁神游定何处？桐乡应在浙江西。（其二）

诗作完成后，狱吏按照规矩，将诗篇呈交神宗皇帝。宋神宗早就欣赏苏东坡的才华，读到苏东坡的这两首绝命诗，感动之余，也不禁为如此才华所折服。加上当朝多人为苏东坡求情，王安石也劝神宗说：圣朝不宜诛才士。神宗遂下令对苏东坡从轻发落，贬其为黄州团练副使。轰动一时的"乌台诗案"就此销结，而苏东坡的这两首"绝命诗"也广为流传开来。

天真的东坡

古往今来，在生命中永葆一份天真的人不多，苏东坡是其中一位。苏东坡曾身居高位，但仕途坎坷，这对普通人来说都是巨大的灾难，何况是名满天下的苏东坡。但苏东坡之所以影响深远，到今天依然受到广大读者的欢迎，一个重要原因就是快乐有术，有化解困难的方法和心态，那就是天真。

苏东坡被贬黄州，是他人生道路上的第一次重大挫折。这种挫折对志得意满、一帆风顺的苏东坡来说，痛苦可想而知，但他自有他取乐的办法。吕祖谦的《卧游录》里记载：苏子瞻初谪黄州，布衣芒屩，出入阡陌，多挟弹击江水，与客为乐。每数日必一泛舟江上，听其所往，乘兴或入旁郡界，经宿不返。

"多挟弹击江水"这种游戏，不知是拿弹弓将石子打到江水里，看谁打得远，还是类似于我们儿时玩的"打水漂"：拿一块小瓦片或者石头斜着投入水中，瓦片或石头贴着水面上一跳一跳地过去，激起一串串浪花。不管是哪一种，作为一个年过四十五岁、华发早生的中年人，在仕途备受挫折的境遇下能玩这种充满童趣的游戏，的确天真得可爱，看起来是个老顽童。

不仅如此，每隔一段时间，他就撑小渔船到江面上，随它漂到哪里，真有点"小舟从此逝，江海寄余生"的感觉。

比这更可爱的是，他居然会用竹箱去装白云。一日，苏东坡从城中回来的路上，看到白云从山中涌出，像奔腾的群马，直入他的车中，在他的手肘和腿胯之间到处乱窜。于是他将白云装了满满一竹箱，带回家，再将白云放出来，看它们变化翻腾。所以他的诗中有这样的句子："搏取置筲中，提携反茅舍。开缄乃放之，掣去仍变化。"这些白云就像飞禽走兽一样，被他赏玩一番，又放回山里去了。

天真总是和无邪相连，所以苏东坡不相信世界上有坏人，只有是否值得交往之人。他曾对弟弟苏辙说："吾上可陪玉皇大帝，下可以陪卑田院乞儿。眼前见天下无一个不好人。"对于陷害过他的政敌，他不记恨，更不会打击报复。

天真是永葆纯真的源头，是一种未经世俗侵染的无忧无虑的性格特征。苏东坡的真天真，才有今天的人人崇拜！

云梦悟学

元丰七年（1084年），宋神宗亲自起草诏书："苏轼黜居思咎，阅岁滋深，人才实难，不忍终弃"。认为苏东坡在黄州已久，认识也挺深刻的，人才难得，不忍心抛弃，于是改任他离京城近点的汝州团练副使，官职、待遇没变，但一调反映了皇帝对东坡看法的转变，方便重新使用。于是改任的苏东坡一到汝州就开始游历山水名胜。听说云梦山里的云梦寺是鬼谷先生讲学授徒之地，想去看看走走，便独自沿汝河而上去游云梦山寻觅云梦寺。踏着山夹峙树林丛生的林间小径，过了水流哗哗的汝河桥,随着熙熙攘攘笑语喧哗的滚滚人流,苏东坡走到云梦山间。只见一座寺院依山而建,钟楼巍巍,挑角飞檐,宝塔俏丽,屹立寺中。在绿树掩映下,云梦寺深藏不露,古朴静雅。苏东坡顿时悟道,这样一个人间仙境,又是鬼谷讲学授徒的地方,必有文海高僧,若能暗访出来,也算是一个他乡知己了。

于是他折下一银树枝当拐杖,化装成一个土老帽儿走进寺院。这时已经中午,晴空万里,骄阳似火,苏东坡走了半日口渴难忍,便想在寺内讨口茶喝。他看见一个小和尚手拿鸡毛掸子正在大殿里给香案扫尘。苏东坡突发异想:先试试这个云梦寺的小和尚有多少才智,不就知道寺内高僧的智慧之水有多深了嘛!于是他大大咧咧地走进大殿,在香案前正襟危坐下来,还没顾上说口渴,那小和尚一看见他忙停下手中活计,双手一合说道:"阿弥陀佛,请施主暂在殿里消暑,小僧马上去取茶伺候,并且一定给施主送上你喜欢的茶。"小和尚退出大殿,苏东坡坐在香案前惊得目瞪口呆。一会儿,一壶泡得浓香扑鼻的杜仲茶献上来了。苏东坡静坐在大殿里品茶,仍不理解小和尚是如何一眼就看出他心中所求。苏东坡还敢去和云梦寺高僧高谈阔论吗?他连身份也没敢亮出来,急匆匆随着进香人流去观赏云梦仙境,然后便直接出云梦山了。

苏东坡回到汝州,百思不得其解,越想越不服气。一日僧友道潜和佛印前来拜访,听苏东坡讲述云梦寺里所见所闻,十分吃惊。于是决定三人同游云梦寺一看究竟。

这天苏东坡戴子瞻帽持竹杖与道潜、佛印信步前行。走到寺院门前,只见十几个僧人分列两旁,两幅长幡由两小和尚举着列在队前。苏东坡抬头一看,上面写着:"学士游云梦鬼谷生辉,练使赋佳作汝河增光。"只见字的墨迹还未干。苏东坡大吃一惊,知其云梦寺中必有高人。苏东坡大步上前与住持寒暄之后,急切地让云梦住持说出他们的神算奥秘。住持看了看苏东坡,一招手把上次伺候过苏东坡的小和尚叫到席前,示意让他说明情况。小和尚笑着说:"那天你手拄拐杖为木,风尘仆仆为土,就是一个仁字;你头顶草帽两手甩开,两腿夹杖不是一个茶字吗?我就知道先生是向我求杜仲茶!"苏东坡点头又对着住持说:"那今天呢?"云梦住持说:"今天知晓你要登云梦山就更没有什么秘密了。云梦山之巅有御药园,御药园上有观天台,在台上天尚可观,练使官这身打扮以及身边两位高僧的风采早就有目耳闻,我远远已从观天镜里看见你仨,知你们必来云梦寺而且山上早有传闻,苏大学士已任汝州团练副使,重新出头的日子马上到来了,我们自然应有所准备为苏大学士接风了。"苏东坡听后惊愕不已,他想自己饱读诗书,在当朝皇帝面前尚敢舞文弄墨,而在云梦寺里竟被一个小和尚猜得入木三分。老住持在观天台窥视我,知我前来不算什么高明,但出人意料的是对我这么了解,早有所备,不得不使东坡十分佩服。于是苏东坡思考再三,挥笔写下:"汝河河清清,云梦梦长长;鬼谷谷渊渊,古今难思量!"

从此以后,苏东坡知道天下之大无奇不有,学问再高天外有天。他更加苦读万卷书认真做学问,写出了不少名篇佳作,成为我国历史上的一代大文豪!

苏东坡还屋

苏东坡夜行,闻妪悲声,焚契还屋,义重绲轻。

说的是苏东坡想在常州阳羡居住,地方官给他挑选了一地方,苏东坡看了房屋和周边环境均合心意,用钱五十缗从一个中年人手上买了下来,快要搬进去了,偶然在晚上走路的时候听见有一个老太婆哭得非常悲哀。苏东坡就问她:你为什么悲伤到这般田地呢?老太婆说:我的老房子自从祖上传下来,已经有一百多年了,我的不孝儿子赌钱输了把老屋卖掉了,现在要离开这座房子了,所以悲伤呀。苏东坡又问她老房子所在的地方,原来就是自己用了五十缗钱买来的那一所房子。苏东坡见此情景,心软了,大声告诉她这房子没有人买,还是她的。老太婆不信。于是苏东坡就当着老太婆的面把契纸烧了,不向她儿子要还五十缗,从此不再买地了。

东坡茶趣

王安石一日患上痰火之症,医生告诉他用阳羡茶可治愈,但须用长江中峡瞿塘的水煎服才有效用。那时东坡服父丧期满,正将返京复职。王安石捎信给东坡,要他出川时顺道带一瓮中峡的江水进京。

东坡因贪看沿途的风景而忘记取水的事,等他想起时,船已到了下峡,苏东坡想返回中峡,可水流湍急,船已经回不去了。苏东坡想都是一条江的水,有什么区别呢?遂取下峡的水交差,却被王安石发现了。王安石解释说:上峡水性太急,下峡水性太缓,唯有中峡的水,缓急相半,水性中和。此水烹阳羡茶:上峡味浓,下峡味淡,中峡浓淡之间。方才见茶色迟迟未现,故知必为下峡水。东坡一听这番话,打心眼里佩服王安石博学多才,并开始对水与茶的内在联系有了深刻的体会。

东坡平素不讲究衣着。一日,他穿一件普通的长衫,到一个寺院里,寺院的住持大和尚并不认识他,仅说了一句:"坐。"招呼侍者:"茶。"东坡没有理他,集中精力欣赏寺内的字画。住持和尚见此位来客举止不凡,不由得肃然起敬忙又道:"请坐!"并吩咐侍者:"敬茶!"那住持和尚请教客人的姓名,方知客人竟是大名鼎鼎的苏东坡时,满脸堆起笑容,恭请客人:"请上坐!"连呼侍者:"敬香茶。"

当和尚请他写一对联时,东坡触景生情挥就一联:"坐,请坐,请上坐;茶,敬茶,敬香茶。"此联将势利鬼的姿态刻画得淋漓尽致。

又说东坡、司马光等一批墨人骚客斗茶取乐,苏东坡的白茶取胜,免不了乐滋滋的。

时茶汤尚白。司马光便有意难为他,笑着说,当茶是白的时候墨是黑,当茶是重的时候墨却是轻的,当茶是新的但墨是

茅家埠　　林鸣/摄

旧的,你为什么可以同时爱上这两种东西呢?

苏东坡想了想,从容回答说:"奇茶妙墨俱香,公以为然否?"司马光问得妙,东坡答得巧,众皆称善。这就是茶史上著名的"墨茶之辩"。

拼死吃河豚

苏东坡谪居常州时,非常爱吃当地的河豚。但当时处理河豚技术不过关,时有吃河豚丧命之事,因而也有"拼死吃河豚"的说法。

当地有一士大夫开的饭店,善做河豚,其所做河豚,滋味鲜美,菜品艳丽。据说他们家吃河豚时,十里闻香,但敢上门求吃的人寥寥。听说大文豪苏东坡喜欢吃,就邀请苏东坡去尝尝他的手艺,希望苏东坡能够给他写点诗词什么的,好让他名传天下。

苏东坡到了之后,开始大快朵颐,吃得非常开心。而主人一家子都躲在屏风后面,想要听一听大文豪有什么美食的品鉴。可是苏东坡光顾着吃了,什么话都没说。主人就非常伤心,心想:"难道是我的烹饪技术不够关吗?苏东坡居然连一句话都不肯说。"那些女眷和小孩也非常地失望,互相难过地呆望着。没想到这时候苏东坡突然丢下了筷子,大声说:"值得一死!"翻译成白话就是:"你家的河豚太美味了,尝到这样的美味,就算是死了也值得了。"据说这便是民间"搏死食河豚"一语的由来。能够得到大文豪的夸赞,主人一家非常开心,急忙从屏风后出来齐向苏东坡作揖道:"多谢苏先生。"不得不说,苏东坡为了美味真的是拼了,也可以看出苏东坡是真的非常豪迈和乐观。但是我们作为后人，还是要珍惜生命，不要乱吃这些可能中毒的食物。

《观音菩萨颂》碑文毁存传奇

南京市牛首山北部景区圣象广场，入口设有星云法师亲笔书写的"万象更新"景石，主体由十二头形态各异的圣象背驮经幢围合而成，经幢六面刻有藏传佛教、汉传佛教和南传佛教代表经文著作，气势宏伟，庄严肃穆。广场两边岩壁刻有十二幅经变故事浮雕，其中第七块《东坡许愿》，说的是苏东坡在金陵崇因寺许愿、还愿书写《观世音菩萨颂》的真实故事。

苏东坡被贬途中，曾三到金陵、两登崇因寺许愿、还愿，给金陵留下弥足珍贵的文化鸿迹。

第一次路过金陵是元丰七年（1084年）七月，是他从黄州团练副使移调汝州（今河南临汝）团练副使的途中。第二次哲宗绍圣元年（1094年）六月，苏东坡贬居惠州，路过金陵，做短暂停留。这是他十年间第二次来金陵。这次他与金陵深结佛缘。他泊舟于江浒，将一幅阿弥陀像供奉于清凉寺，并写下阿弥陀佛赞。他还另写了一首诗赠予清凉寺的和长老。

在清凉寺，他听说新亭（今石子岗）崇因禅院的宗袭长老筹资造了一尊绝妙的观世音像，特意赶去瞻仰。苏东坡很想早日结束这种漂泊生活，于是在像前许下誓愿："如能从岭南安然回来，一定再来此寺，为观音菩萨写颂词。"之后就与侍妾王朝云带着三儿苏过赶赴岭南。

元符三年（1100年），宋徽宗即位，大赦天下。苏东坡由贬居之地海南被赦免放归。第二年五月，抵达金陵，这是他一

生中第三次经停金陵。六十六岁的他兑现诺言,来到崇因禅院还愿,挥笔写下《观音菩萨颂》:

> 慈近乎仁,悲近乎义。忍近乎勇,忧近乎智。四者似之,而卒非是。有大圆觉,平等无二。无冤故仁,无亲故义。无人故勇,无我故智。彼四虽近,有作有止。此四本无,有取无匮。有二长者,皆乐檀施。其一大富,千金日费。其一甚贫,百钱而已。我说二人,等无有异。吁观世音,净圣大士。遍满空界,挈携天地。大解脱力,非我敢议。若其四无,我亦如此。

令人遗憾的是,两个月后,一生颠沛的他就在常州溘然长逝了。

崇因禅院将观音菩萨颂与有"中国最伟大的禅师"之称的马祖道一及其弟子庞蕴居士的像一起刻在一块石碑上。但这块碑刻的命运同苏东坡本人一样多灾多难。就在苏东坡逝世的这一年,蔡京得到徽宗的重用。崇宁元年(1102年),他怂恿徽宗亲笔书写元祐奸党姓名共一百二十人,刻石立碑于端礼门外。这是第一个"元祐党籍碑",其中就有苏东坡的名字。崇宁三年(1104年),徽宗下诏重新核定元祐党人,增至三百零九人,徽宗手书刻石,又诏蔡京书写碑文,颁告全国。这是第二个"元祐党籍碑",苏东坡依然在列。

为了彻底消除旧党的影响,崇宁二年(1103年),宋徽宗下诏"焚毁苏轼《东坡集》并《后集》印板""天下碑碣榜额,系东坡书撰者,并一例除毁"。后又再度下诏:"苏洵、苏轼、苏辙、黄庭坚、张耒、晁补之、秦观、马涓文集,范祖禹《唐鉴》、范镇《东斋记事》、刘攽《诗话》、僧文莹《湘山野录》等印板,悉行焚毁。"禅院长老不敢违命,叫人将石碑毁坏。

崇宁四年(1105年),居住在当涂的诗人李之仪爱金陵山水之胜,来到金陵,想在此为过世的爱妻寻找一块理想墓地。他是苏东坡的好友,妻子胡文柔知识渊博,非常敬佩苏东坡。东坡被贬岭南,胡文柔亲手制衣相赠。

在金陵,听人说城南有好墓地,李之仪于是到南郊探访。在崇因寺吃早餐时,从与之有二十年交谊的禅院钦长老口中获悉东坡碑事,连忙追问石碑的下落。钦长老说差不多成碎块了。李之仪不甘心,执意要请钦长老带他去寻碑。钦长老被他的真情打动,领他来到寺库的米廪后面,从几寸厚的尘土中将碑拽出来。用水洗涤后,只见碑面灿然如新,碑的主体部分为马祖及庞居士的雕像,但已断裂,而苏东坡写的观音颂却完好无损。钦长老对他说:"毁碑的人还在寺里。"李之仪就请长老将那人找来,那人说:"毁碑时怕碑不碎,特意找了一把巨斧来劈,劈了数十下,碑身全断裂了。"李之仪指着完好的碑颂叫他看,那人看了,顿时作瞠目结舌状,说:"观音颂如此完好,这怎么可能呢?"连忙伏地向石碑拜了十几拜。因当时苏东坡的文字并未解禁,他们只好又将石碑放回原来的地方。好在李之仪在他的文集《姑溪集》中对事情的经过作了详细记载,为后人留下了珍贵史料。李之仪为卜葬爱妻寻得东坡碑的事颇具传奇色彩。

虽然当时朝廷千方百计地搜查东坡诗文予以焚毁,禁止其传诵,赏赐的钱甚至增加到八十万,却无法阻止东坡诗文的流传。宋人记载:"禁愈严而传愈多,往往以多相夸。士大夫不能诵坡诗,便自觉气索,而人或谓之不韵。""宣和末年,禁稍弛,而一时贵游,以蓄东坡之文相尚。"最终,宋高宗为东坡平反,宋孝宗追谥为"文忠公"。观音菩萨颂石碑再见天日,为后人瞻拜。

石压蛤蟆

话说有一天苏东坡和黄庭坚闲来无事一起聊天的时候,评论起书法来。苏东坡毫不避讳地说黄的字虽然凝劲有力,但每一个字为了突出其中的某些笔画,往往总是写得特别夸张,所以导致结构变化非常大,而整体上又出现中间细腰的效果,有时候用的笔画线条太过细瘦好像是"树梢挂蛇"的样子。

而黄庭坚说:先生的字一般人不敢轻易评论,不过我觉得你的字头向上斜、脚向下伸,看起来又扁又斜,就好像"石压蛤蟆"。说完师徒二人会心大笑,觉得对方都戳中了自己的短板与不足之处。

直至今日人们会偶尔沿用黄庭坚的这句调侃之词将苏东坡的书法概括成"石压蛤蟆"体。

发明"自来水"

苏东坡的确是那个时代的水利工程师,甚至还是优秀的城市规划师。追寻苏东坡的仕途行踪就不难发现他与水有千丝万缕的联系:在凤翔求雨、疏浚西湖修建苏堤、在密州求雨、在徐州抗洪……光疏浚西湖就有三次:杭州、颍州、惠州。苏东坡为官一任为民造福一方,但却多次被贬。绍圣三年(1096年),苏东坡接到广州知州王敏仲的来信,得知广州人苦于饮用水含碱。对此,苏东坡建议用"自来水",以解民之苦。他提议:"于岩下作大石槽,引以五管大竹,续处以麻缠漆涂之。随地高下,直入城中。"

苏东坡此建议并非是空中楼阁,而是对当时广州地形有所了解之后给出的良招。除了出招,苏东坡还提出了要加强管理的问题,推荐勤于事务的罗浮山道士邓守安为工程"总官",并建议"专差兵匠数人,巡觑修葺,则一城贫富,同饮甘凉,共利便不待言他"。意谓在用"自来水"的问题上,不论贫富均可享受,并由专人管理。

王敏仲十分重视苏东坡的意见,将此建议付诸实施。苏东坡虽不能擅离贬地惠州前往广州,但他仍然很关心工程进展。不久,他又写信给王敏仲,谈到可能出现的问题及解决方案。他建议,引水的竹竿"每竿上,须钻一小眼,如绿豆大,以小竹针窒之,以验通塞。"因为引水路远,日久肯定会出现堵塞的情况,而有了这些小孔,就可以查知堵塞位置,而不至于盲目地拆除竹竿来检查。用竹管引山涧水的方法,在南方,有相当一段时间被沿用。苏东坡功不可没。

绝妙好骂

苏东坡被贬岭南为官,一日无事游山,只见一个小和尚跪在庙门口眼泪汪汪,十分奇怪,忙问小和尚因何如此。小和尚哭诉道,因为他在点灯时不小心将灯盏碰翻在地,打碎了。老和尚不但打了他,还罚跪庙门口三日。苏东坡一听很气愤,便走入庙内去见方丈。庙中的方丈一听说是当朝才子苏学士来访,喜出望外。苏东坡一进庙门,那老和尚就百般奉承,死乞白赖地央求苏东坡留个手迹。

苏东坡对这个方丈十分憎恶,但为了使庙门口那个小和尚不再受苦,他答应了老和尚的请求,说:"写字可以,但必须请庙门口那个跪着的小和尚前来为我磨墨展纸。"老和尚一听,立刻满脸堆笑,连声答应说:"阿弥陀佛,老衲遵从吩咐。"小和尚磨好墨,展开纸,苏东坡奋笔疾书,一副对联一挥而就:"一夕化身人归去,八千凡夫一点无。"

时隔不久,佛印云游来到此山,见了对联捧腹大笑,问老和尚:"这副对联原是两个字谜,你没猜出来吗?"老和尚连忙追问是什么意思,佛印要过纸笔,挥毫写了两个字:"死""秃"。

"应试"

苏东坡被流放到边远的海南岛儋州地区时,为了传播文化,兴办了一所学堂。可是经过一番苦心动员,前来上学听讲的人仍然很少,苏东坡只好去找好友黎子云商量。

黎子云的儿子,是当地有名的顽童,整天捉鱼摸虾、饲禽猎兽,从不好好读书。黎子云常对儿子说起苏东坡做学问的事,儿子却总是满不在乎。小顽童听说苏东坡要到他家做客劝学,想要试探试探,于是煞费苦心地做了一番安排。不多久,苏东坡果然来了。刚坐定,小顽童就问起话来:"东坡先生,听说你很会写诗,现在能不能马上吟首诗给我听听?"苏东坡听罢,觉得这是个劝学的好机会,于是欣然答应。话音刚落,只见小顽童指着绑在凳脚上的一只白鹤说道:"请先生对鹤吟诗。"苏东坡开口吟道:"头戴红冠着白衣,游于江边啜虾鱼……"正要往下吟,小顽童突然揭开一只覆盖的盆子,指着说:"续下去!"

苏东坡定睛一看，是只乌鸦，不假思索地续吟道："只因贪食归来晚，误入羲之翰墨池。"吟毕，他又逐字逐句讲解一番。小顽童听了苏东坡吟的诗和他的讲解，为他的过人智慧和才思所折服，急忙进里屋引出父亲黎子云来，父子俩向东坡先生连连鞠躬，深表敬意。

被小顽童考验即兴吟诗第二天，在苏东坡开办的学堂里，第一个前来听讲的正是这个黎家顽童。消息传开，儋州境内送子入学的风气就浓厚起来。苏东坡在儋州开辟学府，自编讲义，自讲诗书，不遗余力地推行文化教育，培养出了一大批的饱学之士。史书记载海南历史上的第一个进士姜唐佐，就是苏东坡精心培养的得意弟子。苏东坡获赦北归后，他的弟子连续不断地考上了功名，海南这块"蛮荒之地"放射出文化人才的曙光。

坡仙奎宿

徽宗崇宁、大观年间，蔡京当道，为打击政敌，将已故欧阳修、司马光、苏东坡等三百零九人列为元祐党人，命人将这些人的名字刻在石碑上，立于端礼门，史称元祐党人碑。凡是被刻上党人碑的官员，重者被关押，轻者被贬谪流放，他们的书画作品被大量销毁，严刑禁止民间收藏。如何解禁的，有这么一个传说：

徽宗崇奉道教，下令修建上清宝箓宫，一切斋醮用品全部按皇家礼仪备办齐全，他还常常亲自造访。一天晚上，徽宗命道士礼拜神明，吟咏祝祷文。

吟咏祷文后，道士跪在地上，很久才起身。宋徽宗问他为什么拜了那么久？道士回禀道："刚才在帝所，正值奎星奏事，过了很久才奏罢。之后，臣才能呈奏祷文。"

徽宗问："奎星是谁？奏报何事？"道士回答："他所奏报的内容，没能听到。然而，这位星君正是已故的端明殿学士苏东坡。"徽宗听后，心中大惊。于是下令取消禁传东坡文章的禁令，并毁端礼门前自写的元祐党人碑。从此苏东坡的文字、书画得以重见天日。

苏东坡是奎星下凡的说法，也被元朝文人所采用。元朝时，鲜于必仁写过一首元曲《折桂令·苏学士》，曲曰："叹坡仙奎宿煌煌，俊赏苏杭。谈笑琼黄，月冷乌台，风清赤壁，荣辱俱忘。侍玉皇金莲夜光，醉朝云翠袖春香。半世疏狂，一笔龙蛇，千古文章。"

这首元曲用简短的五十多个字，概述了苏东坡一生的荣辱历程及艺术成就。元曲歌咏到，在天上，苏东坡身为奎星，"侍玉皇金莲夜香"。在人间，他是朝廷官员，宦海沉浮，晚年时他的爱妾朝云一直陪在他身旁，所以"醉朝云翠袖春香"。

这位人间罕见的大才子，一生境遇坎坷，磨难不断。他虽屡次遭贬，但他能忘荣辱，将满腹经纶尽情挥洒。为宦风光时，朝廷派他去扬州、杭州做知州，因而"俊赏苏杭"；落魄之时，被贬到黄州、惠州、儋州，他依然能"谈笑琼黄"。

"半世疏狂，一笔龙蛇，千古文章"，称赞苏东坡天性豪放旷达，不拘小节。其书法成就之高，为宋代第一，"宋四家"之首。其文学成就，被后世誉为"唐宋八大家"之一。

奎星早已离开人间，千百年的光阴也如刹那瞬间，转眼即逝。世人仍旧怀念"坡仙奎宿"，传唱他的千秋风骨——"风清赤壁，荣辱俱忘"。

主要参考文献

1. ［明］茅维纂集:《苏轼文集》,中华书局,1986年版
2. 王水照选注:《苏轼选集》,上海古籍出版社,1984年版
3. 《苏东坡全集》,北京燕山出版社,2009年版
4. ［宋］周辉:《清波杂志》,国家图书馆出版社,2004年版
5. ［宋］孔光宪:《北梦琐言》,中华书局,1960年版
6. ［宋］周密:《武林旧事》,中华书局,2014年版
7. ［宋］方勺:《泊宅编》,中华书局,1983年版
8. ［宋］赵令畤:《侯鲭录》,中华书局,1985年版
9. ［清］潘永因:《宋稗类抄》,书目文献出版社,1985年版
10. 王水照:《苏轼传》,天津人民出版社,2000年版
11. 林语堂:《苏东坡传》,湖南文艺出版社,2015年版
12. 董校昌:《苏东坡在杭州的传说》,百花文艺出版社,1994年版
13. 王国平:《苏东坡与西湖》,杭州出版社,2004年版
14. 莫高:《苏东坡与杭州》,浙江人民出版社,1985年版
15. 周航:《浙江民间故事》,浙江文艺出版社,2009年版
16. 卓介庚:《径山高僧》,作家出版社,2007年版

策　　划：何　丹
责任编辑：巨瑛梅

图书在版编目（CIP）数据

细说苏东坡：一个志愿者眼中的"老市长" / 俞国海编著. -- 北京：旅游教育出版社，2020.4
　ISBN 978-7-5637-4075-8

Ⅰ. ①细… Ⅱ. ①俞… Ⅲ. ①苏轼（1036-1101）—生平事迹—通俗读物 Ⅳ. ①K825.6-49

中国版本图书馆CIP数据核字(2020)第053377号

细说苏东坡

俞国海　编著

出版单位	旅游教育出版社
地　　址	北京市朝阳区定福庄南里1号
邮　　编	100024
发行电话	（010）65778403　65728372　65767462（传真）
本社网址	www.tepcb.com
E - mail	tepfx@163.com
排版单位	北京旅教文化传播有限公司
印刷单位	天津雅泽印刷有限公司
经销单位	新华书店
开　　本	880毫米 × 1230毫米　1/32
印　　张	8.875
字　　数	178千字
版　　次	2020年4月第1版
印　　次	2020年4月第1次印刷
定　　价	48.00元

（图书如有装订差错请与发行部联系）